谨以此书

献给内蒙古自治区文物考古研究所
成立六十周年

（1954～2014 年）

内蒙古自治区长城资源调查报告
北魏长城卷

内蒙古自治区文化厅（文物局）
内蒙古自治区文物考古研究所　编著

文物出版社

责任编辑　冯冬梅

封面摄影　诺敏·何

封面设计　周小玮

责任印制　梁秋卉

图书在版编目（CIP）数据

内蒙古自治区长城资源调查报告·北魏长城卷／内

蒙古自治区文化厅（文物局），内蒙古自治区文物考古

研究所编著 . —北京：文物出版社，2014.9

　ISBN 978-7-5010-4050-6

　Ⅰ.①内… 　Ⅱ.①内…②内… 　Ⅲ.①长城 – 调查

报告 – 内蒙古 – 北魏 　Ⅳ.①K928.77

　中国版本图书馆 CIP 数据核字（2014）第 156345 号

内蒙古自治区长城资源调查报告·北魏长城卷

内蒙古自治区文化厅（文物局）
　　　　　　　　　　　　　　　　编著
内蒙古自治区文物考古研究所

文 物 出 版 社 出 版 发 行

（北京市东直门内北小街 2 号楼）

http://www.wenwu.com

E-mail：web@ wenwu.com

燕泰美术制版印刷有限责任公司印刷

新 华 书 店 经 销

889×1194 　1/16 　印张：16.25

2014 年 9 月第 1 版 　2014 年 9 月第 1 次印刷

ISBN 978-7-5010-4050-6 　定价：260.00 元

《内蒙古自治区长城资源调查报告·北魏长城卷》
编纂委员会

目 录

第一章 概 述 ……………………………………………………………………… 1

一 调查工作经过 …………………………………………………………………… 1

二 前人研究与本次调查成果的比较 ……………………………………………… 1

　（一）关于泰常八年长城 ………………………………………………………… 2

　（二）关于太平真君七年畿上塞围 ……………………………………………… 3

　（三）关于太和长堑 ……………………………………………………………… 3

三 本报告编写主旨 ………………………………………………………………… 6

第二章 六镇长城南线 ……………………………………………………………… 7

一 长城墙体分布与走向 …………………………………………………………… 8

　（一）乌兰察布市商都县 ………………………………………………………… 8

　（二）乌兰察布市察哈尔右翼后旗 ……………………………………………… 8

　（三）乌兰察布市察哈尔右翼中旗 ……………………………………………… 8

　（四）乌兰察布市四子王旗 ……………………………………………………… 9

　（五）包头市达尔罕茂明安联合旗 ……………………………………………… 9

二 长城墙体与戍堡保存状况 ……………………………………………………… 9

　（一）乌兰察布市商都县 ………………………………………………………… 10

　（二）乌兰察布市察哈尔右翼后旗 ……………………………………………… 16

　（三）乌兰察布市察哈尔右翼中旗 ……………………………………………… 23

　（四）乌兰察布市四子王旗 ……………………………………………………… 25

　（五）包头市达尔罕茂明安联合旗 ……………………………………………… 36

第三章 六镇长城北线 ……………………………………………………………… 47

一 长城墙体分布与走向 …………………………………………………………… 47

（一）乌兰察布市四子王旗 ………………………………………… 48

（二）包头市达尔罕茂明安联合旗 ………………………………… 48

（三）呼和浩特市武川县 …………………………………………… 48

二 长城墙体与戍堡保存状况 ………………………………………… 49

（一）乌兰察布市四子王旗 ………………………………………… 49

（二）包头市达尔罕茂明安联合旗 ………………………………… 64

（三）呼和浩特市武川县 …………………………………………… 74

第四章　太和长堑 ……………………………………………………… 77

一 长城墙体分布与走向 ……………………………………………… 77

（一）锡林郭勒盟多伦县 …………………………………………… 77

（二）锡林郭勒盟正蓝旗 …………………………………………… 78

二 长城墙体与戍堡保存状况 ………………………………………… 78

（一）锡林郭勒盟多伦县 …………………………………………… 78

（二）锡林郭勒盟正蓝旗 …………………………………………… 81

第五章　结　论 ………………………………………………………… 84

一 乌兰察布草原的自然地理特征 …………………………………… 84

二 本次调查对北魏长城的新认识 …………………………………… 84

（一）长城墙体的修筑方法 ………………………………………… 84

（二）长城墙体沿线戍堡的设置 …………………………………… 86

三 本次调查对六镇镇戍遗址的新认识 ……………………………… 88

（一）前人研究成果与本次调查新识 ……………………………… 88

（二）本次调查的测绘成果 ………………………………………… 94

四 北魏长城保存状况分析 …………………………………………… 117

五 结　语 ……………………………………………………………… 117

参考文献 ………………………………………………………………… 119

后　记 …………………………………………………………………… 122

地图·彩图 ……………………………………………………………… 123

插图目录

图一　杨家地古城平面图

图二　常家村戍堡平面图

图三　当郎忽洞 1 号戍堡平面图

图四　当郎忽洞 2 号戍堡平面图

图五　格尔哈套戍堡平面图

图六　德义戍堡平面图

图七　苏计营盘 1 号戍堡平面图

图八　苏计营盘 2 号戍堡平面图

图九　苏计营盘 3 号戍堡平面图

图一〇　苏计营盘 4 号戍堡平面图

图一一　苏计营盘 1、2、4 号戍堡采集标本拓片

图一二　苏计营盘 5 号戍堡平面图

图一三　嘎顺戍堡平面图

图一四　善达戍堡平面图

图一五　鄂黑乌苏 1 号戍堡平面图

图一六　鄂黑乌苏 2 号戍堡平面图

图一七　塔拉牧民戍堡平面图

图一八　白星图 1 号戍堡平面图

图一九　白星图 2 号戍堡平面图

图二〇　白星图 3 号戍堡平面图

图二一　红水泡 1 号戍堡平面图

图二二　红水泡 2 号戍堡平面图

图二三　乌兰淖尔 1 号戍堡平面图

图二四　乌兰淖尔 2 号戍堡平面图

图二五　乌兰淖尔 3 号戍堡平面图

图二六　敦达吾素 1 号戍堡平面图

图二七　敦达吾素 2 号戍堡平面图

图二八　　敦达吾素 3 号戍堡平面图

图二九　　敦达吾素 4 号戍堡平面图

图三〇　　敦达吾素 5 号戍堡平面图

图三一　　海日罕楚鲁 1 号戍堡平面图

图三二　　海日罕楚鲁 2 号戍堡平面图

图三三　　海日罕楚鲁 3 号戍堡平面图

图三四　　什卜太戍堡平面图

图三五　　黑城子种畜场戍堡平面图

图三六　　新太平城古城平面图

图三七　　根子场古城平面图

图三八　　根子场古城采集板瓦拓片

图三九　　根子场古城采集陶片拓片

图四〇　　白灵淖城圐圙古城平面图

图四一　　白灵淖城圐圙古城采集陶片纹饰与板瓦拓片

图四二　　白灵淖城圐圙古城采集陶片纹饰拓片

图四三　　二份子古城平面图

图四四　　二份子古城采集陶片纹饰拓片

图四五　　下南滩遗址平面图

图四六　　下南滩遗址采集板瓦拓片

图四七　　希拉穆仁城圐圙古城平面图

图四八　　乌兰花土城子古城平面图

图四九　　库伦图古城平面图

图五〇　　克里孟古城平面图

图五一　　克里孟古城采集板瓦拓片

图五二　　克里孟古城采集板瓦及瓦当拓片

图五三　　克里孟古城陶片纹饰拓片

图五四　　元山子土城子古城平面图

图五五　　元山子土城子古城采集蒙文铭砖拓片

图五六　　安业古城平面图

图五七　　安业古城采集正面波浪纹及外壁绳纹（内壁布纹）板瓦拓片

图五八~六一　安业古城采集瓦片拓片

图六二　　向阳古城平面图

图六三、六四　向阳古城采集板瓦拓片

图六五　　向阳古城采集瓦片、陶片拓片

图六六　　向阳古城采集外壁绳纹、正面波浪纹及内壁麻点纹板瓦拓片

图六七　　向阳古城采集板瓦拓片

插表目录

表一　六镇长城南线数据简表 ·· 7

表二　六镇长城北线数据简表 ·· 47

表三　太和长堑数据简表 ·· 77

表四　北魏长城戍堡统计表 ·· 87

地图目录

地图一　内蒙古自治区北魏长城资源分布图
地图二　乌兰察布市商都县北魏长城分布图
地图三　乌兰察布市察哈尔右翼后旗北魏长城分布图
地图四　乌兰察布市察哈尔右翼中旗北魏长城分布图
地图五　乌兰察布市四子王旗北魏长城分布图
地图六　包头市达尔罕茂明安联合旗北魏长城分布图
地图七　呼和浩特市武川县北魏长城分布图
地图八　锡林郭勒盟多伦县、正蓝旗北魏长城分布图

彩图目录

彩图一　二吉淖尔长城1段（六镇长城南线东北端点）（西南－东北）

彩图二　二吉淖尔长城1段（东北－西南）

彩图三　二吉淖尔长城3段（穿垭口向西南延伸）（东北－西南）

彩图四　头号长城1段（西南－东北）

彩图五　头号长城5段（东北－西南）

彩图六　常家村戍堡（东南－西北）

彩图七　二道沟长城3段（东－西）

彩图八　二道沟长城3段穿过垭口进入谷地（西南－东北）

彩图九　贲红沟长城（消失段）（东－西）

彩图一〇　泉子沟长城1段（一）（西－东）

彩图一一　泉子沟长城1段（二）（东－西）

彩图一二　顺城公司长城3段（东北－西南）

彩图一三　苏集长城3段（西－东）

彩图一四　光明长城2段（西－东）

彩图一五　甲力汉长城1段（一）（东－西）

彩图一六　甲力汉长城1段（二）（东－西）

彩图一七　甲力汉长城3段（东南－西北）

彩图一八　当郎忽洞长城1段（东－西）

彩图一九　当郎忽洞1号戍堡（西南－东北）

彩图二〇　当郎忽洞长城3段（西－东）

彩图二一　当郎忽洞2号戍堡（西北－东南）

彩图二二　杨贵长城3段（东－西）

彩图二三　新建村长城3段（西－东）

彩图二四　格尔哈套长城1段（东南－西北）

彩图二五　格尔哈套长城3段（东－西）

彩图二六　格尔哈套长城5段（一）（西－东）

彩图二七　格尔哈套长城5段（二）（西北－东南）

彩图二八　格尔哈套戍堡（东南－西北）

彩图二九　天益公司村长城1段（东南－西北）

彩图三○　天益公司村长城4段（西－东）

彩图三一　天益公司村长城6段（西－东）

彩图三二　吉庆长城1段（东－西）

彩图三三　吉庆长城2段（东－西）

彩图三四　德义长城2段（一）（西－东）

彩图三五　德义长城2段（二）（东南－西北）

彩图三六　德义戍堡（西北－东南）

彩图三七　苏计营盘长城1段（一）（东－西）

彩图三八　苏计营盘长城1段（二）（东南－西北）

彩图三九　苏计营盘长城2段（一）（西北－东南）

彩图四○　苏计营盘长城2段（二）（西北－东南）

彩图四一　苏计营盘1号戍堡（北－南）

彩图四二　苏计营盘2号戍堡与黑脑包山（西北－东南）

彩图四三　苏计营盘长城3段（东南－西北）

彩图四四　苏计营盘3号戍堡（西南－东北）

彩图四五　苏计营盘4号戍堡（南－北）

彩图四六　苏计营盘长城4段（东南－西北）

彩图四七　苏计营盘5号戍堡（西－东）

彩图四八　嘎顺戍堡（西南－东北）

彩图四九　嘎顺长城2段（东南－西北）

彩图五○　嘎顺长城5段（东－西）

彩图五一　巴音陶勒盖长城（东南－西北）

彩图五二　小沟子长城1段（东北－西南）

彩图五三　五福堂长城1段（西南－东北）

彩图五四　班不袋长城1段（东北－西南）

彩图五五　班不袋长城3段（东北－西南）

彩图五六　毛忽洞长城1段（西南－东北）

彩图五七　南茅庵长城1段（西北－东南）

彩图五八　双敖包长城1段（一）（东北－西南）

彩图五九　双敖包长城1段（二）（西南－东北）

彩图六○　双敖包长城2段（消失段）（东北－西南）

彩图六一　希腾海长城1段（东北－西南）

彩图六二　希腾海长城2段（消失段）（东北－西南）

彩图六三　毛浩日鄂日格长城1段（一）（东北－西南）

彩图六四　毛浩日鄂日格长城1段（二）（西南－东北）

彩图六五　毛浩日鄂日格长城2段（消失段）（西南－东北）

彩图六六　毛浩日鄂日格长城3段（东北－西南）

彩图六七　乌兰敖包长城（一）（东北－西南）

彩图六八　乌兰敖包长城（二）（西南－东北）

彩图六九　乌兰敖包长城（三）（西南－东北）

彩图七〇　巴音淖尔长城 1 段（消失段）（东北－西南）

彩图七一　巴音淖尔长城 2 段（东北－西南）

彩图七二　巴音淖尔长城 3 段（消失段）（西南－东北）

彩图七三　善达长城 1 段（东北－西南）

彩图七四　善达戍堡（西北－东南）

彩图七五　鄂黑乌苏长城（一）（西南－东北）

彩图七六　鄂黑乌苏长城（二）（南－北）

彩图七七　鄂黑乌苏 1 号戍堡（东北－西南）

彩图七八　鄂黑乌苏 2 号戍堡（南－北）

彩图七九　塔拉牧民长城 1 段（消失段）（西南－东北）

彩图八〇　塔拉牧民长城 2 段（西南－东北）

彩图八一　塔拉牧民戍堡（西－东）

彩图八二　北河长城 3 段（消失段）（西南－东北）

彩图八三　哈日乌苏长城（西南－东北）

彩图八四　乌兰哈达长城起点地貌（西南－东北）

彩图八五　白星图长城 2 段（东北－西南）

彩图八六　白星图长城 3 段（东北－西南）

彩图八七　白星图长城 3 段石墙（白星图 1 号戍堡北侧土墙与石墙过渡带）（西北－东南）

彩图八八　白星图长城 4 段石墙（西南－东北）

彩图八九　白星图长城 4 段石墙（白星图 3 号戍堡东侧）（东南－西北）

彩图九〇　白星图长城 4 段石墙（阿得嘎河西岸）（西北－东南）

彩图九一　白星图 1 号戍堡（西南－东北）

彩图九二　白星图 1 号戍堡西南墙及西北角居址（东南－西北）

彩图九三　白星图 1 号戍堡东南墙及西南角居址（东北－西南）

彩图九四　白星图 1 号戍堡门址（西北－东南）

彩图九五　白星图 2 号戍堡（西南－东北）

彩图九六　白星图 2 号戍堡西南角居址（西南－东北）

彩图九七　白星图 2 号戍堡东南墙（东北－西南）

彩图九八　白星图 2 号戍堡东北角居址（南－北）

彩图九九　白星图 3 号戍堡（西北－东南）

彩图一〇〇　白星图 3 号戍堡西墙（南－北）

彩图一〇一　乌兰淖尔长城 1 段（东北－西南）

彩图一〇二　红水泡 1 号戍堡（西北－东南）

彩图一〇三　红水泡 2 号戍堡（东南－西北）

彩图一〇四　乌兰淖尔 1 号戍堡（北－南）

彩图一〇五　乌兰淖尔长城 2 段（东－西）

彩图一〇六　　乌兰淖尔 2 号戍堡（东南－西北）

彩图一〇七　　乌兰淖尔 3 号戍堡（西北－东南）

彩图一〇八　　敦达吾素 1 号戍堡（东北－西南）

彩图一〇九　　敦达吾素长城 2 段（东北－西南）

彩图一一〇　　敦达吾素 2 号戍堡（北－南）

彩图一一一　　敦达吾素长城 3 段（东北－西南）

彩图一一二　　敦达吾素 3 号戍堡（东北－西南）

彩图一一三　　敦达吾素 4 号戍堡（西南－东北）

彩图一一四　　海日罕楚鲁 2 号戍堡（西－东）

彩图一一五　　海日罕楚鲁 3 号戍堡（西－东）

彩图一一六　　什卜太戍堡（东北－西南）

彩图一一七　　南号长城 1 段（东－西）

彩图一一八　　南号长城 2 段前小段墙体呈"S"形穿过两道山梁（东南－西北）

彩图一一九　　南号长城 2 段前小段墙体（东－西）

彩图一二〇　　南号长城 2 段中小段墙体（一）（东北－西南）

彩图一二一　　南号长城 2 段中小段墙体（二）（东北－西南）

彩图一二二　　土脑包长城 1 段（东北－西南）

彩图一二三　　东卜子长城 1 段（东北－西南）

彩图一二四　　东卜子长城 3 段（西南－东北）

彩图一二五　　东卜子长城 3 段垭口处（东北－西南）

彩图一二六　　东卜子长城 3 段主、副墙（西南－东北）

彩图一二七　　东卜子长城 3 段后小段墙体（西南－东北）

彩图一二八　　西老龙忽洞长城 2 段（东北－西南）

彩图一二九　　农场长城 1 段（东北－西南）

彩图一三〇　　农场长城 1 段（西南－东北）

彩图一三一　　农场长城 2 段（西南－东北）

彩图一三二　　巴音陶勒盖长城 2 段墙体夯层

彩图一三三　　巴音陶勒盖长城 3 段（消失段）

彩图一三四　　红井卜子长城 1 段（东北－西南）

彩图一三五　　红井卜子长城 3 段（一）（西南－东北）

彩图一三六　　红井卜子长城 3 段（二）（西南－东北）

彩图一三七　　红井卜子长城 3 段"S"形墙体（北－南）

彩图一三八　　公忽洞长城 2 段墙体护坡石（西南－东北）

彩图一三九　　公忽洞长城 3 段（消失段）（西北－东南）

彩图一四〇　　大圐圙长城 1 段（西北－东南）

彩图一四一　　大圐圙长城 3 段（北－南）

彩图一四二　　大井长城 2 段（东北－西南）

彩图一四三　　大井长城 3 段（消失段）（东北－西南）

彩图一四四　　巴拉它斯长城 2 段（西南－东北）

彩图一四五　羊盘壕长城 1 段（西南 - 东北）

彩图一四六　羊盘壕长城 5 段（东北 - 西南）

彩图一四七　幸福村长城 1 段（东北 - 西南）

彩图一四八　幸福村长城 1 段"S"形墙体（西南 - 东北）

彩图一四九　幸福村长城 3 段（东北 - 西南）

彩图一五〇　石宝长城 1 段（消失段）（东北 - 西南）

彩图一五一　鱼海滩长城（一）（西南 - 东北）

彩图一五二　鱼海滩长城（二）（东北 - 西南）

彩图一五三　盐房子长城 1 段（消失段）（东北 - 西南）

彩图一五四　盐房子长城 2 段（东北 - 西南）

彩图一五五　双玉城长城（北 - 南）

彩图一五六　麻忽图长城（一）（南 - 北）

彩图一五七　麻忽图长城（二）（北 - 南）

彩图一五八　麻忽图长城墙体夯层（西 - 东）

彩图一五九　河子上长城 1 段（河险）（南 - 北）

彩图一六〇　河子上长城 2 段（南 - 北）

彩图一六一　水泉长城 1 段（北 - 南）

彩图一六二　水泉长城 2 段（消失段）（北 - 南）

彩图一六三　水泉长城 3 段及北线西南端点（北 - 南）

彩图一六四　十九号长城山梁垭口处墙体（西—东）

彩图一六五　十九号长城（东南—西北）

彩图一六六　五号长城 1 段（东—西）

彩图一六七　东糜地沟长城 2 段（西北—东南）

彩图一六八　黑山头长城 2 段（西北—东南）

彩图一六九　黑城子种畜场长城前小段墙体（西北—东南）

彩图一七〇　黑城子种畜场长城中小段墙体（东南—西北）

彩图一七一　黑城子种畜场长城后小段墙体（东南—西北）

彩图一七二　黑城子种畜场戍堡（东南 - 西北）

彩图一七三　黑城子种畜场戍堡东南墙残存的夯层

彩图一七四　克里孟古城东城西墙剖面

彩图一七五　希拉穆仁城圐圙古城大城北墙中部航片

彩图一七六　希拉穆仁城圐圙古城大城东北角及小城航片

彩图一七七　苏计营盘 1 号戍堡篦点纹陶片

彩图一七八　嘎顺戍堡采集的磨光暗纹黑陶片

彩图一七九　苏计营盘 2 号戍堡陶片

彩图一八〇　苏计营盘 4 号戍堡暗纹陶片

彩图一八一　苏计营盘 4 号戍堡暗纹陶盆残片

彩图一八二　白灵淖城圐圙古城筒瓦

彩图一八三　白灵淖城圐圙古城莲花纹瓦当

彩图一八四　克里孟古城发现的青砖

彩图一八五　在雨中调查访问

彩图一八六　调查队员抵达六镇长城北线西南端点，完成了这段长城的调查

彩图一八七　六镇长城北线西南端点南翁三沟子地貌，调查队员翻山越岭确认端点（北－南）

彩图一八八　进牧户家中探访长者

彩图一八九　长城调查队测量武川县下南滩遗址

彩图一九〇　调查队在武川县下南滩村中访问

彩图一九一　在位于六镇长城南、北线交汇点处的什卜太村中访问

彩图一九二　太和长堑黑城子种畜场戍堡复查

第一章
概　述

　　按照国家文物局制定的《全国长城资源调查管理办法》、《全国长城资源调查工作总体方案》的相关规定，自 2009 年始，内蒙古自治区开展了秦汉及其他时代长城资源的调查工作。2009～2010 年，两年内，在内蒙古自治区文化厅、文物局的领导下，设置在内蒙古自治区文物考古研究所的内蒙古自治区长城资源调查项目组先后组建了 31 支调查队，开展了内蒙古自治区境内的秦汉长城、北魏长城、隋长城、金界壕等的调查工作。

一　调查工作经过

　　内蒙古自治区境内的北魏长城，按照以前相关专家学者的调查研究，自东向西分布于锡林郭勒盟、乌兰察布市、呼和浩特市和包头市。因此，关于内蒙古自治区境内的北魏长城，主要集中于东起乌兰察布市商都县，西至包头市达尔罕茂明安联合旗和呼和浩特市武川县一带。此外，地处锡林郭勒盟境内的一段长城亦被认为是北魏长城。

　　北魏长城调查工作的进行集中于 2010 年，共有 4 支调查队参与，分别为乌兰察布市北部地区长城调查队、四子王旗长城调查队、包头市长城调查队和锡林郭勒盟南部地区长城调查队。乌兰察布市北部地区长城调查队主要调查了分布于乌兰察布市商都县、察哈尔右翼后旗、察哈尔右翼中旗境内的北魏长城和三旗县及化德县境内的金界壕，调查队队长为李艳阳，成员有腾和、刘雪峰、田少军、秦双成、魏孔、李科、边小军、李健伟等。乌兰察布市四子王旗长城调查队主要调查了分布于四子王旗境内的北魏长城和金界壕，调查队队长为谢寒光，成员有王会杰、布特格其、任建功等。包头市长城调查队主要负责调查包头市境内的各时代长城，在完成了本辖区的长城调查任务后，于 2010 年下半年额外调查了分布于呼和浩特市武川县北部地区的汉、北魏、西夏、金等时代的长城，调查队队长为苗润华，成员有杨建林、魏长虹、董勇军、王新文、武明光、田金花、杨志军、游枝梅等。锡林郭勒盟南部地区长城调查队调查了分布于锡林郭勒盟多伦县、正蓝旗境内的北魏长城，调查队队长为刘洪元，成员有王洪江、丹达尔、朝宝力高、董立民等。以上调查队由内蒙古自治区长城资源调查项目组统一领导，项目总领队为张文平。

二　前人研究与本次调查成果的比较

　　前人对北魏长城做综合研究的主要有艾冲和李逸友两位学者，两人观点有所抵牾。艾冲先有《北朝诸国长城新考》之作[1]，李逸友在《中国北方长城考述》一文中多有批评[2]，艾冲再作《再论北魏长城的位置与走向——与李逸友先生商榷》[3]。两人都认为北魏曾三次修筑长城，分别为泰常八年（423年）长城、太平真君七年（446年）畿上塞围和太和长堑；艾冲认为太和长堑筑于太和年间（477～499年），李逸友则具体于太和八年（484年）。两人对于三道长城的具体分布走向也争执不一。

（一）关于泰常八年长城

关于泰常八年长城，《魏书·太宗纪》记载：明元帝拓跋嗣泰常八年"二月戊辰，筑长城于长川之南。起自赤城，西至五原，延袤二千余里，备置戍卫。"另《魏书·天象志》载：泰常"八年春，筑长城，距五原二千余里，置守卒，以备蠕蠕。"这是史料记载的北魏王朝第一次修筑长城。

艾冲认为，这条长城"东端起自今河北赤城县独石口附近、白河与滦河的分水岭，循山西去，历经崇礼、张北、尚义诸县，内蒙古兴和、集宁、察右前旗、卓资、呼和浩特、包头诸市县，止于乌拉特前旗境乌加河东岸。除经过'九十九泉'北侧外，大部利用了战国赵长城旧迹。"[4]李逸友认为这条长城主要是将赤城至五原间的秦汉长城加以修葺而成，东起自河北省赤城县独石口北的大山上，西行经崇礼与沽源之间的山岭，再经张北县南、尚义县南、怀安县西北进入内蒙古自治区。再经内蒙古自治区兴和县、丰镇市、察哈尔右翼前旗、卓资县、察哈尔右翼中旗、呼和浩特市郊区、武川县、固阳县等地，即从大马群山经蛮汉山东北，再经灰腾梁西南麓，西经大青山南麓而穿越大青山至其北麓，再向西进入查石太山地区。

在本次明代以前长城的调查中，没有在分布于大青山南麓地带的战国赵北长城沿线以及分布于阴山山脉北坡的秦汉长城沿线发现明显的北魏长城遗存。战国赵北长城东起乌兰察布市兴和县与河北省尚义县交界处的大青山西麓地带，为当时赵国代郡所辖地区，西端抵达巴彦淖尔市乌拉特前旗乌拉山镇以东乌兰布拉格沟沟口地带。阳山秦汉长城主线西起巴彦淖尔市乌拉特后旗与磴口县交界处一带，东面在呼和浩特市新城区毫沁营镇坡根底村附近消失，所谓的秦始皇万里长城在坡根底村以东部分起初沿用了战国赵北长城，后来至卓资县梨花镇三道营古城（西汉武要县旧址）东北离开战国赵北长城折向南行，于蛮汉山南麓又折向东行，从兴和县进入河北省境内。

艾冲和李逸友关于北魏泰常八年长城走向的分歧，主要在于艾冲认为北魏长城是全线沿用了战国赵北长城，而李逸友则认为是沿用了秦汉长城。结合此后北魏在皇兴、太和年间所筑六镇长城南线、北线的情形来看，两条长城的西部端点靠近阳山秦汉长城的东部地段墙体，北魏六镇中最西部的沃野镇即修筑于阳山秦汉长城的南侧，阳山秦汉长城当为北魏王朝所长期利用。卓资县三道营古城往南的蛮汉山秦汉长城，在《水经注》中被称作"塞"[5]，这表明，在六镇及六镇长城南线、北线修筑之后，泰常八年长城仍在作为一条防御线使用。由此可见，在北魏泰常八年长城沿用前代长城的问题上，李逸友的观点更为切合实际。

北魏太和十八年（494年），郦道元随孝文皇帝北巡，看到了绵延于今大青山蜈蚣坝一带的战国赵

〔1〕艾冲：《北朝诸国长城新考》，中国长城学会编《长城国际学术研讨会论文集》，吉林人民出版社，1995年。
〔2〕李逸友：《中国北方长城考述》，《内蒙古文物考古》2001年第1期。
〔3〕艾冲：《再论北魏长城的位置与走向——与李逸友先生商榷》，《陕西师范大学继续教育学报》2006年第3期。
〔4〕艾冲：《北朝诸国长城新考》，中国长城学会编《长城国际学术研讨会论文集》，吉林人民出版社，1995年。
〔5〕《水经注》卷一三《漯水》"漯水又东，左得于延水口，水出塞外柔玄镇西长川城南小山。"这里所言长川城，已考证其旧址即今乌兰察布市兴和县民族团结乡元山子土城子古城，该古城位于战国赵北长城南侧、蛮汉山秦汉长城北边。

北长城墙体，"顾瞻左右，山椒之上，有垣若颓基焉。沿溪亘岭，东西无极，疑赵武灵王之所筑也"[1]。这段长城的确是战国赵武灵王所筑的赵北长城，郦道元当时看到的已经是作为历史陈迹的残垣了，此足以证明，战国赵北长城墙体在北魏时期是未经加筑沿用的。而郦道元在《水经注》同一卷中描述高阙戍左近的阳山秦汉长城时，则径直称之为"长城"，长城阙口的高阙戍"自古迄今，常置重捍，以防塞道"，出高阙戍以北已是"荒中"。由郦道元的记载可以发现，北魏不仅沿用了前朝的高阙戍，而且，其左近的前代长城（阳山秦汉长城）在北魏也继续发挥着作用，长城以北已是人烟稀少的荒漠了。

（二）关于太平真君七年畿上塞围

据《魏书·世祖纪》记载：拓跋焘太平真君七年（446 年）"六月丙戌，发司、幽、定、冀四州十万人筑畿上塞围，起上谷，西至于河，广袤皆千里。"九年二月，"罢塞围作"。艾冲和李逸友均认为这段长城主要分布于今北京市、河北省、山西省的北境一带，不认同个别专家提出的在今乌兰察布市兴和县、丰镇市、凉城县和呼和浩特市和林格尔县、清水河县存在相关遗存的说法。本次调查中，在今乌兰察布市和呼和浩特市的南部地区见到的长城均为明长城，没有发现北魏长城的相关遗存。

细辨关于"畿上塞围"的相关史料，与防御卢水胡人盖吴领导的农民起义军有关，属于临时防御性质。关于塞围的具体形式，史料无载，只是说"广袤皆千里"，可能包括了城堡、关卡和障墙等多种类型防御工事的结合。东周时期，列国修筑的早期长城为国与国之间的防御工事和国界线，自秦汉以来，北方长城主要体现为中原王朝修筑的防御北方游牧民族政权的综合军事防御体系。综此，长城实质上是民族、政权和国家之间矛盾的物化表现，而非国家、政权和民族的内部阶级矛盾的物化形式。盖吴虽为匈奴后裔卢水胡人，但他的起义军包括了各族民众。北魏王朝修筑塞围，与防御北方游牧民族南侵无涉，只是用于镇压由国内阶级矛盾引起的农民起义，由此可见，畿上塞围并非长城。类似性质的防御工事在中国历史上还有很多，有人撰文提出清代没有停止修筑长城，将清代修筑的防御白莲教、捻军等农民起义军的长墙也认定为长城，这是一种将伟大的万里长城"庸俗化"的观点。

（三）关于太和长堑

《魏书·高闾传》记载有北魏孝文帝太和八年（484 年）高闾上表奏请于六镇之北兴筑长城之事，称："今宜依故于六镇之北筑长城，以御北虏……计六镇东西不过千里，若一夫一月之功，当三步之地，三百人三里，三千人三十里，三万人三百里，则千里之地，强弱相兼，计十万人一月必就，运粮一月不足为多。人怀永逸，劳而无怨。"孝文帝"览表，具卿安边之策"。《资治通鉴》几乎是全文转引了《魏书》的上述记载[2]。艾冲、李逸友均据此条史料，对太和长堑的分布走向各自提出了看法。

艾冲认为太和长堑是沿着泰常八年长城向东延伸，"自今赤城和沽源两县交界的分水岭同西段衔接，循山岭东延于丰宁县北部，至滦平县北境跨过兴州河，以及滦河，经过隆化县南部和承德北部；长城在内蒙古境内趋东北历喀喇沁旗东部、赤峰县南隅，东入辽宁建平县北境，再入内蒙古敖汉旗南

---

〔1〕《水经注》卷三《河水》。
〔2〕《资治通鉴》卷一三《齐纪二·世祖武皇帝上之下》"永明二年"。

部，又回到辽宁北票县境，历经阜新、黑山、台安诸县，止于辽水西岸"[1]。其中，部分沿用了"赤南长城"，即分布于今内蒙古自治区赤峰市南部和辽宁省朝阳市的战国燕北长城。赤峰市长城调查队在2009～2010年对赤峰市燕北长城的调查过程中，未发现有北魏沿用的痕迹。

李逸友认为太和八年始筑的长堑，由西至东可划分为西、中、东三段。西端起始点在今呼和浩特市武川县西乌兰不浪镇水泉村北的小山梁上，北行经花牛卜子村东，再北行伸入达尔罕茂明安联合旗石宝镇境内；再自石宝镇政府驻地东北行，经大苏吉乡、小文公乡，至东五福堂村东伸入四子王旗境内；再自四子王旗吉生太乡大沟里村向东偏北方向伸延，经席边河村南、巨巾号乡小南坡村、查干补力格苏木南境、乌兰牧场，折向偏南方向伸延，经巨巾号乡大清河村，至高腰海村东伸入察哈尔右翼中旗境内；再自察哈尔右翼中旗库伦苏木高腰海村西北方起，向东偏南方向伸延，经格少村、新建村，至乌素图镇大北村南伸入察哈尔右翼后旗境内；再自察哈尔右翼后旗当郎忽洞苏木东胜村北向东伸延，经察汗不浪村、当郎忽洞村、永胜村、乌兰哈达苏木平地脑包村、红格尔图乡韩元店村南，在红格尔图村东南伸入商都县境内；再自商都县大碹子乡土城子村西起向东伸延，至大碹子村东折向东偏北方向伸延，经大南坊子乡、屯垦队镇、玻璃忽镜乡，至二吉淖村西河床断崖处中断。中段为金界壕所加筑沿用，西起二吉淖村东，大致呈西北－东南走向，至商都县卯都乡折向西行，经化德县、河北省康保县，终止于太仆寺旗。东段起自太仆寺旗与正蓝旗交界处的骆驼山乡，向东穿越闪电河，至正蓝旗黑城子种畜场场部南折向东南行，经小马场至多伦县十五号村之间河北省沽源县与多伦县的分界线，伸入河北省丰宁满族自治县境内，再自丰宁满族自治县山嘴子乡平安堡村北，折向东行至万盛永乡乌孙吐鲁坝西麓终止。

在本次调查中，长城调查队对李逸友认为的构成太和八年长堑的西、中、东三段长城均进行了细致调查，可以认定，东、西段均为北魏长城，中段则为金界壕。对于西段北魏长城，按照由东向西的方向描述，对于它的东部起点李逸友的记述是正确的，而西部止点则在达尔罕茂明安联合旗境内；至于伸入武川县北部地区的一段长城，则是以前所未发现的分布于西段北魏长城北的另一条同时代的长城。由于两条长城墙体的构筑形制大体一致，导致在以前的调查中被混为一体，新发现长城的东部起点在四子王旗东部，与西段北魏长城墙体大体呈一北一南平行走向。

对于新发现的这段长城，初步认定为北魏长城。查诸史料，《通典·边防第十二·蠕蠕》有记载：北魏献文帝皇兴年间（467～471年），柔然犯塞，征南将军刁雍上表曰："六镇势分，倍众不斗，互相围逼，难以制之……今宜依故于六镇之北筑长城，以御北虏。虽有暂劳之勤，乃有永逸之益……宜发近州武勇四万人，及京师二万人，合六万人，为武士。于苑内立征北大将军府，选忠勇有志干者以充其选，下置官属……至八月，征北部率所镇与六镇之兵，直至碛南，扬威漠北。狄若来拒，与之决战。若其不来，然后分散其地，以筑长城。计六镇东西不过千里，若一夫一月之功当三步之地，三百人三里，三千人三十里，三万人三百里。千里之地，强弱相兼，计十万人一月必就。运粮一月，不足为多，人怀永逸，劳而无忌"。认为筑长城其利有五，"罢游防之苦，其利一也；北部放牧，无抄掠之患，其利二也；登城观敌，以逸待劳，其利三也；省境防之虞，息无时之备，其利四也；岁常递运，永得不匮，其利五也。"又载："帝从之，边境获利。"

刁雍所上表与太和八年高间所上表的内容有诸多相似之处。六镇的设置是在泰常八年之后，那么，于皇兴年间开始于六镇之北修筑长城防御柔然也是合于情理的。当时，柔然不时南侵，如皇兴四年

〔1〕　艾冲：《北朝诸国长城新考》，中国长城学会编《长城国际学术研讨会论文集》，吉林人民出版社，1995年。

（470 年），柔然犯塞，北魏发三路大军会于女水，大破柔然[1]。在调查中，于四子王旗发现，有一段新发现长城利用西段北魏长城的情况，从而可以判定，新发现长城的修筑年代要晚于西段北魏长城。六镇与长城相结合的防御体系的形成，经过了一个不断完善的过程，北魏王朝在 5 世纪 30 年代开始构筑六镇，自 470 年前后又开始于六镇之北修筑长城，直至 6 世纪初还在六镇当中加筑戍城。今天调查的这两道北魏长城，在今乌兰察布草原地区一南一北的分布，与六镇及其他军镇戍堡联合构成了北魏北部边疆的军事防御体系，因此可将这两道长城统一命名为"北魏六镇长城"，并以北魏六镇长城南线和北线加以区分，其中，南线修筑在前，北线修筑在后。六镇长城南、北线的西端均与阳山秦汉长城的东端大体位于同一条线上，因此，六镇长城向西与泰常八年长城一样，也是利用了阳山秦汉长城。

那么，六镇长城向东的是一个什么样的情况呢？这就需要从长堑说起。长堑之名来源于《水经注》和《北齐书》的记载。《水经注·鲍丘水》云："（北溪水）水出县北，广长堑南，太和中掘此以防北狄也"。艾冲认为，这里所说的长堑位于今河北省滦平县北部潮河与兴州河的分水岭上。另《北齐书·文宣帝纪》记载：齐天宝四年（553 年），契丹袭掠营州地区，齐文宣帝统军从平州出卢龙口趋长堑，"倍道兼行，掩袭契丹"。艾冲认为，这里所说的长堑当在今辽宁省北票县北部的牤牛河上游。艾冲的这个推论似失之太靠于北边，这段长堑应当是在南距卢龙口不远的今河北省北部。这里且不论《北齐书》所载长堑与《水经注》所载长堑是否属于同一条长堑，但李逸友与艾冲均认同《水经注》所记长堑是在河北省北部有分布。李逸友认为这段长堑属于太和八年长堑的东段，从河北省延伸至锡林郭勒盟多伦县、正蓝旗境内，与所谓太和八年长堑的中段相连接。

北魏太和年间所筑长城被称作长堑，是与它的构筑方式有关。由于这条长城绝大部分分布于草原上，地势平坦，因地制宜，采用外侧挖壕、内侧夯土筑墙的方式来修筑，此后的金界壕也采用了同样的修筑方式。多伦县、正蓝旗境内的这段长城在地表呈土垄状的分布特征，与前面认定的北魏六镇长城是相同的。扩展开来说，这段长城为太和长堑，北魏六镇长城南线、北线也可称作长堑。

本次调查中，对李逸友通过实地调查提出的太和八年中段长堑是北魏长城为金界壕所沿用的观点，本次调查无法予以证实。中段长堑为金界壕，其沿线分布的边堡与同一条线路上其他金界壕段落沿线分布的边堡，形制和规模都相同；在中段长堑的沿线没有发现与北魏长城沿线戍堡相类似的边堡，可见，其仅是金代修筑的长城，与北魏长城没有联系。

李逸友调查认为的太和八年东段长堑，在本次长城调查中确认为北魏长城"太和长堑"，与李逸友认为中段长堑的这段金界壕的墙体二者确有交汇。这段金界壕与北魏六镇长城南线的东端距离非常近，但确实没有连接在一起，六镇长城南线的墙体也没有穿过金界壕向东延伸，恰恰终止于金界壕的墙体边。这样的墙体布局，容易让人产生金界壕利用北魏长城的想法，但通过本次调查予以了彻底澄清。在北魏六镇长城南、北线和太和长堑的沿线戍堡中，除采集有北魏遗物外，同时发现了很多金代的遗物，尤其是在这三条长城沿线，同时发现一些金代所筑的规模较大的城址，从而证明了这三条北魏长城均为金代所沿用。由此，可以明确，金朝为了有效地将北魏六镇长城南、北线纳入其金界壕的整体防御体系中，在修筑金界壕时，尽可能地将三条北魏长城包围在界壕中，从而形成一个闭合的防御体系。于是，新筑的金界壕墙体有意识地尽量靠近北魏六镇长城墙体的东西端，这一现象，在六镇长城北线也非常明显。但金代利用北魏长城墙体仅限于沿用，并未再做加筑增修。

关于北魏长城还存在的一个问题是，为什么北魏六镇长城的南、北线与太和长堑之间形成了那么大的一个缺环地段呢？从六镇长城与太和长堑分布的地域看，六镇长城偏北，太和长堑偏南，初步推

〔1〕《魏书》卷一三〇《蠕蠕传》。

断，六镇长城南、北线的修筑时间要早于太和长堑。六镇长城南、北线的东端再往东均进入了今主要分布于锡林郭勒盟境内的浑善达克沙地，在这种地理环境下是不适宜修筑长城的，而且，茫茫沙地本身即是一个很好的防御地带，这正是北魏王朝未将六镇长城继续往东延伸的缘由所在。

三　本报告编写主旨

通过上述前人研究与本次调查成果的比较，初步可将内蒙古自治区境内的北魏长城分为四条线路。第一条为泰常八年长城，始筑于泰常八年（423 年）二月，主要修缮利用了秦汉长城，大致以秦代蒙恬修筑的位于阴山山脉北坡的秦始皇长城的东端，即今呼和浩特市新城区毫沁营镇坡根底村附近为界，以西部分利用了阳山秦汉长城，以东部分利用了战国赵北长城，再向东至卓资县三道营古城东北，又向南利用了蛮汉山秦汉长城。泰常八年长城在北魏六镇长城筑就之后仍在使用，是六镇长城之南又一道重要的军事防御线。第二条为六镇长城南线，主要分布于阴山山脉以北的乌兰察布草原。第三条为六镇长城北线，由东向西分布于四子王旗、达尔罕茂明安联合旗和武川县境内。初步推断，六镇长城南线始筑于北魏皇兴年间（467～471 年），其后，又增筑了北线，这些营建活动一直持续至太和年间（477～499 年）。第四条为太和长堑，东自河北省丰宁满族自治县伸入锡林郭勒盟多伦县、正蓝旗境内，修筑于太和年间。（地图一）

对于泰常八年长城的具体情况，将在后续的内蒙古中南部的战国秦汉长城调查报告中予以全面介绍，本报告不再作具体描述。至于其他三条长城，将分作三章予以详细介绍，墙体沿线的戍堡遗址附于戍堡紧邻的每段墙体之后加以描述。在最后的结论部分中，将对北魏长城的特点及其与六镇等军镇的关系等作初步的探讨。

第二章

六镇长城南线

　　六镇长城南线东端起点位于今乌兰察布市商都县玻璃忽镜乡二吉淖尔村北部、二吉淖尔水泡子北岸坡地上，东北距金界壕主线1.5千米。全线长城墙体呈外向弧线形分布，在商都县境内呈东北－西南走向，进入察哈尔右翼后旗境内后转东西行，经察哈尔右翼中旗北部进入四子王旗境内，墙体转西北行，绕圆弧线形圈之后复转西南行。其弧顶部分地处四子王旗吉生太镇前点力素忽洞村所在的东西向谷地中。于移民新村东南0.5千米的耕地中，为六镇长城北线所沿用，两墙合并后转西南行，至什卜太村西南、中号村东，北线长城摆脱对南线墙体的利用，径直西去，南线墙体则继续西南行，出四子王旗抵达包头市达尔罕茂明安联合旗境域，墙体进入完全意义上的丘陵草原地带。穿草地，觅沟谷，翻山垭，一路西南行，至北魏六镇之一的武川镇故城（今达尔罕茂明安联合旗希拉穆仁城圐圙古城）西南2.5千米处终止。（参见地图一）

　　六镇长城南线墙体总长260151米，均为土筑墙体，其中，保存墙体部分长158246米、消失101905米。在调查中，将这条长城墙体划分为108段。墙体上不见马面、烽燧等附属设施。在本次调查中，于长城墙体沿线调查戍堡15座，均为新发现。

　　六镇长城南线戍堡在商都县、察哈尔右翼后旗、察哈尔右翼中旗、四子王旗和达尔罕茂明安联合旗等长城墙体所经旗县均有分布，其中，以四子王旗发现的戍堡最为集中。戍堡的形制大体相同，平面均呈长方形，长边40～46、短边22～43米，距长城墙体0.13～1.23千米，戍堡间距约3千米。

　　六镇长城南线的一些具体数据统计如下表。（表一）

表一　六镇长城南线数据简表

分布行政区域		墙体长度（米）	土墙（米）			戍堡（座）
			保存较差	保存差	消失	
乌兰察布市	商都县	51141	11557	15331	24253	1
	察哈尔右翼后旗	39583	7914	12075	19594	2
	察哈尔右翼中旗	22870	6961	6344	9565	1
	四子王旗	107627	21545	46704	39378	7
包头市达尔罕茂明安联合旗		38930	13734	16081	9115	4
总计		260151	61711	96535	101905	15

一　长城墙体分布与走向

六镇长城南线起自乌兰察布市商都县东北部的山丘前坡地上，呈东北－西南走向，贯穿于商都县中部，再经察哈尔右翼后旗中北部、察哈尔右翼中旗北部，穿越四子王旗中南部，这段墙体大体呈东－西走向。至四子王旗中南部复转东北－西南走向，进入达尔罕茂明安联合旗东南部，在丘陵草原地带西南行，止于阴山山脉北麓。

（一）乌兰察布市商都县

六镇长城南线在商都县境内共行经玻璃忽镜乡、屯垦队镇两个乡镇，长城墙体总体作内外弧线形弯曲分布，大体呈东北－西南走向。

长城墙体的东端起自玻璃忽镜乡二吉淖尔村北的坡地上，向西南方向延伸。经付家夭村北、头号村南，始终在低缓的丘陵谷地中穿行。在宇宙村东南穿越押地房村至卯都乡的柏油路县道之后，进入平缓的耕地中。经二道沟村西南转西行，沿南坡底环绕丘陵地带，再转西北行跨越贲红沟，过沟后复转西行，于七大顷村东南穿越狭窄的谷地。至屯垦队镇牛家村中，沿狭长的谷地转西南行，经井台村、顺城公司村、滑家村和张玉珠村北、苏集村、北渠子村，一路穿过谷地、村庄与平缓的耕地，至大拉子村中消失，过大拉子村后向西南进入察哈尔右翼后旗境内。（地图二）

（二）乌兰察布市察哈尔右翼后旗

六镇长城南线在察哈尔右翼后旗境内共行经红格尔图镇、当郎忽洞苏木两个乡镇，长城墙体总体作直线分布，大体呈东－西走向。

长城墙体由商都县进入察哈尔右翼后旗红格尔图镇红格尔图村南，所经地貌为较宽阔的谷地，均已开垦为耕地，墙体沿平坦的谷地西行，在乔家村南穿越中蒙铁路，然后，穿越一段狭窄的谷地，再跨越国道208，经光明村南、平地敖包村南柏油路三岔口，西行进入榆树林，转西北行，进入当郎忽洞苏木甲力汉村中，再经旱海子南岸、当郎忽洞村北，穿过当郎忽洞至五道湾的柏油路，沿宽阔低缓的坡谷地向西北行，长城墙体两侧均有水泡子分布，继续向西北行，经过杨贵村北一片海拔较低的芨芨草滩地，向西进入察哈尔右翼中旗境内。（地图三）

（三）乌兰察布市察哈尔右翼中旗

六镇长城南线在察哈尔右翼中旗境内行经库伦苏木，长城墙体总体作内外弧线形分布，大体呈东南－西北走向。

长城墙体由察哈尔右翼后旗进入察哈尔右翼中旗库伦苏木西大脑包村北，村北为东西向绵亘的山脉，墙体在山前较平缓的丘陵地带与山体并列作西偏北延伸，经大北村南、新建村北穿出耕地与灌木绿化地，在格尔哈套牧点北横跨西南－东北流向的季节河，穿越沙河两岸的风力发电厂厂区，继续西偏北行，进入四子王旗境内。（地图四）

（四）乌兰察布市四子王旗

六镇长城南线在四子王旗境内行经供济堂镇、查干补力格苏木和吉生太镇，长城墙体前段大体作直线分布，局部地段有内、外弧线形弯曲，穿越山地作西北行。至巴音陶勒盖牧点以西的中段墙体，总体作外向圆弧形分布，由东南－西北走向转为东北－西南走向。

长城墙体由察哈尔右翼中旗进入四子王旗供济堂镇天益公司村东，穿越两旗交界处东北－西南走向的山脉间谷地，转而沿北部山体前坡脚下的丘陵地带呈西偏北方向穿行。经天益公司村南、黄羊城村北、吉庆村北、岗岗吾素村中、德义村南、后坊子村北，经大清河村中南部，再经苏计营盘村中，走出耕地、灌木绿化地和丘陵草原交织的地貌环境，向西北进入未经开垦的丘陵草原山地。再经查干补力格苏木查干朝鲁牧点北、乌兰宿力牧点北、嘎顺牧点向西北行，于超浩尔花牧点北横跨省道101后转西行，经巴音陶勒盖牧点北顺沟谷西北行，绕过海拔1525米的准哈达呼舒山岭，再沿宽阔的谷地向西蜿蜒而行。经呼舒乌苏牧点南、大青河村北，至前点力素忽洞村，自东北方向而来的六镇长城北线与之交汇，为六镇长城北线所沿用。合并后的墙体复转西南行，在吉生太镇什卜太村西南与六镇长城北线分野，北线直西而去，而南线沿中号川地继续西南行。经南号村东、黄草洼村中，穿越吉生太河谷地带，于小井壕村东岔入西侧另一条低缓的谷地西南行，经下滩村、席边河村和小沟子三村东部，走出山地后南偏西进入包头市达尔罕茂明安联合旗境内。（地图五）

（五）包头市达尔罕茂明安联合旗

六镇长城南线在达尔罕茂明安联合旗境内行经石宝镇、希拉穆仁镇，长城墙体总体作内、外弧线形弯曲分布，大体呈东北－西南走向。

长城墙体由四子王旗进入达尔罕茂明安联合旗石宝镇五福堂村东南，经班不袋村东、毛忽洞村东、南茅庵村西，始终穿行在平缓的丘陵草原地带。在南茅庵村西南穿越县道090，沿狭窄的谷地西坡偏西南行，沟谷中墙体所经地段局部被开垦为耕地，耕地时耕时废。墙体爬上沟脑，翻过垭口，进入植被较好的丘陵草原地带。在双敖包嘎查西，连续穿越数条西北－东南走向的山梁与季节性沙河，沿起伏较大的坡谷地偏西南方向行进。在希腾海牧点西、毛浩日鄂日格嘎查西，先后跨越两条较宽的季节性沙河，转西南行，经乌兰敖包嘎查、巴音淖尔嘎查西北、善达嘎查、鄂黑乌苏牧点北，一直在低缓的、连绵起伏的丘陵草原中行进。在鄂黑乌苏牧点北，长城墙体弯折，沿低缓的草原谷地转南行，于鄂黑乌苏牧点西复转西南行，经塔拉牧民草原旅游区西北向西南行，横穿县道089，进入草原坡地。墙体顺坡谷地一路南下，直抵北河牧点西的北河岸边，过北河，长城墙体在希拉穆仁城圐圙古城西0.05千米复现，西南行至希拉穆仁镇哈日乌苏嘎查2.4千米终止。（地图六）

自此段长城墙体向西南，墙体消失不见。长城墙体止点西南约3.4千米为达尔罕茂明安联合旗至呼和浩特市的省道104，以道路为界，北属包头市，南隶呼和浩特市。这是一条东西向宽阔的谷地，表土层极浅，一般都在0.2米以内，其下为片石基岩，当地村民采掘这种片石修筑房屋墙体，似其地质结构已不适宜修筑土质长城墙体。

二　长城墙体与戍堡保存状况

六镇长城南线墙体沿蒙古高原的丘陵、谷地构筑，普遍呈低矮的土垄状。长城所经区域大多为农业耕作区或半农半牧经济区，即便是未经开垦的丘陵草原，也是植被稀疏甚或半沙漠化。受草原生态退化、水土流失、农田耕种及道路修筑等诸多自然与人为因素的影响，长城墙体时断时续，整体保存较差。

（一）乌兰察布市商都县

商都县境内六镇长城南线墙体的构筑方法为挖壕夯筑土墙，个别断面可见夯层。墙体总长 51141 米，其中，保存较差 11557 米、差 15331 米、消失 24253 米。保存较差、差、消失墙体分别占该段墙体总长的 22.6%、30%、47.4%。调查中，将长城墙体划分为 23 段，其中，有墙体存在部分 14 段、消失 9 段。长城沿线调查戍堡 1 座。具体描述如下。（参见地图二）

1. 二吉淖尔长城 1 段（1509233382101060001）

该段长城位于玻璃忽镜乡二吉淖尔村北、二吉淖尔水泡子北岸的丘陵坡地上。为六镇长城南线东端的第一段墙体，起点系六镇长城南线的东北端点。由起点向东 1.5 千米为东北 - 西南走向的金界壕主线。该段长城起自二吉淖尔村北 0.3 千米，止于二吉淖尔村西南 1.3 千米。墙体略作外向弧线形分布，呈东北 - 西南走向。下接二吉淖尔长城 2 段。

墙体长 1600 米。整体保存差，墙体呈土垄状。现存墙体底宽 5~7、顶宽 4~5、残存最高 0.3 米。前、后小段墙体保存差，合计长 1345 米。前小段墙体地处村北的坡地上，起点北临山丘，地表隆起明显，轮廓与走向清晰，北侧为耕地，南侧为荒坡地。后小段墙体穿过一片杨树林，翻过一道山梁进入西坡地，坡地下半部被开垦为耕地，部分墙体分布于耕地中。（彩图一）消失墙体位于二吉淖尔村西北部的谷地中，谷地西半部被开垦为农田，东半部生长有芨芨丛，墙体因农田耕种而消失 255 米。保存差、消失墙体分别占该段墙体总长的 84%、16%。北向出村的土路穿过前小段墙体，造成墙体豁口。（彩图二）农田耕种是墙体保存差、消失的主要原因。

墙体起点东南 3.8 千米的二吉淖尔水泡子东岸滩地上，调查发现金代古城一座，定名为杨家地古城。古城已进入化德县境内，东南距杨家地村 1.5 千米，东北距向阳村 4 千米，东距金界壕主线 0.44 千米。古城所处地势低缓，东南略高，西北稍低，西临二吉淖尔水泡子，西北部是一座小水泡子。

古城平面呈长方形，东西长 390、南北长 385 米。（图一）城墙呈高大的土垄状。现存城墙底宽 12~15、顶宽 1~3、残高 0.5~2.2 米。东、南墙外侧明显有护城壕痕迹，护城壕宽 12~18、最深 0.6 米。南墙辟门，门址宽 10 米，外加筑瓮城，方向 180°。城内东南角、西南角及东北角各有四排略隆起于地表的东西向居住址。东南角居住址最长，保存较好，每排居住址长 92、宽 6~7、残高 0.2~0.3 米，排间距 25~27 米。西北角地势较低，雨水大时汇聚于此，原是否有居住址无从查考。古城中偏东半部有一处院落建筑基址，东西长 56、南北长 75 米，中间有南北向土墙间隔，基址残高约 0.5 米。古城内遗物较少，可见灰陶折沿盆、卷沿瓮残片和白瓷碗残片等。古城址恰好位于六镇长城南线与金界壕主线形成的三角地带内，在金代起到连接金界壕与原有的北魏六镇长城南线进行防御的作用。

2. 二吉淖尔长城 2 段（1509233382101060002）

该段长城位于玻璃忽镜乡二吉淖尔村西的丘陵缓坡地上。起自二吉淖尔村西南 1.3 千米，止于二吉淖尔村西南 3.2 千米。墙体作直线分布，呈东北 - 西南走向。上接二吉淖尔长城 1 段，下接二吉淖尔长城 3 段。

墙体长 1920 米。依墙体保存状况，分为差、消失两类。前、中小段墙体保存差，合计长 1677 米。墙体呈低矮的土垄状，轮廓与走向清晰。现存墙体底宽 8～10、顶宽 3～4、残高最高 0.3 米。前小段墙体地处耕地中，末端是两条呈西北－东南流向的小冲沟，冲断墙体后在墙体南侧汇合；中小段墙体分布于谷地中，谷地生长有较密集的芨芨草丛，有两条土路穿过墙体。后小段墙体有 243 米消失在付家夭村东北部的杨树林中。保存差、消失墙体分别占该段墙体总长的 87%、13%。农田耕种、乡间道路通行以及水土流失等人为与自然因素的影响，使墙体保存差、消失。

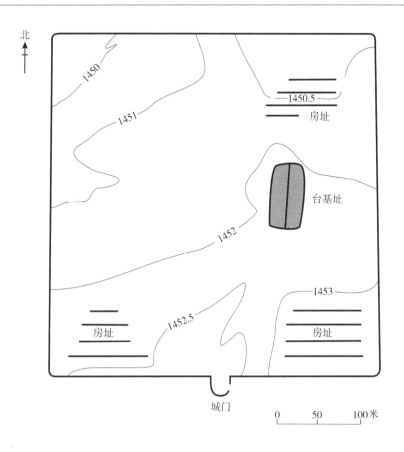

图一　杨家地古城平面图

3. 二吉淖尔长城 3 段（150923382101060003）

该段长城位于玻璃忽镜乡二吉淖尔村西南的丘陵坡地上。起自二吉淖尔村西南 3.2 千米，止于二吉淖尔村西南 6.5 千米。墙体大体作直线分布，前半段内、外略有弯曲，呈东北－西南走向。上接二吉淖尔长城 2 段，下接头号长城 1 段。

墙体长 3419 米。整体保存差。墙体呈土垄状。现存墙体底宽 5～12、顶宽 4～5、残高 0.3～1.3 米。前小段墙体地处付家夭村西边缘，由于村民活动以及耕地开垦，导致墙体消失 603 米。头号村东丘陵顶部未被开垦为耕地的地段有墙体保存，明显隆起于地表，分布和走向较清晰，长 1312 米。（彩图三）其余 1504 米墙体地处耕地中，长年耕种，导致墙体保存差。保存较差、差、消失墙体分别占该段墙体总长的 38%、44%、18%。

4. 头号长城 1 段（150923382101060004）

该段长城位于玻璃忽镜乡二吉淖尔村西南的丘陵坡谷地上。起自二吉淖尔村西南 6.5 千米，止于头号村东南 1.1 千米。墙体略作内向弧线形分布，呈东北－西南走向。上接二吉淖尔长城 3 段，下接头号长城 2 段。

墙体长 488 米。整体保存差。墙体呈土垄状，明显隆起于地表。现存墙体底宽 5～8、顶宽 3～4、残高 0.3～0.8 米。中间小段墙体地处山梁上，轮廓清晰；山梁南北坡地上的墙体地处耕地中，由于长年耕种，墙体受到较大程度的破坏，一条农田耕作土路自墙体中部东西向穿过墙体。（彩图四）

5. 头号长城 2 段（150923382301060005）

该段长城位于玻璃忽镜乡头号村东南的丘陵坡耕地中。所处地势东南高西北低。起自头号村东

1.1 千米，止于头号村东南 0.8 千米。根据上、下段墙体的分布情况分析判断，该段墙体原应作直线分布，呈东北 – 西南走向。上接头号长城 1 段，下接头号长城 3 段。

该段长城为墙体消失段，起止点之间的直线长度为 765 米。该段长城地处一条东南 – 西北向的浅洼地，两面坡地为耕地，因农田长年耕种，导致墙体完全消失。两条出头号村向东南的农田耕作土路穿过长城。

6. 头号长城 3 段（1509233382101060006）

该段长城位于玻璃忽镜乡头号村西南的一个东高西低的丘陵坡地上，墙体修筑于山梁顶部。起自头号村东南 0.8 千米，止于头号村西南 1.1 千米。墙体作直线分布，呈东北 – 西南走向。上接头号长城 2 段，下接头号长城 4 段。

墙体长 735 米。整体保存差。墙体土筑而成，呈土垄状，明显隆起于地表，隆起较宽大。现存墙体底宽 5~8、顶宽 2~4、残高 0.3~0.8 米。墙体外侧有壕沟痕迹，山梁顶部痕迹较明显。周边地表及墙体上遍布大小石块。墙体翻过山梁，顺坡而下，穿过通往头号村的一条土路。墙体西北侧为耕地，东南侧为生长着低矮柠条的绿化地。农田耕种对墙体的保存影响较大。

7. 头号长城 4 段（1509233382301060007）

该段长城位于玻璃忽镜乡头号村西南的丘陵耕地中。起自头号村西南 1.1 千米，止于头号村西南 1.5 千米。根据上、下段墙体分布情况判断，该段墙体原应呈东北 – 西南走向。上接头号长城 3 段，下接头号长城 5 段。

该段长城为墙体消失段，起止点之间的直线长度为 502 米。该段长城所处地段主要是耕地，间植东西向防护林，调查时，农田大部分被弃耕。押地房村至卯都乡的柏油路大体呈南 – 北走向从该段长城末端穿过，农田耕种和公路修筑导致墙体消失。

8. 头号长城 5 段（1509233382101060008）

该段长城位于玻璃忽镜乡头号村西南丘陵地带的耕地中。墙体西北有二道沟村，东南有常家村，距长城墙体较近。起自头号村西南 1.5 千米，止于头号村西南 5 千米。墙体作直线分布，呈东北 – 西南走向。上接头号长城 4 段，下接二道沟长城 1 段。

墙体长 3719 米。墙体呈低矮的土垄状。现存墙体底宽 5~10、顶宽 2~4、残高 0.1~1.2 米。前小段墙体保存差，长 725 米，墙体地处农田和低洼处，隆起较低矮。后小段墙体保存较差，长 2994 米，墙体大部分地处耕地中或耕地间的分隔处，未被开垦的丘陵地带的墙体明显隆起于地表，外侧有壕沟痕迹。（彩图五）保存较差、差墙体分别占该段墙体总长的 80.5%、19.5%。前后有六条耕地防护林东西向穿过墙体。连通常家村与二道沟村的砂石路穿过墙体，导致墙体出现豁口。一条田间土路紧邻后小段墙体西侧，部分地段直接压在墙体上。农田耕种、林带栽植、公路修筑以及水土流失等人为和自然因素对墙体造成破坏。

该段墙体东南侧有常家村戍堡，为六镇长城南线调查发现的第一座戍堡。具体描述如下。

常家村戍堡（1509233353102060001）

该戍堡位于头号长城 5 段墙体止点东南 1.5 千米的缓坡耕地中。西北距常家村 0.9 千米，东距玻璃忽镜乡乡政府驻地 1.8 千米，东南 0.4 千米为押地房村至卯都乡的柏油路。西北距长城墙体最近 1.23 千米。

戍堡修筑于略显低洼的坡耕地上，受农田耕种的影响，堡墙保存较差。戍堡平面呈长方形，东西长 37、南北长 40 米。堡墙土筑而成，呈低矮的土垄状。现存堡墙底宽 6~8、顶宽 2~3、残高 0.3~0.4 米。南墙辟门，门宽 5.5 米，方向 123°。（图二；彩图六）周围地势西高东低，西、南为田间防护林带，东南是一片面积较大的芨芨草滩。

9. 二道沟长城 1 段（150923382301060009）

该段长城位于玻璃忽镜乡二道沟村西南丘陵脚下的耕地中。起自二道沟村西南 1.2 千米，止于二道沟村西南 1.8 千米。根据上、下段墙体分布情况分析判断，该段墙体原应作直线分布，呈东北－西南走向。上接头号长城 5 段，下接二道沟长城 2 段。

该段长城为墙体消失段，起止点之间的直线长度为 832 米。该段长城地处呈东北－西南走向的狭长谷地中，谷地全部被开垦为耕地，因农田历年垂直于墙体耕种，地表看不出墙体轮廓，仅可依据土壤颜色分辨出墙体所处地段的模糊痕迹，因此，以消失段计。三条耕地间林带一横两纵穿过长城，有乡间土路自该段长城中部南北向穿过。

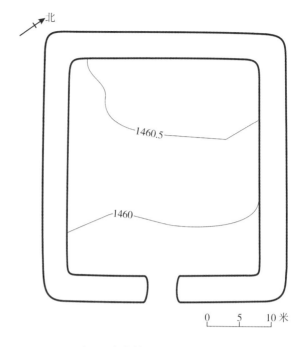

图二　常家村戍堡平面图

10. 二道沟长城 2 段（150923382101060010）

该段长城位于玻璃忽镜乡二道沟村西南的丘陵山脚下。起自二道沟村西南 1.8 千米，止于二道沟村西南 2.7 千米。墙体环绕北部山岭，向内弯曲作弧线形沿山脚下分布，呈东北－西南走向。上接二道沟长城 1 段，下接二道沟长城 3 段。

墙体长 1159 米。墙体呈土垄状，大部分明显隆起于地表。现存墙体底宽 5～8、顶宽 3～4、残高 0.1～0.8 米。中小段墙体长 857 米，保存较差，因处于山脚下，未被开垦。地处耕地中的前小段墙体长 158 米，保存差。后小段墙体受一条当地人称为"鸡爪沟"的呈西北－东南流向洪水冲沟的破坏消失 144 米。保存较差、差、消失墙体分别占该段墙体总长的 74%、14%、12%。三条耕地间防护林呈东南－西北走向穿过墙体，一直抵达墙体北侧的山脚下。

11. 二道沟长城 3 段（150923382101060011）

该段长城位于玻璃忽镜乡二道沟村南部的丘陵地带。起自二道沟村西南 2.7 千米，止于二道沟村西南 4.9 千米。墙体跨越冲沟，作"之"字形折弯分布，呈东北－西南走向。上接二道沟长城 2 段，下接贲红沟长城。

墙体长 2912 米。整体保存差。墙体呈宽大的土垄状。现存墙体底宽 10～16、顶宽 4～8、残高 0.1～1 米。墙体在初建时周围存在多条冲沟，为了避让冲沟，墙体尽可能选择在冲沟顶穿过，从而形成了颇具特色的"之"字形墙体；通过整体布局，将墙体岔入北侧一条较窄的谷地。尽管如此，随着水土流失的日益加剧，仍然导致墙体遭受破坏。依照墙体的保存状况，可分为保存较差、差、消失三类。前小段墙体长 512 米，保存较差，自起点至冲沟东侧坡地，地表呈现宽大的隆起，轮廓与走向十分清晰，墙体上裸露着较多小石块，地表植被低矮密集，墙体外侧明显有壕沟的痕迹。（彩图七）由东南－西北走向复转呈东北－西南走向的后小段墙体（彩图八）及地处冲沟两岸的墙体隆起较低矮，保存差，冲沟西岸为杨树林，东岸为耕地与林地的交错地带，墙体长 1804 米。冲沟西岸的中小段墙体分布在杨树林中，由于山水冲刷而消失 596 米。保存较差、差、消失墙体分别占该段墙体总长的 18%、62%、20%。

12. 贲红沟长城（150923382301060012）

　　该段长城位于玻璃忽镜乡贲红沟村西南的东西向狭窄谷地中。起自贲红沟村西南2.4千米，止于贲红沟村西南4.6千米。根据上、下段墙体分布状况及周边地形地貌分析判断，该段墙体原应呈东-西走向。上接二道沟长城3段，下接泉子沟长城1段。

　　该段长城为墙体消失段，起止点之间的直线长度为2995米。该段长城起点为一条南北向冲沟，冲沟西为坡地，向西进入狭窄的谷地，长城所经地带形成由西向东流的洪水冲沟，冲沟两岸为杨树林。自此向西沟谷渐宽，长城转于南侧山脚下，自山顶有大小四条冲沟北出，于山脚下合流后流向东北，冲毁墙体。沟谷狭窄，经年不止的山洪冲刷、水土流失是导致墙体消失的直接原因。（彩图九）

　　13. 泉子沟长城1段（150923382101060013）

　　该段长城位于屯垦队镇泉子沟村南的丘陵川地中。墙体绝大部分分布于南北耕地地块间的分隔处。起自泉子沟村东南1.5千米，止于泉子沟村西南1.5千米。墙体作直线分布，方向略偏西南，接近东-西走向。上接贲红沟长城，下接泉子沟长城2段。

　　墙体长2396米。整体保存较差。墙体呈低矮的土垄状，明显隆起于地表，轮廓和走向清晰。现存墙体底宽5~8、顶宽2~3、残存最高0.5米。（彩图一〇）墙体止点处牛家村东是块未经开垦的坡地，仍保存着明显的墙体。（彩图一一）墙体南侧为山丘，北、西侧为村庄，行经地段大部分为耕地，因长年耕种，部分地段田间道路直接压在墙体上，加之为坡地，水土流失严重，导致墙体保存较差。

　　14. 泉子沟长城2段（150923382301060014）

　　该段长城位于屯垦队镇泉子沟村西南狭长的谷地中。起自泉子沟村西南1.5千米，止于泉子沟村西南5.4千米。根据上、下段墙体分布情况分析判断，该段墙体原应沿谷地作外向弧线形分布，呈东北-西南走向。上接泉子沟长城1段，下接顺城公司村长城1段。

　　该段长城为墙体消失段，起止点之间的直线长度为3920米。该段长城起点西为牛家村，止点东为井台村，两村之间为狭长的谷地，谷地中有砂石路相连，路南为并行的洪水冲沟，大部分墙体应被直接压在公路下，村落、道路和冲沟等人为和自然因素破坏了墙体。

　　15. 顺城公司村长城1段（150923382101060015）

　　该段长城位于屯垦队镇顺城公司村东北平坦的谷地中。起自顺成公司村东北2.9千米，止于顺成公司村西南0.2千米。墙体作直线分布，呈东北-西南走向。上接泉子沟长城2段，下接顺城公司村长城2段。

　　墙体长3098米。整体保存差。墙体呈低矮的土垄状，略隆起于地表。现存墙体底宽4~8、顶宽2~4、残高0.1~0.5米。该段长城行经地段大部分为耕地分隔处，南侧有并行的田间土路。前小段墙体长1314米，保存较差，墙体位于井台村西、砂石路南的杨树林中，向西墙体南侧为树林与耕地的交错地带，北为耕地，地块间有防护林带，墙体隆起较明显，轮廓与走向清晰。中小段墙体长1348米，保存差，墙体转于田间土路北侧，与土路并行的墙体隆起不明显，轮廓与走向清晰，墙体两侧为耕地或树林，有六条南北向田间防护林穿过墙体。后小段墙体有436米消失在顺城公司村西北部村庄边缘的低洼地带，依分布与走向尚可观察到墙体残迹。保存较差、差、消失墙体分别占该段墙体总长的42%、44%、14%。农田耕种与田间土路对墙体保存威胁较大。察哈尔右翼后旗至商都县的县道566自顺城公司村北部南北向穿过墙体，造成墙体豁口。

　　16. 顺城公司村长城2段（150923382301060016）

　　该段长城位于屯垦队镇顺城公司村西南的平坦谷地上。起自顺成公司村西南0.2千米，止于顺成公司村西南1.2千米。根据上、下段墙体的分布情况分析判断，该段墙体原应作直线分布，呈东北-西南走向。上接顺城公司村长城1段，下接顺城公司村长城3段。

该段长城为墙体消失段，起止点之间的直线长度为1041米。前小段消失于顺城公司村西的一条季节河床中，河水自北向南流，形成较宽的低洼冲积滩地，滩地上分布有零星的芨芨草丛。后小段地处耕地中，根据土壤颜色隐约可看出墙体遗痕，隆起甚微，以消失段计。洪水冲刷、农田耕种以及当地村民的生产活动导致墙体消失。

17. 顺城公司村长城3段（150923382101060017）

该段长城位于屯垦队镇顺城公司村西南的耕地中及山梁西南部的山脚下。起自顺城公司村西南1.2千米，止于顺城公司村西南5.2千米。墙体前小段横跨季节性河流作直线分布，后小段遇山丘略向南折，于南坡山脚下作内向弧线形分布，呈东北-西南走向。上接顺城公司村长城2段，下接苏集长城1段。

墙体长4029米。整体保存差。墙体呈低矮的土垄状。现存墙体底宽5~8、顶宽2~3、残存最高0.5米。前小段墙体长738米，保存差，墙体所经地段为间植防护林的耕地，墙体在耕地中隆起较低矮，轮廓与走向清晰。（彩图一二）后小段墙体长2172米，保存较差，墙体沿垭口翻过一道山梁，于丘陵南麓坡脚向西南行进，因所经地段未被开垦，墙体明显隆起于地表。前小段分布于耕地中的墙体被一条沙河冲断，后小段分布于山脚下的墙体被前后六条大小洪水冲沟横穿，导致墙体消失，合计消失1119米。保存较差、差、消失墙体分别占该段墙体总长的54%、18%、28%。

18. 苏集长城1段（150923382101060018）

该段长城位于屯垦队镇苏集村呈东北-西南走向的谷地上。村南的一条呈西南-东北流向的季节性河流与墙体并行。起自苏集村东北1.6千米，止于苏集村西南0.4千米。墙体起始部分地处山脚下，然后穿越耕地，紧邻苏集村南穿过，呈东北-西南走向。上接顺城公司村长城3段，下接苏集长城2段。

墙体长1938米。整体保存差。墙体呈低矮的土垄状。现存墙体底宽4~6、顶宽1~2、残存最高0.4米。前、后小段墙体合计长1729米，保存差。前小段墙体地处山脚坡地上，墙体北侧有乡间土路和水泥电线杆相随，南侧为一片东西狭长的榆树林；一条水渠冲断墙体，断面可见夯层，夯层厚0.15米。后小段耕地中的墙体地处地块间的交界带上，隆起较低矮。行经苏集村南部的中小段墙体消失，长209米。保存差、消失墙体分别占该段墙体总长的89%、11%。苏集村东部有一条季节性河流自西北而来，穿过墙体流向东南，汇于主河流。由于墙体紧邻村庄和道路，部分墙体地处耕地中，村民的生产生活活动是导致墙体保存差、消失的主要原因。

19. 苏集长城2段（150923382301060019）

该段长城位于屯垦队镇苏集村西南的谷地中。起自苏集村西南0.4千米，止于苏集村西南1.3千米。根据上、下段墙体的分布情况分析判断，墙体原应呈东北-西南走向。上接苏集长城1段，下接苏集长城3段。

该段长城为墙体消失段，起止点之间的直线长度为981米。该段长城地处谷地中部，南临季节性河流，村落和道路建在河流北岸，受村落建设、公路修筑以及季节性河水冲刷等人为和自然因素的影响，墙体完全消失。

20. 苏集长城3段（150923382101060020）

该段长城位于屯垦队镇苏集村西宽阔的谷地上。起自苏集村西南1.3千米，止于苏集村西南4.3千米。墙体作内向弧线形分布，起始段墙体呈东北-西南走向，于山丘南坡脚下作内向弧线形绕过后转呈东-西走向。上接苏集长城2段，下接苏集长城4段。

墙体长 3028 米。整体保存差。墙体呈低矮的土垄状。现存墙体底宽 3～6、顶宽 1～2、残存最高
0.3 米。该段长城地处苏集村与北渠子村之间的谷地中央，前小段墙体北临砂石路，南侧为路旁林带，
与砂石路并行，局部有杨树和榆树成行栽植在墙体上。后小段墙体地处砂石路南侧的耕地中，于地表
略有隆起，大体可分辨轮廓与走向。公路修筑和农田耕种对墙体的保存影响较大。（彩图一三）

21. 苏集长城 4 段（150923382301060021）

该段长城位于屯垦队镇北渠子村中。起自苏集村西南 4.3 千米，止于苏集村西南 5.2 千米。根据
上、下段墙体的分布情况分析判断，该段墙体原应作直线分布，呈东北－西南走向。上接苏集长城 3
段，下接苏集长城 5 段。

该段长城为墙体消失段，起止点之间的直线长度为 852 米。该段长城行经地段为北渠子村，初步
推测该村在修筑村中公路时将墙体当作路基，造成墙体消失。

22. 苏集长城 5 段（150923382101060022）

该段长城位于屯垦队镇北渠子村西的缓坡地上。起自苏集村西南 5.2 千米，止于大拉子村东北 0.7
千米。墙体作直线分布，呈东偏北－西偏南走向。上接苏集长城 4 段，下接大拉子长城。

墙体长 52 米。整体保存差。墙体呈低矮的土垄状。现存墙体底宽 3～5、顶宽 1～1.5、残存最高
0.2 米。墙体于北渠子村西侧季节性河流西岸出现，有土路斜穿墙体，受东侧季节性河流的影响，土
路选择在河流的下游绕行，地表大体能分辨出墙体轮廓。因道路通行及受水土流失的影响，墙体濒临
消失。

23. 大拉子长城（150923382301060023）

该段长城位于屯垦队镇大拉子村西山脚下的坡耕地中。起自大拉子村东北 0.7 千米，止于大拉子
村西南 8 千米。根据上、下段墙体的分布情况分析判断，该段墙体原应沿较宽阔的川地北缘作内向弧
线形分布，呈东北－西南走向。上接苏集长城 5 段，下接察哈尔右翼后旗红格尔图长城 1 段。

该段长城为墙体消失段，起止点之间的直线长度为 8760 米。该段长城地处起伏较大的丘陵前坡脚
下耕地中，沿线村庄密布，经大拉子村、土城子村、史家村、大阳坡村南、和乐村北，在红格尔图村
南进入察哈尔右翼后旗境内。自东南商都县方向而来的县道 302 进入大拉子村，然后西南折，将上述
村落串连，公路南、北侧全部为耕地，据此推断，墙体应被压在公路下。

土城子村西南紧邻村庄有金代城址一座，称为大拉子古城，为内蒙古自治区文物保护单位。古
城分为东、西城，城墙均为夯筑而成，轮廓清晰，保存较好。现存墙体底宽 8～15、顶宽 3～4、残
高 1～1.5 米。东城为大城，东西长 686、南北长 512 米，辟西、南门，两座城门外加筑马蹄形瓮
城，南门方向 170°。大城西墙外接筑一座小城，平面呈梯形，利用大城西墙部分长 512 米，南、北
墙内收，南墙长 84 米、北墙长 97 米、西墙长 469 米。小城南窄北宽，南端宽 80、北端宽 96 米。
西墙辟城门，城门外加筑正方形瓮城。城内散落有较多的砖瓦残块及金代的白瓷片和酱、黑釉瓷缸
残片。

（二）乌兰察布市察哈尔右翼后旗

察哈尔右翼后旗境内的六镇长城南线墙体均为夯筑土墙。墙体呈土垄状，部分墙体断面可见夯层。
墙体总长 39583 米，其中，保存较差 7914 米、差 12075 米、消失 19594 米。保存较差、差、消失墙体
分别占该段墙体总长的 20%、30.5%、49.5%。调查中，将长城划分为 23 段，其中，有墙体存在部分
13 段、消失 10 段。长城沿线调查戍堡 2 座。具体描述如下。（参见地图三）

1. 红格尔图长城 1 段（150928382101060001）

该段长城位于红格尔图镇红格尔图村东南的一片北高南低的坡耕地上。北临东西向丘陵山地，南侧为季节性河谷。起自红格尔图村东南2.1千米，止于红格尔图村东南1.6千米。墙体作直线分布，大体呈东－西走向。上接商都县大拉子长城，下接红格尔图长城2段。县道302自商都县屯垦队镇和乐村东北部转向西南行，墙体在折弯处路基西侧复现，表明商都县大拉子长城墙体被压在公路下。

墙体长601米。整体保存差。墙体呈低平的土垄状。现存墙体底宽3~5、顶宽1~2、残存最高0.3米。该段长城地处耕地地块间的分隔处，部分墙体被水渠堤坝所覆盖，基本能够分辨出墙体轮廓。一条土路直接压在墙体上，两侧生长有零星的杨树，农田耕种和田间土路是导致墙体保存差的主要原因。

2. 红格尔图长城 2 段（150928382101060002）

该段长城位于红格尔图镇红格尔图村南平坦的耕地中。北侧为村庄，南临季节性河流。起自红格尔图村东南1.6千米，止于红格尔图村西南0.8千米。墙体作直线分布，呈东－西走向。上接红格尔图长城1段，下接红格尔图长城3段。

墙体长1786米。整体保存差。墙体呈低矮的土垄状，略隆起于地表。现存墙体底宽3~6、顶宽1~3、残存最高0.5米。该段长城地处南北耕地地块间的分界线上，有田间土路或于墙体北侧并行，或直接压在墙体上，局部栽植有杨树林，前后有八条田间林带南北向穿过墙体。有三条出村的土路呈放射状于东南、南和西南三个方向穿过墙体，中间的土路较宽，形成墙体豁口。农田耕种、道路碾压，导致墙体保存差或濒于消失。

3. 红格尔图长城 3 段（150928382301060003）

该段长城位于红格尔图镇红格尔图村西南平坦的耕地中。起自红格尔图村西南0.8千米，止于红格尔图村西南2.9千米。根据上、下段墙体的分布情况分析判断，该段墙体原应作直线分布，大体呈东－西走向。上接红格尔图长城2段，下接红格尔图长城4段。

该段长城为墙体消失段，起止点之间的直线长度为2415米。该段长城地处耕地中，调查发现，耕地中尚存略隆起的墙体痕迹。长年不止的农田耕种，是导致墙体消失的主要原因。有九条农田防护林南北向穿过长城。接近该段长城止点处，由呼和浩特市始发经二连浩特市的中蒙铁路呈东南－西北走向穿过。

4. 红格尔图长城 4 段（150928382101060004）

该段长城位于红格尔图镇红格尔图村西南、乔家村南的平坦耕地中。起自红格尔图村西南2.9千米，止于红格尔图村西南5.2千米。墙体作直线分布，大体呈东－西走向。上接红格尔图3段，下接红格尔图长城5段。

墙体长2284米。整体保存差。墙体呈低矮的土垄状。现存墙体底宽4~6、顶宽1~3、残高0.2~0.5米。前、后小段墙体合计长990米，保存较差，墙体地处耕地地块间的分隔带上，有田间土路或南或北伴随长城墙体，耕地中种植有南北向的杨树防护林，墙体隆起较明显。中小段墙体长1294米，墙体南临山丘，山丘北坡有两股洪水下泄，至坡底墙体处形成放射状冲积，导致墙体保存差。保存较差、差墙体分别占该段墙体总长的43%、57%。水土流失和农田长年耕种致使墙体逐渐变矮。

5. 红格尔图长城 5 段（150928382301060005）

该段长城位于红格尔图镇红格尔图村西南、韩元店村东南较平缓的丘陵耕地中。起自红格尔图村西南5.2千米，止于红格尔图村西南5.7千米。根据上、下段墙体的分布情况分析判断，该段墙体原应作直线分布，大体呈东－西走向。上接红格尔图长城4段，下接红格尔图长城6段。

该段长城为墙体消失段，起止点之间的直线长度为576米。前小段地处农田或林地，调查时种植有荞麦、小麦和葵花等农作物，其间种植杨树防护林，连年不止的农田耕种破坏了墙体。后小段墙体主要消失在土路下，车辙沟痕磨灭了墙体。

6. 红格尔图长城6段（150928382101060006）

该段长城位于红格尔图镇红格尔图村西南、韩元店村东南的耕地北缘。起自红格尔图村西南5.7千米，止于红格尔图村西南6千米。墙体作直线分布，接近东－西走向。上接红格尔图长城5段，下接红格尔图长城7段。

墙体长276米。整体保存差。墙体呈低矮的土垄状。现存墙体底宽3~5、顶宽1~2、残高0.2~0.4米。该段长城位于耕地与树林的交界处，耕地的北端为墙体，墙体北侧为田间路，路北是杨树林，一条较宽的农田防护林穿过末端墙体。农田耕种与早年的植树对墙体的保存影响较大。

7. 红格尔图长城7段（150928382301060007）

该段长城位于红格尔图镇红格尔图村西南、韩元店村南耕地地块间的分隔处。起自红格尔图村西南6千米，止于红格尔图镇光明村东南4.8千米。根据上、下段墙体的分布情况分析判断，该段墙体原应作直线分布，大体呈东－西走向。上接红格尔图长城6段，下接光明长城1段。

该段长城为墙体消失段，起止点之间的直线长度为662米。墙体绝大部分被同一走向的土路所叠压，加之周边的农田耕种，导致墙体消失。国道208在接近该段长城止点处南北向穿过，两条南北向防护林穿过原长城墙体分布区域。

8. 光明长城1段（150928382101060008）

该段长城位于红格尔图镇光明村南宽阔谷地中的坡耕地和荒地上。起自光明村东南4.8千米，止于光明村西南4.5千米。墙体在谷地间作直线分布，大体呈东－西走向。上接红格尔图长城7段，下接光明长城2段。

墙体长5030米。墙体呈低矮的土垄状。现存墙体底宽4~7、顶宽0.3~1.5、残存最高0.5米。前小段墙体长3231米，保存差，墙体地处耕地地块间的分隔处，始终有田间土路伴随，部分地段土路直接叠压在墙体上，墙体隆起不明显，可分辨出轮廓与走向。后小段墙体长1584米，保存较差，墙体地处绿化地中，中间为长条形杨树林，树木稀疏，长势较好，墙体自树林西北角穿过，树林两侧为种植低矮稀疏柠条的绿化地，有乡间土路在树林南侧伴随墙体，墙体隆起较明显，轮廓与走向清晰。前小段墙体的中部被压在集宁至二连浩特高速公路下，高速公路东有国道208相并行，高速公路修筑导致墙体消失215米。保存较差、差、消失墙体分别占该段墙体总长的31.7%、64%、4.3%。土路通行与长年农田耕作，导致保存尚好的墙体日益萎缩，甚至濒于消失。

9. 光明长城2段（150928382101060009）

该段长城位于红格尔图镇光明村西南、平地敖包村东南的荒坡地上。地势东南高西北低。南临县道570。起自光明村西南4.5千米，止于光明村西南4.9千米。墙体作直线分布，呈东－西走向。上接光明长城1段，下接光明长城3段。

墙体长833米。整体保存差。墙体呈低矮的土垄状。现存墙体底宽4~7、顶宽1~1.5、残高0.3~0.5米。墙体地处植被较差的荒坡地上，墙体上裸露着细碎的小石块，外侧隐约有修筑墙体时留下的壕沟遗痕。有乡间土路伴随长城墙体，先于墙体南侧，后转墙体北侧，始终紧贴墙体。墙体南侧有一条与墙体并行的浅缓的漫水沟。植被稀疏引发的水土流失以及道路通行等因素，导致墙体日益萎缩。（彩图一四）

10. 光明长城 3 段（1509283823010600010）

该段长城位于红格尔图镇光明村西南、平地敖包村南的道路三岔口及其西侧废弃的耕地中。起自光明村西南4.9千米，止于光明村西南6千米。根据上、下段墙体的分布情况分析判断，该段墙体原应作直线分布，大体呈东－西走向。上接光明长城2段，下接甲力汉长城1段。

该段长城为墙体消失段，起止点之间的直线长度为1580米。县道570自东南而来，于平地敖包村南拐弯西行，另一条自东北而来的小柏油路在拐弯处与县道570相接，形成三岔口。通过调查判断，该段长城原应从三岔口处的中心点穿过，东侧墙体消失于漫水侵蚀。受公路修筑、农田耕种以及水土流失等人为与自然因素的影响，导致墙体消失。

2000年，内蒙古自治区文物考古研究所与察哈尔右翼后旗文化管理中心曾在该段长城南侧20余米处调查发现戍堡一座[1]，四面堡墙在地表可见明显隆起的遗迹。戍堡平面呈长方形，东西长47、南北长42米，南墙开门。本次调查中，该戍堡已在紧邻戍堡的县道570修筑过程中被毁。

11. 甲力汉长城 1 段（1509283821010600011）

该段长城位于当郎忽洞苏木甲力汉村东南的林地中，地处南高北低的坡地上，北临西行的县道570。起自甲力汉村东南5.5千米，止于甲力汉村东南4千米。墙体作直线分布，大体呈东北－西南走向。上接光明长城3段，下接甲力汉长城2段。

墙体长1556米。整体保存较差。墙体呈低矮的土垄状，其上散布着较多的小石块。现存墙体底宽4~8、顶宽1~2、残存最高0.5米。墙体于县道570三岔口西部的坡地上复现，偏西南向进入稀疏的榆树林中，树林外有网围栏围封。前小段墙体长863米，保存较差；墙体大部分地处稍密的树林中，轮廓与走向比较清晰，外侧隐约有壕沟痕迹。（彩图一五、一六）后小段墙体长582米，保存差；小部分墙体较低矮，周围生长有零星的榆树。中小段墙体地处地势低洼地带，因雨水浸漫而消失111米。保存较差、差、消失墙体分别占该段墙体总长的56%、37%、7%。该段长城所经地段原为荒坡地，后开垦为绿化地，栽植榆树，主要因水土流失导致部分墙体消失。

12. 甲力汉长城 2 段（1509283823010600012）

该段长城位于当郎忽洞苏木甲力汉村东南的林地中，地处东南高西北低的坡地上。起自甲力汉村东南4千米，止于甲力汉村东南3.6千米。根据上、下段墙体的分布情况分析判断，该段墙体原应作外向折线形分布，自甲力汉长城1段止点起，长城呈折角变线，由西南转向西北行，呈东南－西北走向。上接甲力汉长城1段，下接甲力汉长城3段。

该段长城为墙体消失段，起止点之间的直线长度为443米。该段长城所经地段原为荒坡地，后来被开垦为绿化地，为了栽植灌木，大面积等距离地开挖出一道道密集的灌沟，灌沟呈西南－东北走向垂直穿过墙体。尽管调查中局部还可找到残存的土筑墙体，甚至发现墙体外向弧线形分布的痕迹，但整体支离破碎，以消失段计。

13. 甲力汉长城 3 段（1509283821010600013）

该段长城位于当郎忽洞苏木甲力汉村东南的林地中。地处东南高西北低的坡地。北临东西向县道570。起自甲力汉村东南3.6千米，止于甲力汉村东南3.1千米。墙体作直线分布，呈东南－西北走向。上接甲力汉长城2段，下接甲力汉长城4段。

墙体长473米。整体保存较差。墙体呈土垄状，明显隆起于地表，轮廓与走向较清晰。墙体外侧

〔1〕 内蒙古文物考古研究所、察哈尔右翼后旗文化管理中心：《察哈尔右翼后旗边墙路及其周边遗址的调查》，内蒙古文物考古研究所编《内蒙古文物考古文集》第三辑，科学出版社，2004年。

有壕痕迹，明显凹陷于地表。现存墙体底宽 4~8、顶宽 1~2、残存最高 0.5 米。该段长城所经地段原为荒坡地，后开垦为绿化林地，种植榆树。为栽植灌木，等距开掘出密集的灌沟，灌沟呈西南-东北走向垂直穿过墙体，对墙体的保存影响颇大，隆起的墙体变得满目疮痍。（彩图一七）

14. 甲力汉长城 4 段（150928382301060014）

该段长城位于当郎忽洞苏木甲力汉村东南的榆树林地中。地势东南高西北低。起自甲力汉村东南 3.1 千米，止于甲力汉村东南 2.9 千米。根据上、下段墙体分布情况分析判断，该段墙体原应作直线分布，呈东南-西北走向。上接甲力汉长城 3 段，下接甲力汉长城 5 段。

该段长城为墙体消失段，起止点之间的直线长度为 220 米。呈东-西走向的县道 570 呈"X"形斜穿长城，南侧路基下为路旁林带。公路修筑导致墙体消失。

15. 甲力汉长城 5 段（150928382101060015）

该段长城位于当郎忽洞苏木甲力汉村东坡地上稀疏的榆树林中。起自甲力汉村东南 2.9 千米，止于甲力汉村东南 1.3 千米。止点西临水泡子。墙体作直线分布，呈东南-西北走向。上接甲力汉长城 4 段，下接甲力汉长城 6 段。

墙体长 1636 米。整体保存差。墙体呈低矮的土垄状。现存墙体底宽 5~6、顶宽 1~2、残存最高 0.5 米。前、后小段合计长 1167 米，保存差，前小段墙体地处榆树林地中，有灌沟垂直穿过墙体；后小段墙体地处村东水泡子东岸坡地上，墙体轮廓明显。中小段墙体长 469 米，位于林地西侧边缘的墙体消失。保存差、消失墙体分别占该段墙体总长的 71%、29%。由于临近村庄和水泡子，受人为与自然因素的影响导致墙体保存差或局部消失。有两条土路自东北而来，分别自该段长城穿过，岔入县道 570。

16. 甲力汉长城 6 段（150928382301060016）

该段长城起自当郎忽洞苏木甲力汉村东南 1.3 千米，止于甲力汉村西 5.7 千米。根据上、下段墙体的分布情况分析判断，该段墙体原应呈东偏南-西偏北走向。上接甲力汉长城 5 段，下接当郎忽洞长城 1 段。

该段长城为墙体消失段，起止点之间的直线长度为 7000 米。该段长城自甲力汉村东水泡子北岸绕过，经村中北半部西偏北行，在小西村北部穿越大面积耕地，沿旱海子村南水泡子南岸西行，于当郎忽洞村北穿越南北向的韩勿拉乡至土牧尔台镇的柏油路，墙体在公路西侧的绿化地中复现。公路两侧为较大面积的芨芨草滩，在滩地中尚有墙体残迹遗留。村庄的占据、村民长年的农田耕作、东西两座水泡子的侵蚀影响，导致墙体消失。

17. 当郎忽洞长城 1 段（150928382101060017）

该段长城位于当郎忽洞苏木当郎忽洞村西北的绿化林地中。起自当郎忽洞村北 1.2 千米，止于当郎忽洞村西北 1.7 千米。起点南坡下有终年积水的水泡子。墙体作直线分布，呈东偏南-西偏北走向。上接甲力汉长城 6 段，下接当郎忽洞长城 2 段。

墙体长 1121 米。整体保存差。墙体呈低平的土垄状。现存墙体底宽 4~6、顶宽 1.5~2、残存最高 0.4 米。墙体地处围封的两块绿化用地中，网围栏间有土路通行。前小段耕地地块开掘出等距的东北-西南向的灌木栽植灌沟。后小段耕地地块顺墙体方向开掘灌沟，种植低矮的柠条幼苗。绿化用地原为耕地，已往的农田耕种加之如今的灌木种植对墙体造成损毁。（彩图一八）

该段墙体起点南侧调查戍堡 1 座，为当郎忽洞 1 号戍堡。具体描述如下。

当郎忽洞 1 号戍堡（150928353102060001）

该戍堡位于缓坡地东南边缘向外伸出的低矮丘陵的顶部。北距当郎忽洞长城 1 段墙体起点 0.21 千米，西偏北距当郎忽洞 2 号戍堡 6.4 千米。从两座戍堡的间距上推断，两者之间原应设置有一座成堡，但消失无存。成堡西南坡下是一座水泡子，水泡子周围是茇茇草滩地；东坡下为呈南 – 北走向的韩勿拉乡至土牧尔台镇的柏油路，东北有高压输电铁塔呈东南 – 西北走向穿过。堡址所在台地原为耕地，后开垦为绿化地，环山丘南缘坡地开掘浅沟，用于种植灌木。

成堡平面呈长方形，东西长约 42、南北长 37 米。堡墙呈低矮的土垄状，东墙较模糊，其他堡墙轮廓大致可分辨。现存堡墙底宽 3 ~ 5、顶宽 1、残存最高 0.3 米。南墙辟门，宽约 5 米，方向 181°。受水土流失、历史上的农田耕种以及开沟绿化的多重因素影响，导致堡墙保存差，濒临消失。（图三；彩图一九）

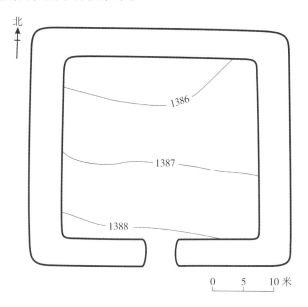

图三　当郎忽洞 1 号戍堡平面图

18. 当郎忽洞长城 2 段（150928382301060018）

该段长城位于当郎忽洞苏木当郎忽洞村西北较平坦的耕地与绿化地中。起自当郎忽洞村北 1.7 千米，止于当郎忽洞村西北 3.7 千米。根据上、下段墙体的分布情况分析判断，该段墙体原应作直线分布，呈东偏南 – 西偏北走向。上接当郎忽洞长城 1 段，下接当郎忽洞长城 3 段。

该段长城为墙体消失段，起止点之间的直线长度为 2200 米。前小段地处耕地中，根据土壤颜色尚可分辨墙体遗迹。中小段地处南北两块柠条灌木林地之间，中间有土路连通，墙体因道路碾压而消失。后小段墙体消失在东海沿村东北部坡地上。该段长城地处村庄附近，村民连年不止的生产活动以及道路通行，导致墙体消失。

19. 当郎忽洞长城 3 段（150928382101060019）

该段长城位于当郎忽洞苏木当郎忽洞村西北的耕地中。起自当郎忽洞村西北 3.7 千米，止于当郎忽洞村西北 7.3 千米。前小段墙体围绕东海沿村西南的水泡子而修筑，略作外向弧线形分布，后小段墙体作直线分布，整体呈东南 – 西北走向。上接当郎忽洞长城 2 段，下接当郎忽洞长城 4 段。

墙体长 3652 米。整体保存较差。墙体呈低矮的土垄状。现存墙体底宽 4 ~ 8、顶宽 1 ~ 2、残高 0.2 ~ 0.5 米。前小段墙体长 703 米，保存差，墙体后半部地处绿化地中，于墙体两侧平行开掘灌沟，用于栽植柠条，一条高压输电线路呈东 – 西走向穿过墙体，其中一座铁塔立于墙体上。后小段墙体长 2793 米，保存较差，墙体地处草原上，墙体两侧为绿化地，有网围栏围封，部分墙体地处围栏中，地表隆起较明显，顶部有一层细小的石子，植被较两侧少，外侧隐约有壕沟痕迹。（彩图二〇）中小段紧邻村庄的一段墙体消失 156 米。保存较差、差、消失墙体分别占该段墙体总长的 77%、19%、4%。导致墙体保存差、消失的原因是水土流失，同时，与村民的生产活动密切相关；绿化地的开垦与输电线路的架设对墙体的保存构成一定影响。察罕不浪嘎查向北连接五十太村的土路自墙体末端穿过。

该段墙体末端南侧调查戍堡 1 座，为当郎忽洞 2 号戍堡。具体描述如下。

当郎忽洞 2 号戍堡（150928353102060002）

该戍堡位于当郎忽洞长城 3 段止点东南 0.748 千米、察罕不浪嘎查东北 0.5 千米较平缓的草原上。东北距长城墙体最近 0.318 千米。西临水泥路，南侧为网围栏，东侧是绿化地，北侧与墙体之间是一片汛期积水的低洼地，戍堡上方为高压输电线路。戍堡内及周边地势平坦，生长着零星的茇茇草丛。

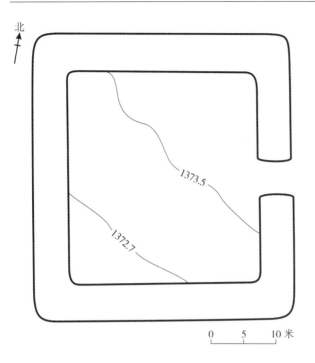

图四　当郎忽洞 2 号戍堡平面图

成堡平面呈长方形，东西长 40、南北长 42 米。堡墙呈低矮的土垄状，东墙较模糊，其他堡墙轮廓可分辨。现存堡墙底宽 3~5、顶宽 1、残存最高 0.3 米。东墙辟门，方向 80°。地表植被稀疏，受水土流失影响较严重，导致堡墙保存差，濒于消失。（图四；彩图二一）

20. 当郎忽洞长城 4 段（150928382301060020）

该段长城位于当郎忽洞苏木当郎忽洞村西北、栗家村东北的浅滩地中。起自当郎忽洞村西北 7.3 千米，止于当郎忽洞村西北 8.2 千米。根据上、下段墙体的分布情况分析判断，该段墙体原应作直线分布，呈东南－西北走向。上接当郎忽洞长城 3 段，下接杨贵长城 1 段。

该段长城为墙体消失段，起止点之间的直线长度为 885 米。该段长城地处浅滩地，东西为芨芨草丛，中间为并列的两条汛期水道，雨水汇聚成流，北流注入五十太村东的水泡子，雨水冲刷造成墙体湮灭无痕。

21. 杨贵长城 1 段（150928382101060021）

该段长城位于当郎忽洞苏木杨贵村东北的滩地中。地表遍布芨芨草丛。起自当郎忽洞苏木杨贵村东北 5.5 千米，止于杨贵村东北 5.2 千米。墙体作直线分布，呈东偏南－西偏北走向。上接当郎忽洞长城 4 段，下接杨贵长城 2 段。

墙体长 450 米。整体保存较差。墙体呈低矮的土垄状。现存墙体底宽 6~7、顶宽 1~3、残存最高 0.5 米。墙体于浅滩地西侧的隆起地带复现，前、后小段墙体合计长 281 米，保存较差，墙体轮廓较明显。中小段墙体长 107 米，因水土流失影响，保存差，墙体较低矮，仅可分辨走向。中、后小段之间的墙体因水土流失而消失 62 米。保存较差、差、消失墙体分别占该段墙体总长的 62.4%、23.8%、13.8%。

22. 杨贵长城 2 段（150928382301060022）

该段长城位于当郎忽洞苏木杨贵村北的滩中。起自杨贵村东北 5.2 千米，止于杨贵村北 4.6 千米。根据上、下段墙体的分布情况分析判断，该段墙体先呈东南－西北走向，后转呈东－西走向。上接杨贵长城 1 段，下接杨贵长城 3 段。

该段长城为墙体消失段，起止点之间的直线长度为 2600 米。该段长城在低洼滩地中再次消失，前小段地处不宜开垦的浅滩地，满布芨芨草丛，由于雨水冲积侵蚀导致墙体消失，仔细寻查，尚能发现墙体残存的痕迹，作直线分布。后小段地处耕地的北缘，根据耕地中土壤颜色残留的信息可以判断，该段墙体原应略作外向折线形分布。

23. 杨贵长城 3 段（150928382101060023）

该段长城位于当郎忽洞苏木杨贵村西北较平坦的草原上。地势西高东低。起自杨贵村北 4.6 千米，止于杨贵村西北 4.6 千米。墙体作直线分布，呈东－西走向。上接杨贵长城 2 段，下接察哈尔右翼中旗西大脑包长城。

墙体长 1304 米。整体保存较差。墙体呈土垄状。现存墙体底宽 7~8、顶宽 2~3、残高 0.2~0.5 米。前小段墙体长 930 米，保存较差，大部分地处植被较好的草原上，墙体明显隆起于地表，轮廓与走向清晰，南、北两侧为围封的草原。后小段墙体长 374 米，保存差，少部分墙体地处绿化地中，南北向等距开掘较浅的灌沟，种植有柠条，墙体于地表隆起较低矮。保存较差、差墙体分别占该段墙体总长的 71.3%、28.7%。有三条土路呈南 – 北或西南 – 东北走向穿过墙体；一条高压输电线路自东南而来，于墙体南部折向西南。（彩图二二）

（三）乌兰察布市察哈尔右翼中旗

察哈尔右翼中旗境内的六镇长城南线均为夯筑土墙，呈低矮的土垄状，部分墙体断面可见夯层。墙体总长 22870 米，其中，保存较差 6961 米、差 6344 米、消失 9565 米。保存较差、差、消失墙体分别占墙体总长的 30%、28%、42%。调查中，将长城划分为 9 段，其中，有墙体存在部分 5 段、消失 4 段。长城沿线调查戍堡 1 座。具体描述如下。（参见地图四）

1. 西大脑包长城（150927382301060001）

该段长城位于库伦苏木西大脑包村东北、大北村南平缓的坡地上。地势东南高西北低。起自西大脑包村东北 5.5 千米，止于西大脑包村北 4 千米。根据上、下段墙体的分布情况分析判断，该段墙体原应作直线分布，呈东南 – 西北走向。上接察哈尔右翼后旗杨贵长城 3 段，下接新建村长城 1 段。

该段长城为墙体消失段，起止点之间的直线长度为 3558 米。该段长城北临山地，山脚下为季节性河道及水泡子，墙体原应修筑在河道南岸的缓坡地上。前小段所经地段原为耕地，后被开垦为绿化用地，种植柠条，历史上的农田耕种导致墙体完全消失。后小段地处表土层较薄的平地上，5 厘米下即是基岩，局部基岩裸露，所处地段被开垦为绿化地，尚未植树，地表隐约有墙体遗痕。墙体止点南侧有一座水泡子，墙体于新建村东北部的耕地中复现。

2. 新建村长城 1 段（150927382101060002）

该段长城位于库伦苏木新建村北平坦的耕地和绿化地中。起自新建村东北 1.1 千米，止于新建村西北 0.9 千米。墙体略作外向折线形分布，由东南 – 西北走向转呈东 – 西走向。上接西大脑包长城，下接新建村长城 2 段。

墙体长 1094 米。整体保存差。墙体呈低矮的土垄状，仅可分辨出轮廓与走向。现存墙体底宽 7~8、顶宽 1~1.5、残存最高 0.3 米。前小段墙体大部分略隆起于耕地中，农田南北向垂直于墙体耕种，对墙体的保存影响很大。后小段墙体少部分地处绿化地中，绿化地中成行种植柠条，零散种植有杨树，墙体低矮，仅可分辨轮廓与走向。长年的农田耕种，导致墙体濒于消失。墙体止点北侧有小型水库。

3. 新建村长城 2 段（150927382301060003）

该段长城位于库伦苏木新建村西北的一片南高北低的坡地上。起自新建村北 0.9 千米，止于新建村西北 4.5 千米。根据上、下段墙体的分布情况分析判断，该段墙体原应作直线分布，呈东 – 西走向。上接新建村长城 1 段，下接新建村长城 3 段。

该段长城为墙体消失段，起止点之间的直线长度为 4200 米。前小段地处南高北低宽缓的漫水道，水道向北注入新建水库。后小段大部分所处原为耕地，少部分为荒坡地，耕地因贫瘠而弃耕，被开垦为绿化地，成行种植灌木、柠条。农田耕种、水土流失，导致墙体消失。连接新建南村、北村的土路于该段长城起点处的绿化地中穿过，阿力忽洞村通往新建村的呈东北 – 西南走向土路自该段长城中间穿过。

4. 新建村长城 3 段（150927382101060004）

该段长城位于库伦苏木新建村西北低缓的丘陵草原坡地上。地势南高北低。北临大山，山脚下为自西向东而流的季节性沙河。起自新建村西北 4.5 千米，止于新建村西北 8.4 千米。墙体略作内向弧线形分布，先呈东－西走向，后转略呈东南－西北走向。上接新建村长城 2 段，下接格尔哈套长城 1 段。

墙体长 3950 米。整体保存较差。墙体呈土垄状，轮廓与走向清晰，墙体外侧隐现壕沟的痕迹。现存墙体底宽 5~9、顶宽 1~2、残存最高 0.6 米。前小段墙体长 2681 米，保存差，墙体地处绿化林地中，隆起较低矮，有垂直于墙的等距开掘的灌沟穿过墙体，林地西缘墙体北侧有一座小水泡子，已干涸。保存较差墙体长 1269 米，主要是后小段墙体，这里属于未曾开垦过的草原，现修建为风电厂，风车林立，止点南侧是一座小水泡子，东南建有风电变电所。保存较差、差墙体分别占该段墙体总长的 34%、66%。墙体起点有连通阿力忽洞村与毫来嘎查的呈南北向的土路穿过风电厂区，连接风车之间的土路纵横交错，有数条土路通过墙体，形成豁口。林地的开垦对墙体的保存影响较大，导致墙体保存差的直接因素是退化草原的水土流失，墙体萎缩有日益加剧的征兆。（彩图二三）

5. 格尔哈套长城 1 段（150927382101060005）

该段长城位于库伦苏木格尔哈套牧点东较平坦的丘陵草原上。北为呈东北－西南走向的山脉，西临季节性沙河。起自格尔哈套牧点东南 2.2 千米，止于格尔哈套牧点东北 0.4 千米。墙体略作外向弧线形分布，呈东南－西北走向。上接新建村长城 3 段，下接格尔哈套长城 2 段。

墙体长 1796 米。墙体呈土垄状，轮廓与走向清晰。现存墙体底宽 7~9、顶宽 1~2.5、残高 0.3~0.5 米。羊房滩至库伦苏木的乡道 012 柏油路自墙体后半部呈西南－东北走向穿过，将墙体分为前后两部分。前小段墙体长 1535 米，保存较差；墙体地处公路以东的风电厂厂区，起点南侧为草原旅游区蒙古包。后小段墙体长 261 米，保存差；墙体地处公路以西至季节性河流之间，较低矮。保存较差、差墙体分别占该段墙体总长的 85%、15%。造成墙体保存差的直接原因是日益退化的草原所引起的水土流失。公路修筑导致墙体出现豁口。风电厂厂区有三条土路南北向墙体，对墙体保存影响较大。（彩图二四）

6. 格尔哈套长城 2 段（150927382301060006）

该段长城位于库伦苏木格尔哈套牧点北的沙河河床上。起自格尔哈套牧点东北 0.4 千米，止于格尔哈套牧点西北 0.8 千米。根据上、下段墙体的分布情况分析判断，该段墙体原应作直线分布，呈东南－西北走向。上接格尔哈套长城 1 段，下接格尔哈套长城 3 段。

该段长城为墙体消失段，起止点之间的直线长度为 1210 米。沙河自西南流向东北，呈 "S" 形流淌，两岸密布芨芨草丛，至库伦苏木西汇入山前自西向东流的主河道。沙河斜穿该段长城，导致墙体消失。

7. 格尔哈套长城 3 段（150927382101060007）

该段长城位于库伦苏木格尔哈套牧点西北较平坦的草原上。北临山脚下的季节性沙河。起自格尔哈套牧点西北 0.8 千米，止于格尔哈套牧点西北 4.3 千米。墙体作直线分布，呈东－西走向。上接格尔哈套长城 2 段，下接格尔哈套长城 4 段。

墙体长 3508 米。整体保存较差。墙体呈低矮的土垄状。现存墙体底宽 3~8、顶宽 1~3、残高 0.1~0.8 米。前小段墙体长 958 米，保存差，墙体地处季节性沙河的西岸边，墙体低矮，轮廓可分辨，生长着芨芨草丛；中间墙体地处一块低洼地段，雨季积水，雨水冲刷侵蚀造成墙体消失 236 米。后小段墙体长 2314 米，保存较差，墙体地处风电厂所在的草原上，明显隆起于地表，轮廓与走向清晰，外侧隐约可见壕沟遗迹。保存较差、差、消失墙体分别占该段墙体总长的 66%、27.3%、6.7%。墙体地处山脚下的草原上，草场退化、水土流失严重是导致墙体保存差乃至局部消失的主要原因。在风电厂区中，连接风车之间的土路穿过墙体，对墙体保存产生影响。（彩图二五）

8. 格尔哈套长城4段（150927382301060008）

该段长城位于库伦苏木格尔哈套牧点西北平坦的草原上。北临山脚下的季节性河流。起自格尔哈套牧点西北4.3千米，止于格尔哈套牧点西北4.7千米。根据上、下段墙体的分布情况分析判断，该段墙体原应作直线分布，呈东南－西北走向。上接格尔哈套长城3段，下接格尔哈套长城5段。

该段长城为墙体消失段，起止点之间的直线长度为361米。该段长城地处风电厂西区的草原低洼地带，汛期雨水汇聚，积水浸泡侵蚀导致墙体消失。起点北侧是一处干涸的水泡子，周边生长着芨芨草丛。

9. 格尔哈套长城5段（150927382101060009）

该段长城位于库伦苏木格尔哈套牧点西北山脚下季节性河流南部的平坦草原上。向西北进入四子王旗境内。起自格尔哈套牧点西北4.7千米，止于格尔哈套牧点西北7.8千米。前小段少部分墙体内、外略有弯曲，后小段墙体作直线分布，呈东南－西北走向。上接格尔哈套长城4段，下接四子王旗天益公司村长城1段。

墙体长3193米。整体保存较差。墙体呈低矮的土垄状。现存墙体底宽6~7、顶宽1~2、残高0.3~0.6米。前小段墙体长1843米，保存较差，墙体地处风电厂西区及其西部较平缓的草地上，明显隆起于地表，轮廓与走向分明，外侧明显有壕沟痕迹，有土路于北侧伴随长城墙体，南侧是与墙体并列设置的网围栏。（彩图二六）后小段墙体长1350米，保存差，墙体较低矮，轮廓明显，沿墙体顶部呈线状长满芨芨草丛，特征鲜明。（彩图二七）保存较差、差墙体分别占该段墙体总长的57.7%、42.3%。墙体北临山地，草场退化导致水土流失加剧是墙体保存差的主要因素。有四条土路呈南－北走向横穿墙体，对墙体的保存有一定影响。

该段墙体中小段内侧调查戍堡1座，为格尔哈套戍堡。具体描述如下。

格尔哈套戍堡（150927353102060001）

该戍堡位于格尔哈套长城5段墙体起点西1.5千米平坦的草原上。东北距长城墙体最近0.259千米。戍堡东临风电厂，北临沙河，所处地势平坦，略南高北低。格尔哈套蒙古语意为"有房子的城"，地名的起源当与这座戍堡有所关联。

戍堡平面呈长方形，东西长38、南北长41米。堡墙呈低矮的土垄状，四面堡墙轮廓较清晰。现存堡墙底宽5~6、顶宽1.5、残高0.2~0.4米。东墙辟门，门宽5米，方向82°。因水土流失影响，堡墙保存差。（图五；彩图二八）

（四）乌兰察布市四子王旗

四子王旗境内的六镇长城南线均为夯筑土墙，呈土垄状，部分墙体断面可见夯层。墙体总长107627米，其中，保存较差21545米、差46704米、消失39378米。保存较差、差、消失墙体分别占墙体总长的20%、43.4%、36.6%。调查中，将长城划分为22段，其中，有墙体存在部分20段、消失2段。长城沿线调查戍堡7座，均分布于墙体内侧。具体描述如下。（参见地图五）

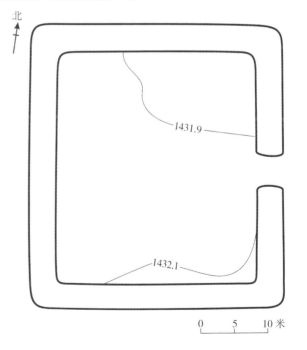

图五　格尔哈套戍堡平面图

1. 天益公司村长城 1 段（150929382101060001）

该段长城是六镇长城南线在四子王旗境内的东起第一段，位于供济堂镇天益公司村东南丘陵草原的低洼沼泽地带东缘。起自天益公司村东南 6.9 千米，止于天益公司村东南 6.4 千米。墙体作直线分布，呈东南－西北走向。上接察哈尔右翼中旗格尔哈套长城 5 段，下接天益公司村长城 2 段。

墙体长 500 米。整体保存差。墙体呈低矮的土垄状，长满密集的芨芨草丛，轮廓与走向较明显。现存墙体底宽 4~8、顶宽 1~3、残高 0.3~0.5 米。墙体北侧分布有一小一大两个水泡子，其中，西侧较大的水泡子导致墙体在止点消失。前小段墙体保存相对较好。中小段墙体上芨芨草丛生长密集，墙体模糊。后小段墙体处于一片围封草原的西北角。墙体起点有土路呈西南－东北走向穿过，西侧有网围栏与土路并列斜穿墙体。（彩图二九）墙体北临山地，地处山脚下低洼地带，雨水汇聚侵蚀，导致墙体保存较差。

2. 天益公司村长城 2 段（150929382301060002）

该段长城位于供济堂镇天益公司村东南的丘陵草原低洼沼泽地带。起自天益公司村东南 6.4 千米，止于天益公司村东南 0.4 千米。根据上、下段墙体的分布情况分析判断，该段墙体原应作外向弧线形分布，呈东－西走向。上接天益公司村长城 1 段，下接天益公司村长城 3 段。

该段长城为墙体消失段，起止点之间的直线长度为 6167 米。该段长城地处东北、西南两座山丘之间的谷地上，谷地为低洼的小内陆湖泽地，谷地间东西分布有三座水泡子，水泡子周围密布着芨芨草丛。田野调查中发现墙体残迹，基本能够判定墙体的分布与走向。该段长城先是沿东水泡的南岸西北行，作外向漫弧线形于中间水泡北岸绕过，再经西水泡南岸、天益公司村南转西行，出湖泽地。受雨水汇聚侵蚀的影响，墙体几乎消失殆尽，因此，以消失段计。

3. 天益公司村长城 3 段（150929382101060003）

该段长城位于供济堂镇天益公司村西南的耕地及草原上。起自天益公司村东南 0.4 千米，止于天益公司村西南 2.5 千米。墙体略作外向弧线形分布，大体呈东－西走向。上接天益公司村长城 2 段，下接天益公司村长城 4 段。

墙体长 2664 米。整体保存差。墙体呈低矮的土垄状，外侧隐现壕沟痕迹。现存墙体底宽 6~9、顶宽 1~2、残存最高 0.5 米。前小段墙体长 1579 米，保存差，墙体起始部地处耕地中，后又地处南北两块绿化地的中间地带，绿化地中种植有低矮的柠条，受灌木种植的影响，墙体较低矮。后小段墙体长 1085 米，保存较差，墙体地处较平缓的草原上，隆起较明显，轮廓与走向清晰。保存较差、差墙体分别占该段墙体总长的 41%、59%。有两条土路垂直穿过墙体，后小段墙体北侧有雨季雨水汇聚后东北流的漫水道。农田耕种与水土流失对墙体的保存影响较大。

4. 天益公司村长城 4 段（150929382101060004）

该段长城位于供济堂镇天益公司村西南低缓的丘陵坡地上。所处地势西高东低。起自天益公司村西南 2.5 千米，止于天益公司村西南 5.4 千米。墙体内、外侧略有弯曲，呈东－西走向。上接天益公司村长城 3 段，下接天益公司村长城 5 段。

墙体长 2940 米。整体保存差。墙体呈低矮的土垄状。现存墙体底宽 4~8、顶宽 1~2、残高 0.2~0.5 米。墙体所处丘陵坡地被零星开垦为小块耕地，耕地时耕时弃。前小段墙体地处西高东低的坡地上。中小段墙体地处山梁上，西为谷地，东为坡地，均被开垦为小块耕地，耕地中墙体隆起较低矮，地处丘陵草原上的墙体轮廓、走向清晰，保存差。后小段墙体地处坡地上，墙体较明显。开垦耕地对墙体的保存具有一定影响。前小段墙体南侧有沙河斜穿墙体，形成豁口。（彩图三○）

5. 天益公司村长城 5 段（150929382101060005）

该段长城位于供济堂镇天益公司村西南的丘陵坡地上。所处地势西高东低。起自天益公司村西南5.4千米，止于天益公司村西南6.4千米。墙体作直线分布，呈东－西走向。上接天益公司村长城4段，下接天益公司村长城6段。

墙体长1010米。整体保存差。墙体呈低矮的土垄状。现存墙体底宽5~7、顶宽1~2、残存最高0.4米。前后小段墙体地处草原坡地上，轮廓较明显；中小段墙体地处坡耕地间的交界处，仅可分辨墙体轮廓与走向。耕地开垦于谷地中央，东侧有农田耕作形成的土路穿过。一条汇集雨水的浅水道自西南而来，在耕地中转向北流穿过墙体。

6. 天益公司村长城6段（150929382101060006）

该段长城位于供济堂镇天益公司村西南、吉庆村东北的丘陵坡地上。所处地势西高东低。起自天益公司村西南6.4千米，止于天益公司村西南9.1千米。墙体作内、外弧线形弯曲分布，呈东－西走向。上接天益公司村长城5段，下接吉庆长城1段。

墙体长2688。整体保存差。墙体呈低矮的土垄状。现存墙体底宽5~10、顶宽1~2、残高0.1~0.5米。前小段墙体长950米，保存较差，墙体略作外向弧线形穿过一道山梁，较宽大，明显隆起于地表，外侧有取土筑墙留下的壕沟痕迹。（彩图三一）后小段墙体长1738米，保存差，墙体较低矮，先穿过浅洼地，然后，作内向弧线形顺较小的沟谷地西行上坡。保存较差、差墙体分别占该段墙体总长的35%、65%。止点墙体地处南北两块耕地之间，出吉庆村的一条土路自西南向东北穿过墙体。墙体所处区域草场退化，地表植被稀疏，涵养水分差，风雨侵蚀、水土流失是造成墙体保存差的主要原因。

7. 吉庆长城1段（150929382101060007）

该段长城位于供济堂镇吉庆村西北的丘陵地带。所处地势两端高中间低。起自吉庆村东北0.7千米，止于吉庆村西北2.9千米。墙体略作外向弧线形分布，呈东偏南－西偏北走向。上接天益公司村长城6段，下接吉庆长城2段。

墙体长3250米。墙体呈低矮的土垄状。现存墙体底宽5~8、顶宽1~2、残高0.1~0.5米。前小段墙体长2410米，保存差，墙体地处吉庆村向北通往供济堂镇的乡道005两侧，路东有绿化地，与墙体并行栽植柠条，墙体上散布有小石块；路西为浅缓的沟谷地，加上墙体末端止点坡地上的一段墙体，隆起较低矮。（彩图三二）中小段墙体前部分地处耕地中，后部分地处岗岗吾素村中北部，农田耕种以及村庄建设导致墙体消失840米。保存差、消失墙体分别占该段墙体总长的74%、26%。除乡道005外，乡道东侧及岗岗吾素村中有土路穿过墙体。

8. 吉庆长城2段（150929382101060008）

该段长城位于供济堂镇吉庆村西北、德义村东南的丘陵坡地及耕地中。起自吉庆村西北2.9千米，止于吉庆村西北5.5千米。墙体略作外向漫弧线形分布，由东南－西北走向转呈东－西走向。上接吉庆长城1段，下接德义长城1段。

墙体长2535米。整体保存较差。墙体呈土垄状。现存墙体底宽6~10、顶宽2~3、残存最高0.5米。前小段墙体长1795米，保存差，墙体地处草原坡地、绿化地和耕地的交错地带，明显隆起于地表，除少部分墙体被北侧并行的砂石路破坏外，大部分墙体轮廓与走向清晰。（彩图三三）后小段墙体起点地处低洼地，被开垦为耕地，西侧有砂石路穿过，墙体消失740米。保存差、消失墙体分别占该段墙体总长的70.8%、29.2%。德义村出村的两条土路穿过墙体后并入砂石路。

9. 德义长城1段（150929382101060009）

该段长城位于供济堂镇德义村南的丘陵耕地中。起自德义村南0.1千米，止于德义村西北4.5千米。墙体作直线分布，后小段墙体略有内向弧弯，呈东南－西北走向。上接吉庆长城2段，下接德义长城2段。

墙体长4499米。墙体呈低矮的土垄状。现存墙体底宽5～9、顶宽1～2、残存最高0.5米。前小段墙体长1719米，保存差，墙体地处砂石路北侧，再转于南侧，部分墙体为公路斜穿破坏；公路两侧原为耕地，后开垦为绿化地，种植有柠条，间有南北向榆树防护林；墙体于公路南侧路基旁呈低矮的土垄状，基本可分辨轮廓与走向；接近止点墙体地处丘陵坡地上。公路向后坊子村方向西折后的后小段墙体呈东南－西北走向，大部分墙体地处耕地中，农田耕种加上公路修筑导致墙体消失2780米。保存差、消失墙体分别占该段墙体总长的38%、62%。

10. 德义长城2段（150929382101060010）

该段长城位于供济堂镇德义村西北的丘陵耕地中。起自德义村西北4.5千米，止于德义村西北8.7千米。墙体作外向弧线形分布。经大清河村中南部，于村西低洼积水地的南缘斜穿砂石路，在公路和绿化地之间西北行，于苏计营盘东村北转西行，复转砂石路南，穿东、西村之间的空地至县道569（省道101至土牧尔台镇）止。上接德义长城1段，下接苏计营盘长城1段。

墙体长4284米。墙体呈土垄状。现存墙体底宽5～8、顶宽1～2、残存最高0.4米。前小段墙体因大清河村占据和村东西两侧砂石路叠压而消失，苏计营盘村中有部分墙体消失，累计消失2550米。中、后小段墙体合计长1734米，保存差，墙体地处大清河村与苏计营盘村之间的公路北侧，明显隆起于地表，轮廓与走向清晰，墙体南侧是一条并行的土路。（彩图三四、三五）保存差、消失墙体分别占该段墙体总长的40.5%、59.5%。

该段墙体末端南侧调查戍堡1座。戍堡位于苏计营盘村南，因调查时墙体段落划为德义长城2段，戍堡仍命名为德义戍堡。具体描述如下。

德义戍堡（150929353102060018）

该戍堡位于德义长城2段墙体止点东南0.8千米的山丘下。东北距苏计营盘村0.3千米，西北距长城墙体最近0.384千米。戍堡修筑于丘陵南侧的缓坡地上，地势北高南低。北依山丘，南为栽植柠条的绿化地，东西为缓坡地，地表几乎无植被，碎石裸露。

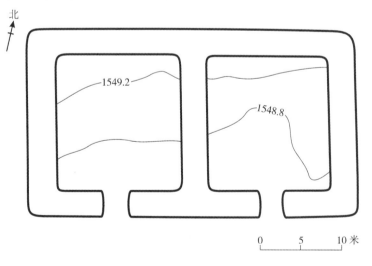

北

1549.2

1548.8

0　　　5　　　10 米

图六　德义戍堡平面图

戍堡平面呈横"日"字形，东西长41、南北长22米，当中加筑一道南北向墙。堡墙保存差，因水土流失影响，呈低矮的土垄状。现存堡墙底宽5～6、顶宽1～2、残高0.2～0.4米。南墙并列辟两门，门均宽3米，方向165°。（图六；彩图三六）戍堡内散落有零星的泥质素面灰陶片。

"日"字形的布局为六镇长城南线戍堡中的特例，分析当与戍堡所处地理环境有关。如果按通常的布局修筑，戍堡内坡度势必过大，于是因地制宜，修筑相邻的两座小型戍堡，减缓了戍堡内的坡度。调查发现，六镇长城南线沿线的戍堡间距普遍在2.8～3.8千米之间；最小间距1.9千米，为地处起伏较大丘陵草原上的鄂黑乌苏1号、2号戍堡，属特例。德义戍堡西距苏计营盘1号戍堡3.6千米，已接近戍堡间距设置的极限，为戍堡修筑的必选之地。此外，该戍堡所处地势较高，东西瞭望视线均佳，北登山丘顶部，视野更加开阔，因此，该戍堡同时具有瞭望台的功能。

11. 苏计营盘长城 1 段（150929382101060011）

该段长城位于供济堂镇苏计营盘村西低缓的丘陵草原地带，所处地势东南高西北低，墙体北侧有水泡子。起自苏计营盘村西南 0.6 千米，止于苏计营盘村西北 3.3 千米。起始段墙体作内向弧线形分布，其后墙体作直线分布，大体呈东南－西北走向。上接德义长城 2 段，下接苏计营盘长城 2 段。

墙体长 2789 米。整体保存较差。墙体于地表隆起较宽大，轮廓与走向明晰，外侧有壕沟的痕迹。现存墙体底宽 8~13、顶宽 2~3、残高 0.1~0.5 米。有四条低洼的漫水道穿过墙体流向北侧的水泡子，其中较大的水道导致墙体出现豁口。县道 569 路基呈西南－东北走向穿过墙体。（彩图三七、三八）

自苏计营盘村西墙体脱离农耕区，进入丘陵草原地带，草场植被虽然已经退化，但墙体整体保存状况较农耕区好。

12. 苏计营盘长城 2 段（150929382101060012）

该段长城位于供济堂镇苏计营盘村西低缓的丘陵草原地带，所处地势南高北低，墙体东北部有一处较大的水泡子。起自苏计营盘村西北 3.3 千米，止于苏计营盘村西北 6.9 千米。墙体略作内向弧线形分布，呈东南－西北走向。上接苏计营盘长城 1 段，下接苏计营盘长城 3 段。

墙体长 3645 米。整体保持较差。墙体明显隆起于地表，轮廓与走向清晰，外侧有壕沟的痕迹。现存墙体底宽 8~10、顶宽 2~3、残高 0.1~0.5 米。墙体南、北侧各有两户牧民定居点，两条连接定居点的土路穿过墙体。有一大一小两条水道冲断墙体，向北注入水泡子。（彩图三九、四〇）墙体地处未经开垦的牧区草原，沿线部分戍堡得以留存。墙体起点南侧调查戍堡两座，为苏计营盘 1、2 号戍堡，呈南－北向分布。具体描述如下。

苏计营盘 1 号戍堡（150929353102060019）

该戍堡位于苏计营盘长城 2 段墙体起点西南 0.275 千米较平缓的草原上。东北距长城墙体最近 0.226 千米，西北距苏计营盘 3 号戍堡 3.9 千米，南距苏计营盘 2 号戍堡 0.234 千米。所处地势西北稍高，东南略低，堡内中心略有凸起，东南坡下有一处汛期积水的水泡子。

戍堡平面呈长方形，东西长 38、南北长 40 米。堡墙呈低矮的土垄状，明显隆起于地表，轮廓清晰。堡墙底宽 5~7、顶宽 1~2、残存最高 0.4 米。南墙辟门，门宽 4.5 米，方向 160°。（图七；彩图四一）戍堡内散落有细碎的泥质灰陶片，个别装饰有篦点纹。（图一一:3；彩图一七七）

苏计营盘 2 号戍堡（150929353102060020）

该戍堡位于苏计营盘长城 2 段墙体起点西南 0.534 千米的呈东北－西南向的山梁顶部，东北距长城墙体最近 0.505 千米，东临孤尖山，南侧为较高的丘陵，东南坡下为水泡子，调查时已干涸。

戍堡平面呈"回"字形，双重堡墙，

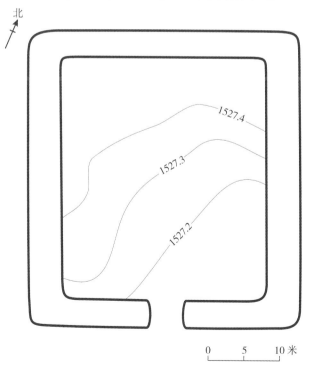

图七 苏计营盘 1 号戍堡平面图

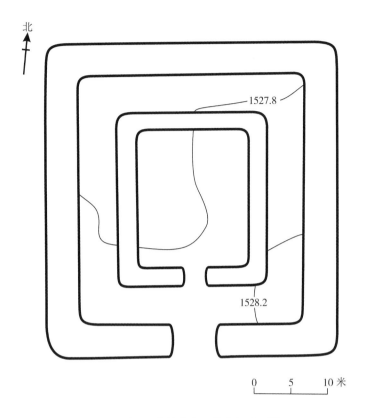

北

1527.8

1528.2

0　　5　　10 米

图八　苏计营盘 2 号戍堡平面图

内外墙相距 6 米，规格相同。现存堡墙底宽 5~6、顶宽 1.5、残存最高 0.4 米。外墙东西长 38、南北长 41 米，内墙东西长 22、南北长 24 米。堡墙呈低矮的土垄状，轮廓较清晰，两墙之间明显下凹，推测筑墙时应于此取土，筑墙后留下深壕，利于防卫。内、外城均于南墙辟门，内城门宽 3 米，外城门宽 5 米，方向 172°。（彩图四二）戍堡内散落有细碎灰陶片，均为泥质灰陶，多素面，有的灰陶腹壁施平行划线纹，（图一一:2）依口沿判断，器形有方唇折沿壶、圆唇敛口罐和卷沿罐等。（图八；彩图一七九）

戍堡设置双重堡墙的模式，为六镇长城南线所仅见。苏计营盘 2 号戍堡地处苏计营盘 1 号戍堡内侧，初步推测其军事建制可能高于苏计营盘 1 号戍堡。戍堡东南有一座高耸的名为黑脑包的孤尖山，位于墙体南侧，山顶有敖包，采集有黑灰色布纹瓦。敖包始建年代当为元代之后，黑灰色布纹瓦的时代尚难断定。六镇长城南线、北线沿线墙体内侧见有多座类似的孤尖山，为六镇长城防御利用的可能性非常大。

13. 苏计营盘长城 3 段（150929382101060013）

该段长城位于供济堂镇苏计营盘村西北平缓的丘陵草原上。所处地势东南略高西北稍低。起自苏计营盘村西北 6.9 千米，止于苏计营盘村西北 10.5 千米。墙体稍向外弧，大体作直线分布，呈东南 - 西北走向。上接苏计营盘长城 2 段，下接苏计营盘长城 4 段。

墙体长 3552 米。整体保存较差。墙体明显隆起于地表，轮廓明晰，外侧有壕沟痕迹。现存墙体底宽 7~9、顶宽 2~3、残高 0.4~0.9 米。前小段墙体地处海拔 1500 米以上平坦的草原地带，受水土流失影响较小。后小段墙体地处海拔 1500 米之下的坡地上，地势东高西低，略有起伏，雨季局部形成积水，对墙体的保存构成影响，较前小段墙体保存稍差。止点是一块低洼地，汛期积水，对墙体的保存有一定影响。墙体两侧草原上各有几家分散定居的牧户，南侧牧户距墙体较近，北侧牧户距墙体较远；连接牧户间的土路自墙体中间穿过，形成豁口。附近有围封的草场，中间一块围栏北缘沿墙体外侧浅缓的壕沟中架设有铁丝网。（彩图四三）

该段墙体起点及止点内侧各调查戍堡 1 座，为苏计营盘 3 号、4 号戍堡。具体描述如下。

苏计营盘 3 号戍堡（150929353102060021）

该戍堡位于苏计营盘长城 3 段墙体起点西南 0.49 千米的低缓草原山梁顶部。东北距长城墙体最近 0.216 千米，西与苏计营盘 4 号戍堡直线距离为 2.9 千米。戍堡地处略显东高西低的山梁顶部坡地上，南临谷地，西侧是一条与长城墙体并行的窄谷地，西南有一家牧户，东、北侧为平缓的丘陵草原。

戍堡平面呈长方形，东西长 38、南北长 42 米。堡墙呈低矮的土垄状，明显隆起于地表，轮廓较清

晰，为内侧挖土筑墙。现存堡墙底宽
5～7、顶宽1.5、残高0.2～0.5米。
南墙辟门，门宽6米，方向176°。
（图九；彩图四四）戍堡中部有浅凹
坑，堡内散落有金元时期白瓷碗残
片，釉色泛黄，圈足挖足较深。

戍堡西侧20米另有一座长方形
小堡，东西长18、南北长22米。
南、北墙比较模糊，略有倾斜，构
筑不规整。现存堡墙底宽4～6、顶
宽1、残存最高0.3米。南墙辟门，
方向186°。戍堡边缘另筑小堡的模
式为六镇长城南线所仅见。

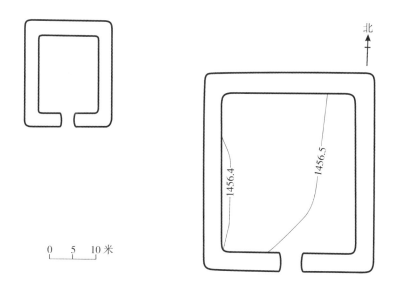

图九　苏计营盘3号戍堡平面图

苏计营盘4号戍堡（150929353102060022）

该戍堡位于苏计营盘长城3段
墙体止点东南0.23千米低缓的丘陵草原上。
所处地势较平坦，东南稍高，西北略低。东
北距长城墙体最近0.174千米，西距苏计营
盘5号戍堡3.2千米。四面环绕低矮的山丘，
西北临一处较大的已干涸的水泡子，西南约
0.5千米有一户牧民。

戍堡平面呈长方形，东西长43、南北
长46米，为六镇长城南线所见规模最大的
一座戍堡。堡墙呈低矮的土垄状，轮廓较清
晰，于墙体内侧挖土筑墙。现存堡墙底宽
6、顶宽1.5～2、残存最高0.3米。南墙中
部辟门，门宽5米，方向183°。戍堡所处地
势稍低，因水土流失影响，堡墙四角略有缺
失，整体保存较差。（图一〇；彩图四五）
堡内西北部有石块散落。戍堡内采集遗物较
复杂，有属于北魏时期的饰波浪形暗纹泥质
灰陶壶残片，（图一一：1；彩图一八〇）有
残缺的"开元通宝"铜钱；（图一一：4）有

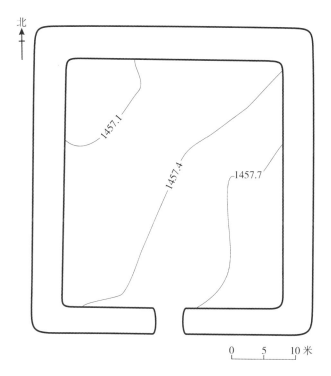

图一〇　苏计营盘4号戍堡平面图

磨光黑陶宽折沿陶盆残片，沿面及内壁施滚压的平行暗纹；（彩图一八一）有金代的白瓷碗残片和
酱釉缸瓷片等。从堡内发现的遗物分析判断，戍堡始筑于北魏，为金代所沿用，堡内西北部散落的
石块当与金代沿用有关。

14. 苏计营盘长城4段（150929382101060014）

该段长城位于供济堂镇苏计营盘村西北较平缓的丘陵草原上。所处地势东南高西北低，两侧为汛
期积水的低洼地。起自苏计营盘村西北10.5千米，止于苏计营盘村西北13.6千米。墙体作直线分布，

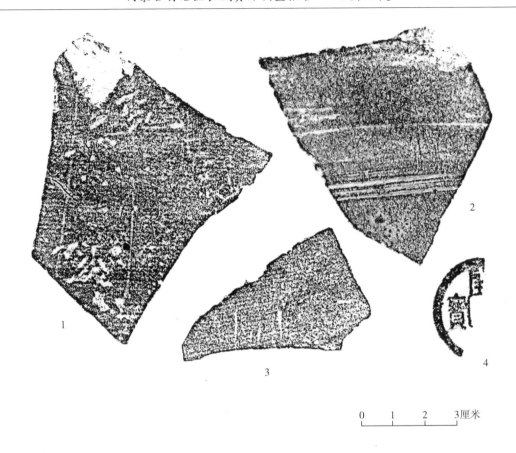

0　　1　　2　　3厘米

图一一　苏计营盘1、2、4号戍堡采集标本拓片

1、4. 苏计营盘4号戍堡采集暗波浪纹陶壶残片、开元通宝铜钱　2. 苏计营盘2号戍堡采集平行线纹陶

片　3. 苏计营盘1号戍堡采集篦点纹陶片

呈东南－西北走向。上接苏计营盘长城3段，下接嘎顺长城1段。

墙体长3188米。依据墙体的保存状况，分为保存差和消失两类。保存差墙体长2760米，明显隆起于地表，外侧隐现壕沟痕迹，部分墙体呈低矮的土垄状。现存墙体底宽5~9、顶宽2~3、残高0.1~0.5米。墙体沿线分布有四处水泡子，其中，墙体中段北侧两处，起点两处；北侧西端的水泡子雨季积水漫过墙体，积水侵蚀致墙体消失；起点水泡子一大一小，均干涸，小者地处长城线上，面积较大者即苏计营盘4号戍堡西北部的水泡子，北缘漫过墙体，导致部分墙体消失；消失墙体累计长428米。保存差、消失墙体分别占该段墙体总长的87%、13%。墙体两侧有牧户散居，大部分墙体地处牧民围封的草场中。草场逐步退化，造成水土流失，低洼地出现积水或形成水泡子，对墙体的危害较大。（彩图四六）

该段墙体止点内侧调查戍堡1座，为苏计营盘5号戍堡。具体描述如下。

苏计营盘5号戍堡（150929353102060023）

该戍堡位于苏计营盘长城4段墙体止点东南0.165千米的平坦草原上。东北距墙体最近0.13千米，西距嘎顺戍堡2.8千米。东南有一处干涸的水泡子，有呈东南－西北走向的草原土路自东岸穿过，西南是一片围封的草场，北和西北各有一户嘎顺嘎查牧民，北侧牧民已迁居。

戍堡平面呈长方形，东西长38、南北长45米。堡墙系于墙体内侧挖土筑成，呈低矮的土垄状，西北角堡墙较模糊，其他堡墙保存较好。堡内中部明显下凹，牧草密集而高，中北部有一堆铁矿石。墙体顶部植被稀疏,密布一层小石子。现存堡墙底宽6、顶宽1、残高0.2~0.4米。东墙中部辟门,门宽5米,方向100°。因水土流失影响,堡墙保存较差。(图一二;彩图四七)戍堡内采集有泥质黑灰陶片,器表磨光,施滚压的平行暗纹,初步判断为金代遗物。

15. 嘎顺长城1段(150929382101060015)

该段长城位于查干补力格苏木嘎顺嘎查东南及西南丘陵草原低缓的谷地中。所处地势南北高、中间低。起自嘎顺嘎查东南0.7千米,止于嘎顺嘎查西北2.4千米。墙体沿谷地作外向弧线形分布,呈东南-西北走向。上接苏计营盘长城4段,下接嘎顺长城2段。

墙体长3053米。墙体呈土垄状。现存墙体底宽5~7、顶宽3~5、残高0.1~0.4米。前、后小段墙体合计长2193米,保存较差,墙体明显隆起于地表,轮廓与走向清晰,外侧隐约有壕沟的痕迹。中小段墙体地处低缓山丘北坡下的低洼谷地中,北侧是一个狭长的水泡子,积水浸蚀使墙体消失860米。保

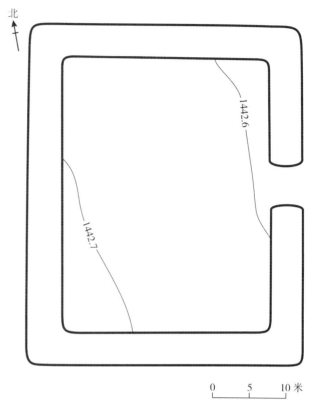

图一二 苏计营盘5号戍堡平面图

存较差、消失墙体分别占该段墙体总长的72%、28%。北侧为并行的高压输电水泥线杆,中间是覆盖墙体的围封草场。墙体南、北侧各有两户牧民,连接牧户间的草原土路自该段墙体中穿过。因墙体穿越草原谷地,水土流失导致墙体保存较差乃至消失。

该段墙体中小段南侧调查戍堡1座,为嘎顺戍堡。具体描述如下。

嘎顺戍堡(150929353102060024)

该戍堡位于嘎顺长城1段墙体止点东南0.356千米的低缓丘陵草原坡地上,所处地势西南高东北低。北距长城墙体最近0.17千米。北侧为谷地,东北临水泡子,北岸边有一户牧民;南侧为低矮的丘陵,丘陵南坡上有一户牧民;西侧有呈南-北走向的水泥杆输电线路及围封草场的网围栏,戍堡被围在网围栏中。堡内地势较平坦,东北略低,野草茂密,植被较好。

戍堡平面呈长方形,东西长38、南北长42米。堡墙呈低矮的土垄状,轮廓可明辨。现存堡墙底宽5.5、顶宽1、残存最高0.25米。东墙中部辟门,门宽6米,方向86°。因水土流失影响,戍堡接近消失。(图一三;彩图四八)戍堡内散落有器壁较厚的泥质黑陶磨光陶片,器壁施滚压的平行暗纹。(彩图一七八)

16. 嘎顺长城2段(150929382101060016)

该段长城位于查干补力格苏木嘎顺嘎查西北低缓的丘陵草原地带。起自嘎顺嘎查西北2.4千米,止于嘎顺嘎查西北4.5千米。墙体前小段略作内向弧线形分布,后小段作直线分布,呈东南-西北走向。上接嘎顺长城1段,下接嘎顺长城3段。

墙体长2133米。墙体呈低矮的土垄状。现存墙体底宽5~7、顶宽3~5、残高0.1~0.5米。前、后小段墙体合计长1673米,保存较差,墙体明显隆起于地表,轮廓与走向清晰,顶部植被较少,外侧

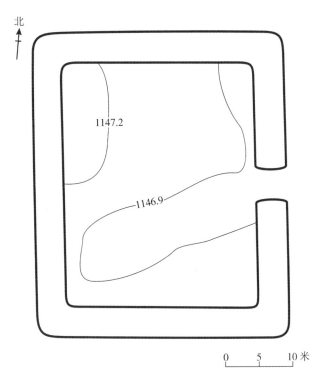

图一三　嘎顺城堡平面图

隐约有壕沟痕迹。中小段墙体地处低洼地段，有小块耕地局部覆盖墙体，外侧有网围栏围封，造成墙体消失460米。保存较差、消失墙体分别占该段墙体总长的78.4%、21.6%。墙体北侧有五户牧民散居，属于门提嘎查；有三条草原土路呈东南－西北走向自该段墙体中段穿过。草场退化，水土流失日渐加剧，对墙体的保存影响很大。（彩图四九）

17. 嘎顺长城3段（150929382101060017）

该段长城位于查干补力格苏木嘎顺嘎查西北的丘陵草原地带。起自嘎顺嘎查西北4.5千米，止于嘎顺嘎查西北6.5千米。止点北侧为一牧民旅游点。起始段墙体略作内向弧线形分布，其后的墙体作直线分布，大体呈东南－西北走向。上接嘎顺长城2段，下接嘎顺长城4段。

墙体长1985米。墙体呈低矮的土垄状。现存墙体底宽5～8、顶宽3～5、残高0.1～0.5米。前小段墙体长1380米，保存差，墙体两端被开垦为小块饲料地。中小段墙体地处草原低洼地带，地表生长着大面积的荨麻丛和芨芨草丛，部分墙体较模糊。后小段墙体长605米，保存较差，墙体地处草原坡地上，地势西高东低，地表隆起较明显。保存较差、差墙体分别占该段墙体总长的30.5%、69.5%。因草场退化，水土流失日益严重，特别是低洼积水地带，对墙体的保存影响较大。墙体两侧有属于门提嘎查的定居牧户，连通牧户间的土路穿越墙体。草原上牧民局部开垦的饲料地威胁墙体的保存。

18. 嘎顺长城4段（150929382101060018）

该段长城位于查干补力格苏木嘎顺嘎查西北起伏较大的丘陵草原上，所处地势西高东低。起自嘎顺嘎查西北6.5千米，止于嘎顺嘎查西北10.5千米。墙体沿低缓谷地作外向弧线形分布，呈东南－西北走向。上接嘎顺长城3段，下接嘎顺长城5段。

墙体长4090米。整体保存较差。墙体呈低矮的土垄状。现存墙体底宽4～8、顶宽2～3、残高0.1～0.5米。前小段墙体长1450米，保存差，墙体地处地势较平坦的草原上，因水土流失影响，隆起不明显。后小段墙体长2450米，保存较差，墙体明显隆起于地表，轮廓与走向明晰，外侧隐约有壕沟痕迹。前小段墙体北侧有一处规模较小的草原旅游点，省道101通往旅游点的水泥路局部叠压墙体，省道与旅游点之间的中小段是一条自西北流向东南的低缓水道，导致墙体合计消失190米。保存较差、差、消失墙体分别占该段墙体总长的60%、35%和5%。四子王旗通往苏尼特右旗的省道101呈西南－东北走向自墙体中段垂直穿过。从该段墙体沿省道101西南行约6千米为规模较大的葛根塔拉草原旅游区。

19. 嘎顺长城5段（150929382101060019）

该段长城位于查干补力格苏木嘎顺嘎查西北起伏稍大的丘陵草原地带。所处地势西北高东南低。西南临新修筑的四子王旗北环线柏油路。起自嘎顺嘎查西北10.5千米，止于嘎顺嘎查西北13.3千米。

墙体自丘陵南侧谷地中、坡地上环绕，作内向弧线形分布，大体呈东南－西北走向。上接嘎顺长城4段，下接巴音陶勒盖长城1段。

墙体长2855米。整体保存差。墙体呈低矮的土垄状。现存墙体底宽5～8、顶宽2～3、残高0.1～0.5米。前小段墙体沿低缓丘陵的南半坡修筑，作直线分布，呈东－西走向，末端地处圆山丘前坡脚下，转西偏北行。后小段大部分墙体地处起伏较大的丘陵地带，先穿越一道山梁，跨越两条低缓的窄谷地，再沿较大谷地的东坡西北行。窄谷地形成南北向冲沟，冲断墙体，两条冲沟于墙体南侧汇合。起伏较大的草原地带水土流失尤其严重，对墙体的保存影响较大。（彩图五○）

20. 巴音陶勒盖长城（150929382101060020）

该段长城位于查干补力格苏木巴音陶勒盖嘎查西北的丘陵草原谷地中。起自巴音陶勒盖嘎查西北0.9千米，止于巴音陶勒盖嘎查西南19.7千米。上接嘎顺长城5段，下接小沟子长城1段。

墙体长19976米。整体保存差。现存墙体底宽4～10、顶宽1～3、残高0.1～0.4米。通过数次反复的田野踏查，最终明确了墙体的分布与走向，现将这段墙体分为消失、保存差和被六镇长城北线墙体沿用三部分加以描述。

墙体在嘎顺长城5段止点消失，前小段墙体于巴音陶勒盖嘎查西北沿谷地东坡脚西北行，（彩图五一）西侧为呈东南－西北走向的连接省道101与乡道101的四子王旗西北环线柏油路，与墙体并列穿过山梁垭口，绕出高海拔丘陵地带，下坡西北行进入东西向狭长的前点力素忽洞谷地，墙体消失在公路下或东侧的坡谷地上。墙体在滚呼都格嘎查西南约0.6千米脱离柏油路转而沿前点力素忽洞谷地上游的沙河北岸西南行，经呼舒乌苏牧点南，至大青河村北山脚下复现。以上墙体因公路修筑及谷地上游的沙河冲刷而消失，消失墙体直线长度为6262米。

中小段保存差的墙体长4960米，呈低矮的土垄状。墙体沿沟谷北岸西行，前段墙体地处缓坡地上，大部分地处围封的草场中，低矮、隆起不明显；后段墙体地处耕地中，隆起较明显，轮廓与走向可分辨。至前点力素忽洞移民新村东南0.5千米与北线交汇，墙体被六镇长城北线所利用，因水土流失及农田耕种导致墙体保存差。

两墙交汇后的后小段墙体西行500多米后作外向漫弧形拐弯沿坡地西南行，摆脱前点力素忽洞谷地。通过黑脑包山西北较宽的一道沟谷西南而下，穿过坡脚下河谷进入宽阔的南北向中号村川地，至什卜太村西南、中号村东，南、北线墙体分离。南线墙体继续沿中号川地西南行，北线墙体西向离去。南、北线合并的墙体长8754米。消失、保存差和被六镇长城北线墙体沿用三部分墙体分别占该段墙体总长的31%、25%、44%。

南、北线合并后的墙体内侧调查发现什卜太戍堡。戍堡西南距什卜太村2.9千米、距黑脑包山0.8千米。依规格大小及构筑特征方面考察，完全符合六镇长城北线戍堡的修筑规制，从而确定其为六镇长城北线附属戍堡。

21. 小沟子长城1段（150929382101060021）

该段长城位于吉生太镇小沟子村东北的丘陵谷地中。六镇长城南线墙体自中号村东与六镇长城北线墙体分离后，一路向西南，先于南号村东南跨过乡道101，顺变窄的南号谷地东岸南偏西行进，再经粮营滩东、黄草洼村中穿过后消失。该段长城大体沿北吉生太、南吉生太河谷西偏南行，至小井壕村东转入西南的另一条谷地中，经下滩村、席边河村东耕地，至小沟子村东墙体复现。小沟子村地处较宽阔的沟谷地上，村西为起伏较大的丘陵，村东相对平缓，被大面积开垦为耕地。墙体起自小沟子村东北25千米，止于小沟子村西南2.7千米。绝大部分墙体沿谷地作内、外弯曲分布，基本呈东北－西南走向。上接巴音陶勒盖长城，下接小沟子长城2段。

墙体长 27742 米。整体保存差。墙体呈低矮的土垄状。现存墙体底宽 5～15、顶宽 2～6、残高 0.2～0.8 米。前小段墙体长 9120 米，保存差，墙体地处绿化地及低缓的丘陵谷地中，因经过多处小冲沟而使墙体形成豁口，于黄草洼村南消失。黄草洼村南至小沟子村之间的后小段墙体消失，一部分消失在吉生太村东侧的塔布河谷中，另一部分消失在下滩至席边河谷地的耕地中，消失墙体直线长度为 16019 米。小沟子村南绿化地中和耕地边缘的后小段墙体长 2603 米，保存较差。（彩图五二）保存较差、差、消失墙体分别占该段墙体总长的 9.3%、33%、57.7%。受植被退化产生的水土流失、河流冲刷、沿谷地开垦耕地及绿化地等自然与人为因素的影响，导致墙体保存差、消失。

调查时，在小沟子长城 1 段止点东北 0.54 千米发现疑似戍堡一座，位于墙体东侧 0.168 千米较平坦的绿化地中。戍堡西南、东北墙大体可辨，其余堡墙与地表齐平，轮廓模糊难辨。戍堡平面略呈正方形，边长约 25 米，门当辟于东南墙，方向 126°。受风雨侵蚀的影响，戍堡遗迹略残存，开垦为绿化地后，等距开掘出南北向灌沟，使戍堡遗迹濒于消失。因此，不作编号，附记于此。

22. 小沟子长城 2 段（150929382301060022）

该段长城位于吉生太镇小沟子村西南的丘陵谷地及坡地上。起自小沟子村西南 2.7 千米，止于小沟子村西南 4.7 千米。根据上、下段墙体的分布情况分析判断，该段墙体原应作直线分布，呈东北－西南走向。上接小沟子长城 1 段，下接包头市达尔罕茂明安联合旗五福堂长城 1 段。

该段长城为墙体消失段，起止点之间的直线长度为 2082 米。该段长城前小段地处谷地中，地势低洼并被开垦为农田，痕迹无存。后小段地处西高东低的坡耕地上，尚隐约可见几乎与地表齐平的墙体残迹。受农田耕种、季节性沙河冲刷的影响，墙体消失不存。

（五）包头市达尔罕茂明安联合旗

达尔罕茂明安联合旗境内的六镇长城南线均为夯筑土墙，呈土垄状，部分墙体断面可见夯层，部分墙体外侧可见壕堑痕迹，呈内墙外壕式结构。墙体总长 38930 米，其中，保存较差 13734 米、差 16081 米、消失 9115 米。保存较差、差、消失墙体分别占墙体总长的 35.3%、41.3%、23.4%。调查中，将长城划分为 31 段，其中，有墙体存在部分 16 段、消失 15 段。长城沿线内侧调查戍堡 4 座。具体描述如下。（参见地图六）

1. 五福堂长城 1 段（150223382101060001）

该段长城位于石宝镇五福堂村东南东西向山岭北麓的丘陵坡地上。所处地势西北高东南低。为六镇长城南线在达尔罕茂明安联合旗境内的第一段墙体。起自四子王旗小沟子村西南 4.7 千米，止于五福堂村东南 4.5 千米。墙体作外向弧线形分布，前小段呈东北－西南走向，后小段呈近南－北走向。上接四子王旗小沟子长城 2 段，下接五福堂长城 2 段。

墙体长 358 米。整体保存差。墙体呈低矮的土垄状，略隆起于地表。墙体顶部有一层灰白色的小石子，可辨别墙体的轮廓和走向。现存墙体底宽 2～3、顶宽 1、残存最高 0.3 米。墙体所处地段草原半沙化，地表植被稀疏，墙体两侧分布有因风蚀形成的"塔头墩"。（彩图五三）止点南侧有一处较大的采矿点，矿渣堆积如山。有乡间土路自矿区而来，自墙体起点东侧穿过，东北向环绕进入四子王旗塔套尔村。

2. 五福堂长城 2 段（150223382301060002）

该段长城位于石宝镇五福堂村东南东西向山岭北麓的丘陵草原上。起自五福堂村东南 4.5 千米，止于五福堂村东南 4.6 千米。根据上、下段墙体的分布情况分析判断，该段墙体原应作直线分布，呈东北－西南走向。上接五福堂长城 1 段，下接班不袋长城 1 段。

该段长城为墙体消失段，起止点之间的直线长度为 838 米。该段长城地处低洼谷地，北侧发育形成浅冲沟，中部墙体被堆积如山的采矿废渣所掩埋，谷地两侧坡地上仍可见到墙体残迹，几乎与地表齐平，不见隆起，因此，以消失段计。

3. 班不袋长城 1 段（150223382101060003）

该段长城位于石宝镇班不袋村东北的丘陵坡地上。起自班不袋村东北 1.9 千米，止于班不袋村东北 1.2 千米。墙体略作内、外弧线形分布，呈东北 - 西南走向。上接五福堂长城 2 段，下接班不袋长城 2 段。

墙体长 900 米。墙体呈土垄状。现存墙体底宽 3~6、顶宽 1~2、残高 0.1~0.5 米。前小段墙体长 640 米，保存差，墙体地处低缓丘陵的东坡地上，隆起较低矮，墙体顶部可见呈线状分布的灰白色碎石带；缓坡下的墙体痕迹比较模糊，略隆起于地表，轮廓和走向隐约可见。后小段墙体长 260 米，保存较差，分布在山梁上的墙体明显隆起于地表，轮廓清晰，顶部有一层白色小石子。（彩图五四）保存较差、差墙体分别占该段墙体总长的 29%、71%。草原退化、沙化以及由此而引发的水土流失是导致墙体保存差的主要原因，地势低缓地带的墙体濒于消失。

4. 班不袋长城 2 段（150223382301060004）

该段长城位于石宝镇班不袋村东的丘陵坡谷地中。起自班不袋村东北 1.2 千米，止于班不袋村东南 1.1 千米。根据上、下段墙体的分布情况分析判断，该段墙体原应作直线分布，呈东北 - 西南走向。上接班不袋长城 1 段，下接班不袋长城 3 段。

该段长城为墙体消失段，起止点之间的直线长度为 376 米。该段长城顺山梁西坡而下，穿越一条呈东南 - 西北走向的低缓窄谷，墙体消失于谷地的东坡及谷底中，于西坡上复现。长城所处草原地带因过度放牧造成植被退化和草原沙化，地表除裸露的沙外就是大面积凸起的"塔头墩"。受风雨侵蚀和水土流失的影响，墙体消失。有牧民围封草场的网围栏穿过该段长城。

5. 班不袋长城 3 段（150223382101060005）

该段长城位于石宝镇班不袋村东南低缓的丘陵草原地带。起自班不袋村东南 1.1 千米，止于班不袋村东南 0.9 千米。墙体自低矮的山丘南坡环绕，沿坡地弯曲行进，作内向弧线形分布，呈东北 - 西南走向。上接班不袋长城 2 段，下接班不袋长城 4 段。

墙体长 558 米。整体保存差。墙体较低矮，轮廓与走向可辨识。现存墙体底宽 3~4、顶宽 1、残存最高 0.3 米。墙体上分布有较多的小石块及细碎的石子，特征鲜明。因草场沙化，地表植被稀疏低矮，分布有风蚀形成的天然柠条堆，生态失衡、自然环境恶化是墙体保存差的主要因素。（彩图五五）

6. 班不袋长城 4 段（150223382301060006）

该段长城位于石宝镇班不袋村东南低缓的丘陵草原谷地上。起自班不袋村东南 0.9 千米，止于班不袋村南 1.1 千米。根据上、下段墙体的分布情况分析判断，该段墙体原应作直线分布，呈东北 - 西南走向。上接班不袋长城 3 段，下接毛忽洞长城 1 段。

该段长城为墙体消失段，起止点之间的直线长度为 725 米。该段长城地处一条南北向的谷地中，南侧谷地上游是东西两条浅谷，横截了数条现代防洪土坝，雨季形成的洪水自南向北流，于北侧汇合，形成漫水浅沟，西北流经班不袋村。在西谷中墙体消失部位开垦了一块孤立的条形耕地，自此向西，丘陵草原的低洼谷地中陆续出现条块耕地。草原沙化、风雨侵蚀和水土流失是造成墙体消失的直接因素。一条土路自东而来，穿过该段长城后西去。

7. 毛忽洞长城 1 段（150223382101060007）

该段长城位于石宝镇毛忽洞村东的丘陵草原地带。起自毛忽洞村东北 1.8 千米，止于毛忽洞村南

0.8 千米。墙体顺丘陵谷地行进，作"S"形内、外弧线形分布，呈东北 - 西南走向。上接班不袋长城 4 段，下接毛忽洞长城 2 段。

墙体长 2392 米。墙体呈低矮的土垄状。现存墙体底宽 3 ~ 6、顶宽 1 ~ 2、残高 0.1 ~ 0.5 米。前小段墙体长 915 米，保存较差，墙体地处丘陵谷地及坡地上，明显隆起于地表，轮廓和走向比较清晰，顶部有一层灰白色的细碎石子，有土路于墙体北侧并行。（彩图五六）后小段墙体长 1477 米，保存差，墙体在新开垦的耕地之间穿行，先穿过一条东西向窄谷，然后进入南北向较宽的毛忽洞谷地，于毛忽洞村东南沿谷地东岸缓坡地作南偏西行，墙体外侧有条块耕地分布，末端西侧的耕地中生长着一行与墙体平行的杨树林，墙体隆起较低矮，分布与走向较清晰。保存较差、差墙体分别占该段墙体总长的 38.2%、61.8%。植被退化后形成的水土流失是导致墙体保存差的根本原因，冲沟导致墙体出现豁口，墙体两侧零星耕地的开垦对墙体的保存形成一定影响。数条乡间土路穿过墙体，危及墙体的保存。

8. 毛忽洞长城 2 段（150223382301060008）

该段长城位于石宝镇毛忽洞村南的丘陵耕地中。起自毛忽洞村南 0.8 千米，止于毛忽洞村南 1.4 千米。根据上、下段墙体的分布情况分析判断，该段墙体原应作直线分布，呈西北 - 东南走向。上接毛忽洞长城 1 段，下接南茅庵长城 1 段。

该段长城为墙体消失段，起止点之间的直线长度为 640 米。该段长城起点南侧有一条窄横沟自东山上下泄而来，向西注入毛忽洞谷地中的沙河，支流的汇聚使主河道水量进一步增大。该段长城原应当于水流交汇处的北侧改变行进路线，先穿越横沟，作南偏东上坡行，选择垭口穿越山梁，从而脱离毛忽洞谷地。受这条横沟冲击及其水土流失的影响，冲沟及其北岸的墙体消失；冲沟南岸为长坡地，较缓的下半坡被开垦为耕地，耕地中虽有略隆起的墙体，但终为残迹，有影无形。

9. 南茅庵长城 1 段（150223382101060009）

该段长城位于石宝镇南茅庵村北较高大的山梁南、北坡地上。东南临村庄，东侧山丘上有通讯信号铁塔。墙体起自南茅庵村北 0.7 千米，止于南茅庵村西北 0.2 千米。墙体略作内向折线形分布，由西北 - 东南走向转呈东北 - 西南走向。上接毛忽洞长城 2 段，下接南茅庵长城 2 段。

墙体长 612 米。墙体呈低矮的土垄状。现存墙体底宽 4 ~ 10、顶宽 1 ~ 2、残高 0.1 ~ 0.4 米。墙体于耕地南缘坡地上复现，作南偏东上坡行，穿过山梁顶部的垭口后转为东北 - 西南行。前小段墙体长 365 米，保存较差，墙体地处北坡、山梁垭口处及南坡中间，较宽大，明显隆起于地表，顶部有一层细碎的小石块，外侧明显有壕沟痕迹。（彩图五七）后小段墙体长 247 米，保存差，墙体地处南坡上，两端保存差，略隆起于地表，轮廓和走向可分辨，前半部分墙体受一大一小两条冲沟的影响出现豁口，墙体末端地处村西的山岗上，受风蚀影响较大，地表遍布柠条堆，因水土流失的影响保存差，濒于消失。保存较差、差墙体分别占该段墙体总长的 59.6%、40.4%。

10. 南茅庵长城 2 段（150223382301060010）

该段长城位于石宝镇南茅庵村西南的低洼谷地中。起自南茅庵村西北 0.2 千米，止于南茅庵村西南 1.5 千米。根据上、下段墙体的分布情况分析判断，该段墙体原应作直线分布，呈东北 - 西南走向。上接南茅庵长城 1 段，下接双敖包长城 1 段。

该段长城为墙体消失段，起止点之间的直线长度为 1600 米。该段长城穿越毛忽洞上游的南茅庵谷地，一条砂石路顺谷地呈东南 - 西北行，路东北是流向毛忽洞村的宽缓沙河，墙体消失在公路下、沙河中及其东岸的坡地上。该段长城垂直穿越砂石路后，墙体消失在西南浅缓的窄谷地中，这条沟谷为毛忽洞谷地的一条支谷，大体沿西岸西南行。因谷地后来形成冲沟，自西南流向东北，与该段长城走向大体一致，加之沿沟谷两岸开垦的条形耕地，墙体痕迹尽失。

11. 双敖包长城 1 段（150223382101060011）

该段长城位于希拉穆仁镇巴音淖尔嘎查双敖包牧点南、北连绵起伏的丘陵草原上。起自双敖包牧点北 1.4 千米，止于双敖包牧点西南 1.5 千米。墙体内、外略有弯曲，大体作直线分布，呈东北－西南走向。上接南茅庵长城 2 段，下接双敖包长城 2 段。

墙体长 2818 米。墙体呈土垄状。现存墙体底宽 5~9、顶宽 1~3、残高 0.2~0.6 米。南茅庵长城 2 段墙体消失后，于村西南沟谷上游西岸的耕地中复现。前小段墙体长 458 米，保存差，墙体隆起较低矮，仅可分辨轮廓和走向。后小段墙体长 2360 米，保存较差，墙体起始部分沿山梁垭口翻过，地处起伏较大的丘陵草原上，明显隆起于地表，轮廓清晰，大部分墙体顶部有一层细石子，部分地段生长着麻黄草。墙体外侧明显有挖土筑墙留下的壕沟痕迹，壕沟宽 2.5 米。（彩图五八）墙体连续穿越两条从西北向东南延伸的山梁及山梁之间的谷地。（彩图五九）保存较差、差墙体分别占该段墙体总长的 83.7%、16.3%。中小段墙体有一条较深的东西向谷地，形成冲沟，使墙体形成 17 米宽的豁口。受草场退化所引发的水土流失影响，有的谷地日渐发育成冲沟，危及墙体。

12. 双敖包长城 2 段（150223382301060012）

该段长城位于希拉穆仁镇巴音淖尔嘎查双敖包牧点西南丘陵草原的谷地中。起自双敖包牧点西南 1.5 千米，止于双敖包牧点西南 1.9 千米。根据上、下段墙体的分布情况分析判断，该段墙体原应作直线分布，呈东北－西南走向。上接双敖包长城 1 段，下接希腾海长城 1 段。

该段长城为墙体消失段，起止点之间的直线长度为 449 米。该段长城沿较窄的谷地作下坡行进，穿越前方西北－东南流向的一条较大沟谷。草场退化引发的水土流失，致使长城外侧的壕沟变成谷地中的水道，水流下泄，最终形成冲沟，顺长城向南汇入较大沟谷，在两条洪水冲沟的夹击冲刷作用下导致墙体消失。（彩图六〇）

13. 希腾海长城 1 段（150223382101060013）

该段长城位于希拉穆仁镇巴音淖尔嘎查希腾海牧点西的草原山梁上。南北两端为沙河，北侧有双敖包长城 2 段的较大沟谷，南侧有希腾海牧点所在的宽阔沟谷。起自希腾海牧点西北 0.9 千米，止于希腾海牧点西南 1.1 千米。墙体略作内向弧线形分布，大体呈东北－西南走向。上接双敖包长城 2 段，下接希腾海长城 2 段。

墙体长 932 米。墙体呈土垄状。现存墙体底宽 4~8、顶宽 1~2、残高 0.1~0.4 米。墙体于希腾海牧点西北部的沟谷南岸复现，地处低缓的山梁顶部及南北坡地上。两端近河槽坡地的前、后小段墙体合计长 352 米，保存差，墙体隆起较低矮，轮廓和走向仍然清晰，分布一层细碎的小石子。中小段长 580 米，保存较差，山梁上的墙体明显隆起于地表，较宽大，外侧有壕沟痕迹，壕沟大部分被风雨蚀平。（彩图六一）保存较差、差墙体分别占该段墙体总长的 62.3%、37.7%。墙体两侧散居四户牧民，大部分墙体地处牧民围封的网围栏中。由于过度放牧使草场退化、水土流失加重，导致墙体保存差。

14. 希腾海长城 2 段（150223382301060014）

该段长城位于希拉穆仁镇巴音淖尔嘎查希腾海牧点西南宽缓的横沟谷地沙河中。起自希腾海牧点西南 1.1 千米，止于希腾海牧点西南 1.2 千米。根据上、下段墙体的分布情况分析判断，该段墙体原应作直线分布，大体呈东北－西南走向。上接南希腾海长城 1 段，下接毛浩日鄂日格长城 1 段。

该段长城为墙体消失段，起止点之间的直线长度为 123 米。该段长城地处一条宽缓的沙河谷地中，由于过度放牧使草原植被日益退化，水土流失形成宽而浅的沙河，大部分墙体被沙河冲毁。河流南岸较低缓，生长着零星的芨芨草丛，植被较茂密，不见墙体痕迹。（彩图六二）

15. 毛浩日鄂日格长城 1 段（150223382101060015）

该段长城位于希拉穆仁镇巴音淖尔嘎查毛浩日鄂日格牧点西北部丘陵草原的坡谷地上。起自毛浩日鄂日格牧点北 3.2 千米，止于毛浩日鄂日格牧点西北 1.3 千米。墙体略作内向弧线形分布，呈东北 - 西南走向。上接希腾海长城 2 段，下接毛浩日鄂日格长城 2 段。

墙体长 2041 米。整体保存较差。墙体呈土垄状。现存墙体底宽 4~6、顶宽 1~2、残高 0.2~1.3 米。墙体沿连绵起伏的草原坡地、谷地穿行，明显隆起于地表，轮廓和走向清晰。前小段墙体顶部有一层细砂砾，后小段墙体顶部多细碎的小石块。大部分墙体外侧明显有低凹的壕沟遗迹，部分墙体内侧隐约有壕沟痕迹，依地表草色观察，墙体上的草色枯黄，两侧壕沟内的草色青绿。（彩图六三）墙体所处草原山梁及上半部坡地的表土较浅，其下为基岩，仅靠外侧取土难以筑起高大的墙体，因此，采用两侧挖壕筑墙。中小段偏北有一条浅缓的谷地发育成冲沟，冲断墙体近 10 米。（彩图六四）后小段墙体有土路顺墙体外壕与之并列北行，个别地段有土路穿过墙体，至中小段墙体附近并入呈东 - 西走向垂直穿过墙体的另一条草原土路。

16. 毛浩日鄂日格长城 2 段（150223382301060016）

该段长城位于希拉穆仁镇巴音淖尔嘎查毛浩日鄂日格牧点西北丘陵草原的坡谷地及河槽中。起自毛浩日鄂日格牧点西北 1.3 千米，止于毛浩日鄂日格牧点西北 1.2 千米。根据上、下段墙体的分布情况分析判断，该段墙体原应作直线分布，呈东北 - 西南走向。上接毛浩日鄂日格长城 1 段，下接毛浩日鄂日格长城 3 段。

该段长城为墙体消失段，起止点之间的直线长度为 294 米。该段长城沿窄谷下坡，向西南穿越南北向沟谷，草场退化所引发的水土流失，使长城所处窄谷发育形成较小的冲沟，顺长城冲刷，西南汇入同样较窄的主冲沟，两条冲沟的冲刷导致墙体完全消失。（彩图六五）

17. 毛浩日鄂日格长城 3 段（150223382101060017）

该段长城位于希拉穆仁镇巴音淖尔嘎查毛浩日鄂日格牧点西北起伏较小的丘陵草原坡地上。所处地势西北高东南低。东临导致毛浩日鄂日格长城 2 段墙体消失的沟谷，南临宽缓的毛浩日鄂日格沙河谷。墙体起自毛浩日鄂日格牧点西北 1.2 千米，止于毛浩日鄂日格牧点西北 1.1 千米。墙体作直线分布，呈东北 - 西南走向。上接毛浩日鄂日格长城 2 段，下接毛浩日鄂日格长城 4 段。

墙体长 837 米。墙体呈低矮的土垄状。现存墙体底宽 4~7、顶宽 1~2、残高 0.1~0.6 米。前小段墙体长 637 米，保存较差，墙体地处山梁上，梁中为宽缓的低谷，明显隆起于地表，外侧隐约有壕沟的痕迹，顶部密布一层小石子，是风雨侵蚀导致墙体萎缩后的遗留。后小段墙体长 200 米，保存差，墙体地处谷地北侧的向阳坡地上，较低矮，两侧生长有芨芨草丛，末端有水泥杆输电线路和网围栏东西向穿过。（彩图六六）保存较差、差墙体分别占该段墙体总长的 76%、24%。

18. 毛浩日鄂日格长城 4 段（150223382301060018）

该段长城位于希拉穆仁镇巴音淖尔嘎查毛浩日鄂日格牧点西宽缓的东西向沙河谷中。起自毛浩日鄂日格牧点西北 1.1 千米，止于毛浩日鄂日格牧点西 1.2 千米。根据上、下段墙体的分布情况分析判断，该段墙体原应作直线分布，呈东北 - 西南走向。上接毛浩日鄂日格长城 3 段，下接乌兰敖包长城。

该段长城为墙体消失段，起止点之间的直线长度为 261 米。发源于长城西侧远山的一条宽缓沙河自西北向东南流，冲断墙体，河流的宽度基本是消失墙体的长度。有四五户牧民沿沙河散居，牧户间有土路相连。

该段长城东侧沙河北岸、西侧沙河南岸各分布有一座金元时期的城址，为查干浩饶城址、毛浩日鄂日格城址。

查干浩饶城址为包头市文物保护单位，位于查干浩饶嘎查西北1.4千米沙河北岸的缓坡地上。西距长城墙体1.8千米。城址东、南面临沙河，背依山丘，西为坡地，地势北高南低。城址平面呈长方形，东西长168、南北长140米。城墙呈土垄状。现存城墙底宽6～10、顶宽1～2、残高1米。南墙中部辟门，门址被芨芨草丛覆盖，门宽不详，方向178°。城内散布有金元时期的白瓷碗、酱釉瓷缸残片。

毛浩日鄂日格城址为本次调查新发现，位于毛浩日鄂日格牧点西北2.2千米沙河南岸的缓坡地上，东距长城墙体1千米。城址北临沙河，南为低缓的丘陵，两侧为坡地。城址所处地势南高北低，内外遍布芨芨草丛。由于城东墙被破坏无存，初步推断，城址平面原呈长方形，西墙长122米、北墙残长72米、南墙残长93米。城墙呈土垄状。现存墙体底宽6～12、顶宽2、残高0.5～1.2米。门址不清，西墙方向正南北。城内散布遗物甚少，零星有灰陶盆、白瓷碗残片，均为金元时期特征。

19. 乌兰敖包长城 （150223382101060019）

该段长城位于希拉穆仁镇巴音淖尔嘎查乌兰敖包牧点东北、西南的丘陵草原及沟谷地带。起自乌兰敖包牧点东北2.8千米，止于乌兰敖包牧点西南2.6千米。墙体翻山梁、过沟谷，选择坡谷地穿行，作连续的内、外弧线形分布，大体呈东北－西南走向。上接毛浩日鄂日格长城4段，下接巴音淖尔长城1段。

墙体长5502米。墙体呈土垄状。现存墙体底宽4～9、顶宽0.5～2、残高0.3～1.4米。前小段墙体长4081米，保存较差，墙体大部分明显隆起于地表，轮廓和走向清晰，外侧有壕沟痕迹，壕沟宽2～2.5米。（彩图六七、六八）后小段墙体长1330米，保存差，墙体大部分地处网围栏中，隆起较低矮，轮廓和走向清晰，部分墙体上可见排列齐整的石块，似为后期所做修缮加固。（彩图六九）前小段墙体穿越呈西北－东南走向或呈东－西走向的大小冲沟七条，造成墙体累计消失91米。保存较差、差、消失墙体分别占该段墙体总长的74.2%、24.2%、1.6%。前小段墙体西侧山丘上为废弃的采矿坑，局部导致墙体出现豁口。自乌兰敖包牧点向西南的一条土路或内或外伴随墙体，部分地段直接叠压在墙体上，对墙体的保存产生较大影响。新修筑的一条县道柏油路自墙体末端垂直穿过。总体上看，草原退化所引发的水土流失对墙体的危害较大。

20. 巴音淖尔长城1段 （150223382301060020）

该段长城位于希拉穆仁镇巴音淖尔嘎查东北的平缓草原上。起自巴音淖尔嘎查东北0.8千米，止于巴音淖尔嘎查北0.4千米。根据上、下段墙体的分布情况分析判断，该段墙体原应作直线分布，呈东北－西南走向。上接乌兰敖包长城，下接巴音淖尔长城2段。

该段长城为墙体消失段，起止点之间的直线长度为466米。该段长城地处较平坦的谷地中。近年，草原谷地被零星开垦为饲料地，该段长城地处两块耕地中间，被修筑为砂石路。农田耕种和道路通行导致墙体消失。（彩图七〇）

21. 巴音淖尔长城2段 （150223382101060021）

该段长城位于希拉穆仁镇巴音淖尔嘎查西北、西南较平缓的丘陵草原坡地上。起自巴音淖尔嘎查北0.4千米，止于巴音淖尔嘎查西南2.5千米。墙体略作内、外弧线形弯曲分布，呈东北－西南走向。上接巴音淖尔长城1段，下接巴音淖尔长城3段。

墙体长2886米。整体保存差。墙体呈土垄状，隆起较低矮，轮廓和走向清晰。现存墙体底宽3～6、顶宽1～2、残存最高0.5米。前小段墙体地处平缓的谷地上，大部分地处网围栏中，两侧为较大面积的芨芨草丛，南侧是一家建有四排蒙古包的草原旅游点。后小段墙体地处起伏较小的草原坡谷地上，地表隆起相对较明显，外侧隐约有壕沟痕迹，壕沟因水土流失近淤平，壕沟内草色青绿，十分鲜明。

墙体内侧或外侧局部见有摆放整齐的一行石块，应是后期修补和加固墙体的遗存。在坡谷地，有的谷底雨季漫水造成部分墙体模糊不清，坡谷地部分地段因水土流失而发育形成窄缓的冲沟，冲断墙体。通往希拉穆仁镇的草原土路在墙体上穿过。（彩图七一）

22. 巴音淖尔长城 3 段（150223382301060022）

该段长城位于希拉穆仁镇巴音淖尔嘎查西南丘陵草原南坡北高南低浅缓的坡谷地上。起自巴音淖尔嘎查西南 2.5 千米，止于巴音淖尔嘎查西南 3 千米。根据上、下段墙体的分布情况分析判断，该段墙体原应作直线分布，呈东北 - 西南走向。上接巴音淖尔长城 2 段，下接善达长城 1 段。

该段长城为墙体消失段，起止点之间的直线长度为 496 米。因草场退化，浅缓的谷地出现水土流失，雨水沿长城的外壕流淌，冲毁墙体。（彩图七二）

23. 善达长城 1 段（150223382101060023）

该段长城位于希拉穆仁镇巴音淖尔嘎查善达牧点谷地及其东北、西南两端的草原坡地上。起自善达牧点东北 0.9 千米，止于善达牧点西南 1 千米。墙体内、外略有弯曲，整体作直线分布，呈东北 - 西南走向。上接巴音淖尔长城 3 段，下接善达长城 2 段。

墙体长 1951 米。整体保存差。墙体呈低矮的土垄状。现存墙体底宽 3 ~ 5、顶宽 1 ~ 2、残高 0.1 ~ 0.5 米。前小段墙体轮廓和走向比较清晰，明显隆起于地表，部分墙体顶部有一层细碎的石子，外侧隐约有壕沟痕迹。（彩图七三）后小段墙体隆起较低矮，谷地中生长着芨芨草丛，轮廓和走向可分辨。过度放牧、草场退化加剧了水土流失进程，墙体在风雨侵蚀中日益萎缩。此外，善达牧点及其西侧各有土路垂直穿过墙体，使墙体出现豁口。

该段墙体起点内侧调查戍堡 1 座，为善达戍堡。具体描述如下。

善达戍堡（150223353102060001）

该戍堡位于善达长城墙体起点东南 0.375 千米较平缓的丘陵草原山梁上，所处地势略东高西低。西北距长城墙体最近 0.35 千米，西南距鄂黑乌苏 1 号戍堡 2.5 千米。戍堡南侧有一户牧民，东南侧有一处采矿坑，东侧为山丘，西临谷地，

戍堡平面呈长方形，东西长 25、南北长 30 米。堡墙呈低矮的土垄状，西墙仅中部有残存，北、南墙残存东半部，东墙完整。因外侧挖土筑墙，四周明显有壕沟痕迹。现存堡墙底宽 5、顶宽 1、残存最高 0.3 米。门辟于南墙，方向 147°。因水土流失影响，堡墙保存差，戍堡仅存一半。（图一四；彩图七四）

24. 善达长城 2 段（150223382301060024）

该段长城位于希拉穆仁镇巴音淖尔嘎查善达牧点西南丘陵草原的坡谷地上。起自善达牧点西南 1 千米，止于善达牧点西南 1.6 千米。根据上、下段墙体的分布情况分析判

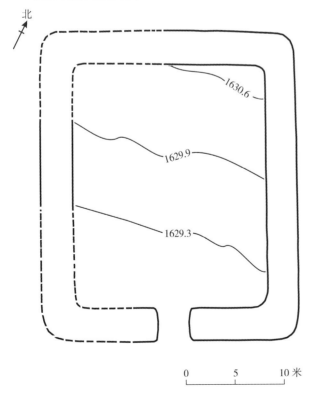

北

0　　　5　　　10 米

图一四　善达戍堡平面图

断，该段墙体原应略作外向弧线形分布，呈东北 - 西南走向。上接善达长城 1 段，下接鄂黑乌苏长城。

该段长城为墙体消失段，起止点之间的直线长度为 605 米。该段长城沿低缓谷地的北岸作上坡行，穿过谷地南折，进入浅缓的呈南 - 北走向谷地，谷地发育形成冲沟。墙体大部分消失在冲沟中，中段北侧有一处网围栏。草场退化，水土流失较严重，雨水冲刷侵蚀是造成墙体消失的直接因素。

25. 鄂黑乌苏长城（150223382101060025）

该段长城位于希拉穆仁镇鄂黑乌苏嘎查西北、西及西南起伏较小的丘陵草原上。起自鄂黑乌苏嘎查西北 2.7 千米，止于鄂黑乌苏嘎查西南 2.6 千米。墙体沿谷地作内、外连续弧线形分布，整体作内向弧线形分布，从起点开始由呈北偏西 - 南偏东走向转呈北偏东 - 南偏西走向，经历内向弧线形转弯后复转呈东北 - 西南走向。上接善达长城 2 段，下接塔拉牧民长城 1 段。

墙体长 4625 米。墙体呈低矮的土垄状。现存墙体底宽 4~9、顶宽 1~2、残高 0.1~1 米。前、后小段墙体合计长 2282 米，保存差。前小段墙体顺低洼谷地作南偏东方向行进，较低矮，外侧明显有壕沟的痕迹，壕沟中草色嫩绿，鲜明醒目；后小段墙体地处草原坡地上，作西南下坡行，墙体低矮，轮廓和走向明显。（彩图七五）中小段墙体长 2205 米，保存较差，墙体地处连绵起伏的山梁上，明显隆起于地表，隆起较宽大，轮廓和走向清晰，外侧明显有壕沟痕迹。（彩图七六）后小段墙体中部穿过一条呈东北 - 西南走向的谷地，该谷地发育形成冲沟，导致墙体消失 138 米。保存较差、差、消失墙体分别占该段墙体总长的 47.7%、49.3%、3%。草场植被退化，水土流失加剧，是导致墙体保存差、消失的主要原因。墙体所处草原大部分被牧民围封，但草场恢复的进程则极其缓慢，前后有六条草原土路穿过墙体，雨水顺土路车辙流淌，形成小"冲沟"，过往车辆自旁边开辟新路，使墙体出现豁口。在鄂黑乌苏牧点西北 1.1 千米的中段墙体附近有内蒙古长城学会树立的"北魏长城遗迹"保护标志碑一通。

该段墙体内侧调查戍堡 2 座，为鄂黑乌苏 1 号、2 号戍堡。具体描述如下。

鄂黑乌苏 1 号戍堡（150223353102060002）

该戍堡位于鄂黑乌苏长城墙体起点东南 0.51 千米的丘陵草原南坡地上。戍堡修筑于北高南低的缓坡地上，东北临白色莹石山丘，西、南两侧为坡地，西南远方的山丘上有一座石砌敖包。西距长城墙体 0.278 千米，西南距鄂黑乌苏 2 号戍堡 1.9 千米，东南距鄂黑乌苏嘎查 2.2 千米。

戍堡平面呈横置的梯形，西墙长 35 米，其他三面堡墙长 30 米。堡墙呈低矮的土垄状，顶部有一层细密的小石子，植被稀疏。因内侧挖土筑墙，隐约有壕沟痕迹。现存堡墙底宽 5、顶宽 1、残存最高 0.35 米。东墙辟门，门宽 4 米，方向 110°。受风雨侵蚀影响，堡墙保存差。（图一五；彩图七七）

鄂黑乌苏 2 号戍堡（150223353102060003）

该戍堡位于鄂黑乌苏长城墙体起点南 2.3 千米丘陵草原较缓的南坡地上。西距长

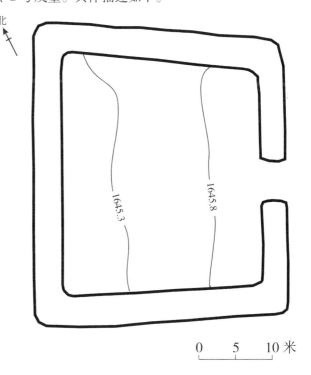

图一五　鄂黑乌苏 1 号戍堡平面图

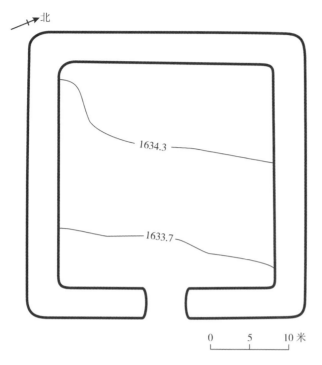

图一六　鄂黑乌苏2号戍堡平面图

城墙体最近0.188千米，西南距塔拉牧民成堡2.8千米，东南距鄂黑乌苏嘎查0.8千米。成堡地处牧民围封的网围栏中，西北侧为敖包，东南侧是鄂黑乌苏嘎查，南、北侧为草原坡地，西出鄂黑乌苏嘎查的草原土路在成堡南侧通过。

成堡平面呈正方形，边长35米。堡墙呈低矮的土垄状，隆起较低矮，北墙外侧有一段成行摆放的石块，长约2米，说明后期堡墙曾经过加固维护。因内侧挖土筑墙，隐约有壕沟痕迹。现存堡墙底宽5、顶宽1、残存最高0.3米。南墙辟门，门宽4米，方向116°。受风雨侵蚀的影响，堡墙保存差，濒于消失。（图一六；彩图七八）成堡内散布有泥质素面灰陶片等遗物。

26. 塔拉牧民长城1段（150223382301060026）

该段长城位于希拉穆仁镇哈日乌苏嘎查塔拉牧民牧点西北的草原谷地上。起自塔拉牧民牧点西北0.4千米，止于塔拉牧民牧点西南0.7千米。根据上、下段墙体的分布情况分析判断，该段墙体原应作直线分布，呈东北-西南走向。上接鄂黑乌苏长城，下接塔拉牧民长城2段。

该段长城为墙体消失段，起止点之间的直线长度为688米。长城前小段墙体消失在达尔罕茂明安联合旗草原水土保持生态检测实验基地院落东南角，大部分长城地处低洼谷地中，谷地中生长着大面积的芨芨草丛，常年受水蚀影响，难觅墙体踪迹。该段长城末端是从希拉穆仁镇通往红格尔敖包的呈南-北走向柏油路，与县道089形成三岔口，长城在三岔口西北侧穿过，于两条道路之间墙体复现。该段长城地处希拉穆仁旅游区的中心地带，东临塔拉牧民旅游区大面积成片分布的蒙古包，有数条柏油路、土路及马道穿过，导致墙体成为断壁残垣，因此，以消失段登记。（彩图七九）

27. 塔拉牧民长城2段（150223382101060027）

该段长城位于希拉穆仁镇哈日乌苏嘎查塔拉牧民牧点西南的丘陵草原山梁上。起自塔拉牧民牧点西南0.7千米，止于塔拉牧民牧点西南1.6千米。墙体作"S"形弧线形弯曲分布，整体呈东北-西南走向。上接塔拉牧民长城1段，下接北河长城1段。

墙体长1044米。墙体呈低矮的土垄状，沿丘陵草原山梁及南北坡谷地内、外弯曲行进。现存墙体底宽2~8、顶宽1~2、残高0.1~0.8米。前小段墙体及后小段墙体后半部分合计长754米，受水土流失影响严重，保存差，墙体地处坡谷地中，隆起较低矮，轮廓与走向清晰，部分墙体外侧有明显的壕沟痕迹，地表植被低矮，大部分地表裸露。后小段墙体前部分长290米，保存较差，墙体地处山梁顶部，隆起较明显，大部分墙体顶部分布有小石块及细密的砂砾，外侧明显有壕沟的痕迹，作外壕内墙式结构。（彩图八〇）保存较差、差墙体分别占该段墙体总长的28%、72%。县道089东西向穿过墙体，形成宽15米的豁口。墙体所处地段草场植被退化，是导致墙体保存差的主要原因。其次，该段长城周边分布有众多草原风光旅游点，旅游开发对墙体的保护造成较大影响。

　　该段墙体内侧调查戍堡 1 座，为塔拉牧民戍堡，为六镇长城南线最西端的一座戍堡。具体介绍如下。

塔拉牧民戍堡（150223353102060004）

　　该戍堡位于塔拉牧民长城 2 段墙体起点东南草原谷地的西缓坡上。戍堡地处网围栏中，所处地势西北高东南低，植被较好。西北距该段长城墙体起点 0.3 千米，西南距希拉穆仁城圈圙圙古城 2.2 千米、六镇长城南线止点 4.8 千米。戍堡西侧是希拉穆仁镇通往红格尔敖包的柏油路，西北为柏油路三岔口，东北为旅游区蒙古包，东临谷地，谷地上生长着大面积的芨芨草丛。

　　戍堡平面呈正方形，边长 31 米。堡墙呈低矮的土垄状，因内侧挖土筑墙，隐约有壕沟痕迹。现存堡墙底宽 6、顶宽 1、残存最高 0.4 米。南墙辟门，门宽 5 米，方向124°。受风雨侵蚀的影响，戍堡保存差。（图一七；彩图八一）

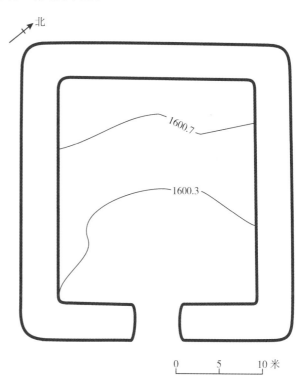

图一七　塔拉牧民戍堡平面图

28. 北河长城 1 段（150223382301060028）

　　该段长城位于希拉穆仁镇哈日乌苏嘎查北河牧点西北的一片北高南低的草原坡谷地上。起自北河牧点西北 0.9 千米，止于北河牧点西北 0.5 千米。根据上、下段墙体的分布情况分析判断，该段墙体原应顺浅谷略作外向弧线形分布，大体呈东北 - 西南走向。上接塔拉牧民长城 2 段，下接北河长城 2 段。

　　该段长城为墙体消失段，起止点之间的直线长度为 577 米。该段长城地处一条呈东北 - 西南走向的浅谷地中，沿谷地西岸下坡行，受草场退化、水土流失的影响，地貌虽未形成大的冲沟，难寻墙体踪迹，仅在中段西岸边有地处谷地的墙体残迹，表明，墙体绝大部分消失于冲沟中。

29. 北河长城 2 段（150223382101060029）

　　该段长城位于希拉穆仁镇哈日乌苏嘎查北河牧点西希拉穆仁河的北岸坡地上。起自北河牧点西北0.5 千米，止于北河牧点西 0.4 千米。墙体作直线分布，大体呈南 - 北走向，略偏西南。上接北河长城 1 段，下接北河长城 3 段。

　　墙体长 271 米。整体保存差。墙体呈低矮的土垄状。现存墙体底宽 4 ~ 8、顶宽 1 ~ 2、残高 0.1 ~ 0.4 米。消失的墙体在浅谷西岸复现，明显隆起于地表，轮廓和走向清晰，外侧隐约有壕沟痕迹。地表植被低矮，表土裸露，植被退化引起的水土流失是导致墙体保存差的主要原因。

30. 北河长城 3 段（150223382301060030）

　　该段长城位于希拉穆仁镇哈日乌苏嘎查北河牧点西南希拉穆仁河的河床上。起自北河牧点西 0.4千米，止于北河牧点西南 0.9 千米。根据上、下段墙体的分布情况分析判断，该段墙体原应作直线分布，大体呈东北-西南走向。上接北河长城2段，下接哈日乌苏长城。

该段长城为墙体消失段，起止点之间的直线长度为748米。该段长城南北横跨希拉穆仁河，墙体消失于河床及其两岸坡地上。（彩图八二）河北岸的长城两侧有北河牧点的牧户，有土路和输电线路东西贯通。沿河谷西溯约4千米的低洼谷地，即希拉穆仁河源头所在，沿河源周围搭建起众多蒙古包，成为一处旅游点。

31. 哈日乌苏长城（150223382101060031）

该段长城位于希拉穆仁镇哈日乌苏嘎查西南平缓的丘陵草原上。起自哈日乌苏嘎查西北0.6千米，止于哈日乌苏嘎查西南2.4千米。墙体略作内向弧线形分布，呈东北-西南走向。上接北河长城3段。该段长城为达尔罕茂明安联合旗境内六镇长城南线的最后一段，止点为六镇长城南线的西南端点，墙体起点东侧0.05千米有北魏六镇之一的武川镇旧址希拉穆仁城圐圙古城。

墙体长2317米。整体保存差。墙体呈低矮的土垄状。现存墙体底宽4~6、顶宽1~2、残高0.1~0.4米。前小段墙体略隆起于地表，仅能分辨轮廓和走向，一部分墙体地处石墙围封的耕地中，有隆起的低矮墙体轮廓。后小段墙体隆起较明显，顶部密布一层细小的砂砾，植被稀疏，十分醒目。（彩图八三）墙体最终消失于自西南流向东北的宽缓沙河北坡地上。因草场退化使水土流失加重是导致墙体保存差的直接原因。有数条土路穿过前小段墙体，对墙体的保存影响较大。

该段墙体中小段西侧分布有金代的城梁城址，具体介绍如下。

城梁城址为包头市文物保护单位，坐落在西南高东北低的草原缓坡地上，分为东、西城，西城较大，东城较小。西城平面呈南北向不规则长方形，南宽北窄，东墙长、西墙短，北墙中部作外向尖凸，近"圭"字形。东墙长592米、西墙长432米、南墙长514米、北墙斜长508米。现存城墙底宽6~9、顶宽1~2、残高0.5~1.2米。城墙上附设马面，四角有角台残址。城墙辟东、西、南门，门址均宽18米，外筑瓮城，南门方向171°。

东城西墙叠压在西城东墙北端，平面呈近正方形，东西长286、南北长272米。城墙呈土垄状，为外侧挖土筑墙。现存城墙底宽5~8、顶宽1~2、残高0.4~0.8米。南、北墙中部各辟1门，加筑瓮城，南门方向188°。

第三章

六镇长城北线

北魏六镇长城北、南两条长城，均整体作东北－西南向蜿蜒分布于乌兰察布草原上，于中部地段有短暂交汇。六镇长城北线分布于六镇长城南线的西北部，两条长城的起点均源自于东北方向金界壕主线西侧的丘陵地带，两者起点的直线距离为92千米。北线长城墙体从起点处向西南方向延伸，至中间段呈内向弧线形分布，与呈外向圆弧形分布的南线墙体在前点力素忽洞谷地之中交汇，合二为一，即北线墙体利用了南线墙体。合并后的墙体继续西南行，穿越什卜太村东北部较宽的一条沟壑下坡，进入宽阔的中号川地。经什卜太村东向西南行，至村西南，北线墙体摆脱南线墙体转向中号村方向西行。两条长城墙体分离后，各自总体上呈西南行，形成并行之势，直至终点，两者终点的直线距离为25千米。（参见地图一）

六镇长城北线墙体总长190063米，其中，土墙主墙长131520米、副墙长400米，石墙长5716米、河险长510米、消失51917米。在调查中，将长城划分为69段。墙体上不见马面、烽燧等遗迹，沿线分布有戍堡17座，其中，16座位于墙体内侧、1座位于墙体外侧。戍堡距长城墙体较近，规格较小，平面呈长方形或正方形，边长18～27米，门基本为南向、东向或东南向。戍堡距墙体直线距离0.015～0.356千米。高海拔的丘陵草原地段，戍堡间距1.7～1.9千米，间隔比较小；低缓丘陵草原地带，戍堡间距2.2～2.7千米，间隔相对较大。戍堡土筑为主，石材丰富的山地则就地取材用石块砌筑。具体情况如下表所示。（表二）

表二　六镇长城北线数据简表

分布行政区域	墙体总长（米）	土墙（米）					石墙（米）	河险（米）	戍堡（座）
		主墙				副墙			
		保存较差	保存差	消失	小计				
乌兰察布市四子王旗	127344	31880	57403	31945	121228	400	5716		17
包头市达尔罕茂明安联合旗	50355	7192	25292	17871	50355				
呼和浩特市武川县	12364	5659	5694	501	11854			510	
总计	190063	44731	88389	50317	183437	400	5716	510	17

一　长城墙体分布与走向

六镇长城北线东端起点位于四子王旗白音朝克图镇乌兰哈达嘎查西北2.7千米的碎石岗地上。向西南经四子王旗、达尔罕茂明安联合旗进入武川县。经武川县二份子乡向南，至西乌兰不浪镇水泉村西南0.8千米的丘陵北坡沟口东岸终止。

（一）乌兰察布市四子王旗

六镇长城北线在四子王旗境内共行经白音朝克图镇、查干补力格苏木和吉生太镇，墙体整体作外向弧线形分布，大体呈东北－西南走向。

长城墙体从白音朝克图镇乌兰哈达嘎查西部的丘陵石岗地上向西南行，穿过乌兰哈达嘎查至省道101的呈东南－西北走向柏油路，进入较平缓的丘陵草原地带，经白星图牧点和白音敖包嘎查西北，在相对平缓的丘陵草原上穿行，先后跨越两条自南向北流的沙河，然后进入起伏较大的丘陵草原地带，转为东南－西北走向。在查干补力格苏木查干德兰嘎查东南复转西南行，经呼热图牧点东南、查干敖包牧点西北，至乌兰淖尔嘎查穿出高海拔丘陵，其间共穿越大小11条由南向北流的季节性沙河。行至乌兰淖尔嘎查西南时，横跨省道101，经敦达勿苏嘎查东南、老森哈布其勒牧点东南、海日罕楚鲁嘎查，至前点力素忽洞村，遇由东向西行的南线墙体，北线墙体与南线墙体重合，借用南线墙体西南行。在吉生太镇什卜太村西南，北线墙体向中号村方向西行，终结了对南线墙体的利用，墙体分离点处的两条长城大体呈斜"T"字形分布。北线墙体继续西行，穿越中号村及其西部南北向河槽谷地，沿低缓的丘陵草原穿行，至下达尔布盖嘎查南部转西南行，经土脑包村中、东卜子村东、西老龙忽洞村南，一路穿越低缓的丘陵草原谷地与农田，向西南进入包头市达尔罕茂明安联合旗境内。（参见地图五）

（二）包头市达尔罕茂明安联合旗

六镇长城北线在达尔罕茂明安联合旗境内共行经达尔罕镇和石宝镇，墙体整体作外向弧线形分布，大体呈东北－西南走向。

长城墙体由四子王旗西老龙忽洞村南进入达尔罕茂明安联合旗达尔罕镇文公淖日嘎查农场村，蜿蜒向西南延伸，经巴音陶勒盖牧点东、红井卜子牧点东，始终行进在低缓的草原谷地之中。在红井卜子牧点南转向东南行，作弧线形绕过一处较大的水泡子（俗称红井卜子），再转西南行。横跨两条沙河后于石宝镇公忽洞村北遇到高耸的圆形山丘，经山之西坡环绕，再沿山丘西南的沟谷底部转向东南行，于公忽洞村西、大圐圙村中的丘陵草原、耕地作内向弧线形穿行。由大圐圙村向南，沿沟谷穿越起伏较大的东西向山脉后，顺谷地南下，有乡间土路与墙体并列而行。经大井村西，向西南跨过谷地，再穿过一道低矮丘陵进入巴拉它斯村中。西南行经羊盘壕村东南、幸福村西、石宝村西、鱼海滩村西、盐房子村西，墙体基本在纵横交错的坡耕地之中蜿蜒穿行。盐房子村南为一处低洼地，夏季雨水汇集形成水泡子，墙体于水泡子西岸绕过，向东南穿越东西向的百灵庙镇至呼和浩特市的省道104进入武川县境内。（参见地图六）

（三）呼和浩特市武川县

六镇长城北线在武川县境内共穿越二份子乡和西乌兰不浪镇，墙体大体作直线分布，整体呈南－北走向。

长城墙体由达尔罕茂明安联合旗进入武川县二份子乡双玉城村西，经花牛卜子村东、麻胡图村东、河子上村西，墙体始终南北向穿行于较平坦的丘陵耕地中，作直线分布。于河子上村西南横跨由西向东流的希拉穆仁河上游支流塔布河，呈南偏西向行进在平坦的耕地中。经西乌兰不浪镇水泉村西，止于村西南翁三沟子山北沟口东岸，为墙体的西部端点。（参见地图七）

沿着长城墙体终点处的冲沟向南约 3 千米，可直抵翁三沟子山山顶。山顶颇为平坦开阔，现被辟为风电厂。为进一步确认水泉长城 3 段墙体是否为六镇长城北线西南端点所在，长城调查队踏查了翁三沟子山山顶及北坡沟谷地带，同时向周围作了辐射状调查，均未再发现墙体痕迹。深入格艾三号村、格艾七号村等村庄走访，也未获得长城墙体延伸的线索。从地形地貌上综合考察，这一地区处于阴山山脉和蒙古高原之间的过渡地带，山峦起伏，六镇长城北线选择山脉与高原的过渡点作为其西部端点是有一定缘由的。由此可以确认，水泉长城 3 段的确为六镇长城北线西端的最后一段。

二 长城墙体与戍堡保存状况

六镇长城北线墙体大体沿着蒙古高原的丘陵、谷地构筑，受草原生态退化、水土流失、农田耕种以及道路修筑等诸多自然与人为因素的影响，墙体普遍呈低矮的土垄状，且时断时续。总体上看，地处牧区草原上的墙体保存状况要明显好于农耕区的墙体。

（一）乌兰察布市四子王旗

四子王旗境内的六镇长城北线以夯筑土墙为主，构筑方法为挖壕筑墙，个别断面可见夯层分布。墙体总长 127344 米，其中，土墙主墙长 121228 米、副墙长 400 米，石墙长 5716 米。土墙主墙按保存状况统计，保存较差 31880 米、差 57403 米、消失 31945 米；保存较差、差、消失墙体分别占墙体总长的 41.2%、30.8%、23.5%。此外，石墙占 4.5%。调查中，将长城划分为 24 段，其中，有墙体存在部分 22 段、消失 2 段。长城内侧调查戍堡 17 座。具体描述如下。（参见地图五）

1. 乌兰哈达长城（150929382101060023）

该段长城位于白音朝克图镇乌兰哈达嘎查西的丘陵草原上。墙体起点东北距金界壕主线 7.8 千米，为六镇长城北线东端的第一段。起自白音朝克图镇乌兰哈达嘎查西北 2.7 千米的丘陵草原碎石岗地上，止于乌兰哈达嘎查白星图牧点东北 0.5 千米。墙体所处地势东高西低，北侧为汛期积水的低洼地，大体作直线分布，呈东北 – 西南走向。下接白星图长城 1 段。

墙体长 2848 米。整体保存差。墙体呈低矮的土垄状。现存墙体底宽 3～6、顶宽 1、残存最高 0.3 米。前小段墙体地处碎石岗地上，地表植被稀疏，碎石裸露，墙体低矮模糊，仅能分辨大体走向。后小段墙体地处牧民围封的网围栏中。由于过度放牧，草原退化，植被稀疏，土壤涵养水分能力差，水土流失加剧是导致墙体保存差的主要原因。（彩图八四）

2. 白星图长城 1 段（150929382101060024）

该段长城位于白音朝克图镇乌兰哈达嘎查西平缓的丘陵草原上。起自乌兰哈达嘎查白星图牧点东北 0.5 千米，止于白星图牧点西南 2.2 千米。墙体作直线分布，呈东北 – 西南走向。上接乌兰哈达长城，下接白星图长城 2 段。

墙体长 2532 米。整体保存较差。墙体呈低矮的土垄状，明显隆起于地表，外侧隐约有壕沟痕迹，因淤积几乎与地表齐平。现存墙体底宽 6～8、顶宽 2～3、残高 0.1～0.6 米。因草原植被退化，水土流失严重，是导致墙体保存差的直接因素。乌兰哈达通往省道 101 的呈东南 – 西北走向柏油路斜穿墙体，形成宽约 46 米的豁口。

接近墙体止点的南侧，调查发现金代古城遗址一座，定名为白星图古城。城址平面呈正方形，边长570米。辟南、北城门，外均加筑瓮城，南门方向164°。古城内西北部建筑基址分布密集，地表散布有白瓷碗、钵和酱釉缸瓷片。古城址西北角接近长城墙体，对墙体造成了局部破坏。古城遗址东、南各有一户牧民，牧户之间生长有大面积的芨芨草丛。

3. 白星图长城 2 段（150929382101060025）

该段长城位于白音朝克图镇乌兰哈达嘎查西平缓的丘陵草原上。起自乌兰哈达嘎查白星图牧点西南2.2千米，止于白星图牧点西南4.8千米。墙体作直线分布，呈东北－西南走向。上接白星图长城1段，下接白星图长城3段。

墙体长2583米。墙体呈低矮的土垄状。现存墙体底宽6~8、顶宽3~5、残高0.1~0.6米。前小段墙体长2363米，保存较差，墙体明显隆起于地表，轮廓与走向清晰，外侧隐约有壕沟痕迹，壕沟近淤平。后小段墙体所处地段地势较低，常有雨水聚集，浸泡墙体，造成墙体轮廓模糊难辨，一条季节性沙河自南流向北，冲断墙体，形成宽220米的消失段。保存较差、消失的墙体分别占该段墙体总长的91.5%、8.5%。草原植被退化、水土流失较严重是造成墙体保存较差、消失的主要原因。（彩图八五）

4. 白星图长城 3 段（150929382101060026）

该段长城位于白音朝克图镇西南的丘陵草原上。起自乌兰哈达嘎查白星图牧点西南4.8千米，止于白星图牧点西南12.8千米。墙体作内、外弧线形分布，于白音敖包嘎查西北穿越一条季节性沙河后，进入海拔1500米以上的起伏较大的丘陵草原地带。墙体作内向弧线形分布，整体呈东北－西南走向。上接白星图长城2段，下接白星图长城4段。

墙体长8158米。墙体呈低矮的土垄状。现存墙体底宽6~8、顶宽2~3、残高0.1~0.6米。前、后小段墙体合计长7613米，保存差，沙河以东的前小段墙体地处低洼地带，每临汛期常有雨水汇集，墙体较低矮。沙河西岸的后小段墙体，沿着一条西南－东北走向的窄沟底部直线上坡，沟谷因水土流失形成冲沟，导致墙体时断时续。中小段有一条季节性沙河自西南流向东北，导致墙体消失545米。（彩图八六、八七）保存差、消失墙体分别占该段墙体总长的93%、7%。草场退化、水土流失加剧是导致墙体保存差的主要原因。有两条草原土路穿过墙体，对墙体的保存产生一定影响。

5. 白星图长城 4 段（150929382101060027）

该段长城位于白音朝克图镇西南的山地和丘陵草原上。起自乌兰哈达嘎查白星图牧点西南12.8千米，止于白星图牧点西南42.9千米。墙体沿海拔1500米以上丘陵沟壑地貌的沟谷地带弯曲穿行，由东向西先后穿越自南流向北的七条季节性沙河。墙体原呈东－西走向，后转呈东南－西北走向，环绕沟壑连绵的高海拔丘陵山地，至查干补力格苏木查干德兰嘎查东南复转呈东北－西南走向，沿着连接乌兰哈达至省道101间的柏油路南侧西南行，在相对平缓的丘陵地带作外向弧线形分布。经呼热图牧点南、查干敖包牧点西北至乌兰淖尔嘎查南部，顺沟谷地带穿越沙河，经过水泡子北岸向西南行，逐渐走出高海拔丘陵地带。墙体整体作外向弧线形分布，呈东北－西南走向。上接白星图长城3段，下接乌兰淖尔长城1段。

墙体长31610米。分为石墙、土墙和消失段三部分。前小段墙体为石墙，长5716米，保存差，墙体地处山石裸露的丘陵地带，就地取材，利用花岗岩石块砌筑墙体，沿谷地南坡脚穿行，墙体全部坍塌，有的向坡下一面倾斜倒塌，现存墙体底宽1~1.5、顶宽0.5~0.8、残高0.4~1米。（彩图八八～九〇）后小段墙体为土墙，长17950米，保存差，墙体呈低矮的土垄状，低洼地段的墙体模糊，向西北环绕，跨越一道道沙河谷地，然后沿谷地转呈西南行。现存墙体底宽5~7、顶宽3~4、残高0.1~

0.6 米。沿线所经沙河河床及低洼地带的墙体消失，累计消失 7944 米。保存差石墙、土墙和消失墙体分别占该段墙体总长的 18%、57%、25%。因草场退化，水土流失严重，起伏较大的高海拔丘陵山地尤其突出，墙体多选择于丘陵的沟谷地中行进，极易受洪水侵蚀威胁，造成墙体保存差、消失。

该段墙体内侧调查戍堡 3 座，为白星图 1～3 号戍堡。平面均呈长方形，边长 18～27 米。堡墙用石块砌筑而成，距长城墙体 0.095～0.12 千米，戍堡间距 1.7～1.9 千米。具体描述如下。

白星图 1 号戍堡（15092935310 2060009）

该戍堡位于白星图长城 4 段墙体起点西南 4.6 千米的东西向山梁南面缓坡上。北距沟谷下的长城墙

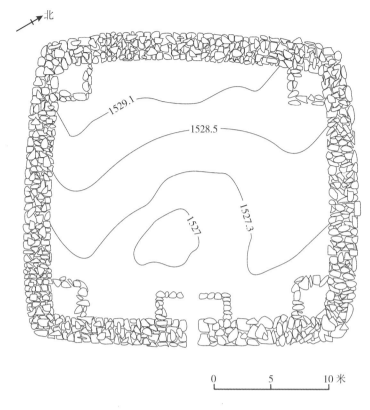

图一八　白星图 1 号戍堡平面图

体 0.113 千米，西距白星图 2 号戍堡 1.9 千米。北依山梁脊部，南临沙河，东隔三道沙河支流的主河槽北岸有一户牧民，西南 1.2 千米的沙河北岸有已迁徙的两户牧民旧居。戍堡所处地势西北高东南低，地表植被稀疏，周围分布有凸起的花岗岩体。

戍堡平面呈长方形，东西长 27、南北长 23.5 米。堡墙用花岗岩毛石块错缝砌筑，西墙北段保存最好，墙体底宽 1.9、残高 1.5 米。现存堡墙底宽 1.2～1.9、顶宽 0.5～0.9、残高 0.4～1.5 米。堡内四角分别有石砌房址一座，房址平面均呈长方形，各有两面墙体依托堡墙，再以石块砌筑另外两面墙体，新筑墙体宽 0.4～0.5 米。西南角房址长 3.4、宽 2.2 米，西北角房址长 3.5、宽 2.9 米，东北角房址长 3.3、宽 2.5 米，东南角房址长 3、宽 2.6 米。南墙中部辟门，门宽 0.8 米，方向 120°。门道内有一座长方形石砌房址，长 5.8、宽 1.9 米，墙体宽 0.4～0.5 米。戍堡西北角和西南墙中部有牧民用石块垒砌的半环形挡风墙，东北角垒砌一座塔式敖包。（图一八；彩图九一～九四）

该戍堡是六镇长城北线戍堡中保存最为完整的一座，石筑堡墙宽厚，堡内四角、门道内均有石砌房址，构成一座封闭坚固的边塞堡垒。

白星图 2 号戍堡（150929353102060010）

该戍堡位于白星图长城 4 段墙体起点西 6.5 千米东北高西南低的丘陵坡地上。西隔谷地沙河与白星图 3 号戍堡相望，两戍堡相距 1.7 千米，东北距长城墙体最近 0.12 千米。西临由西南流向东北的较宽阔的阿得嘎沙河，河东岸有一户牧民。戍堡南、北临沟谷，沟水向西注入阿得嘎河，地表基岩裸露，植被稀疏，低矮的柠条丛呈堆状凸起，俗称"黄荆塔"，部分墙体上生长有芨芨草丛。

戍堡用花岗岩石块砌筑，因倒塌的堡墙中含土，不排除外侧砌筑石块、中心夯筑土墙的可能性。戍堡平面呈长方形，东西长 27、南北长 25.5 米。堡墙明显隆起于地表，现存墙堡底宽 1～1.5、顶宽

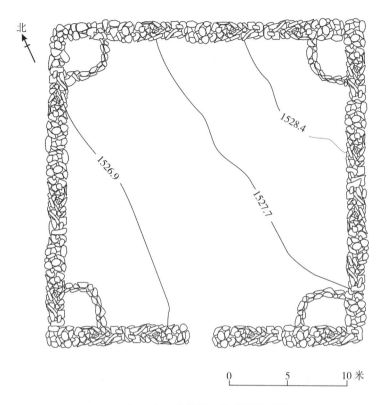

图一九　白星图 2 号戍堡平面图

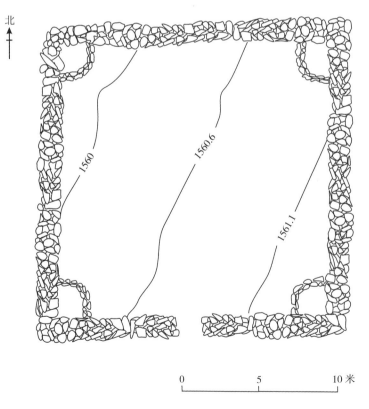

图二○　白星图 3 号戍堡平面图

0.3～0.8、残高 0.3～1.2 米。戍堡内四角各设一座石砌房址，房址平面呈正方形或长方形，均为外侧两面墙体依托堡墙，内侧两面墙体另筑。西北角、西南角和东南角房址呈正方形，边长 2.2 米；东北角房址呈长方形，长 2.2、宽 1.5 米。戍堡南墙辟门，门宽 2 米，方向 208°。（图一九；彩图九五～九八）

白星图 3 号戍堡（15092935310 2060011）

该戍堡位于白星图长城 4 段墙体起点西 8.2 千米阿得嘎河谷西岸的山丘顶部。戍堡隔沙河河谷与白星图 2 号戍堡遥相呼应，呈犄角之势控扼阿得嘎河谷，北距长城墙体最近 0.095 千米。戍堡内及其周围分布有凸起的花岗岩体，植被稀疏，地表生长有低矮的柠条堆。山梁上的水分流两坡，在东坡地上形成三条浅谷，于下半坡汇合注入阿得嘎河，西侧一条沟谷西流进入低洼地。

戍堡平面呈长方形，东西长 20、南北长 18 米。堡墙呈土石垄状，应为土石混合筑成，夯筑土墙，外侧包石。现存堡墙底宽 1～1.5、顶宽 0.3～0.5、残高 0.4～1 米。戍堡内四角与白星图 1 号、2 号戍堡相同，砌筑有房址。南墙辟门，门宽 1.7 米，方向 180°。戍堡东侧有一条呈东南－西北走向土路，东南下坡进入阿得嘎河谷。（图二○；彩图九九、一○○）西南侧山丘上有一处采矿坑，东北侧矗立着广播信号铁塔。

6. 乌兰淖尔长城 1 段（15092 9382101060028）

该段长城位于查干补力格苏木乌兰淖尔嘎查南低缓的丘陵草原上。

墙体起点北侧有四座水泡子，止点南侧有一座水泡子，水泡子长年积水。起自乌兰淖尔嘎查东南3.2千米，止于乌兰淖尔嘎查西南1.7千米。墙体内、外略有弯曲，大体呈直线分布，穿越小型内陆湖泊，走向介于东北－西南与东西向之间。上接白星图长城4段，下接乌兰淖尔长城2段。

　　墙体长3515米。墙体呈低矮的土垄状。现存墙体底宽4~5、顶宽3~4、残高0.1~0.5米。前小段墙体长1600米，保存差，墙体地处水泡子分布区，地势低洼，轮廓尚清晰，有两条漫水道自南流向北，注入水泡子，冲断墙体。后小段墙体长1915米，保存较差，墙体地处地势稍高的平缓草原上，隆起较明显，轮廓清晰，外侧隐约有壕沟痕迹。（彩图一〇一）保存较差、差墙体分别占该段墙体总长的54.5%、45.5%。墙体两侧有八九家牧户，过度放牧、草场退化、水土流失严重是导致墙体保存差的根本原因。有两条土路自前小段墙体南北向穿过，末端有两道网围栏南北向穿过墙体，部分墙体地处网围栏中。

　　该段墙体沿线调查戍堡3座，为红水泡1号、2号戍堡和乌兰淖尔1号戍堡，其中1座地处墙体外侧。具体描述如下。

红水泡1号戍堡（150929353102060012）

　　该戍堡位于乌兰淖尔长城1段墙体起点南低缓丘陵的坡脚处。北距长城墙体0.065千米，东北距白星图3号戍堡22千米，两者之间的戍堡消失无存。隔长城墙体北距红水泡2号戍堡0.141千米，西距乌兰淖尔1号戍堡2.2千米。所处地势北高南低，北依山丘，东临水泡子，南侧为较平坦的谷地，西、南侧散居着几户牧民，西侧一户牧民距戍堡0.21千米。

　　戍堡平面呈长方形，东西长22、南北长20米。堡墙土筑而成，南、北墙较明显，东墙保存差，比较模糊，仅可分辨出轮廓。现存堡墙底宽4~5、顶宽1~2、残存最高0.3米。戍堡内四角略高，应为房址残迹。门址辟于东墙，方向82°。戍堡内采集有北魏时期的灰陶片。受水土流失的影响，戍堡近乎消失。（图二一；彩图一〇二）

红水泡2号戍堡（150929353102060013）

　　该戍堡位于乌兰淖尔长城1段墙体起点西北0.1千米低缓丘陵草原的山丘上。南距坡下的长城墙体最近0.092千米。地势稍显东高西低，西北、东北和东南面均临水泡子，南面为宽阔的谷地，谷地上散居着牧户。

　　戍堡平面呈长方形，东西长27、南北长25米。堡墙土筑而成，明显隆起于地表，轮廓较清晰。现存堡墙底宽5~6、顶宽1~1.5、残高0.2~0.35米。北墙和南墙中部内侧有明显隆起的土包，应为房屋基址。东墙辟门，门址宽5米，方向81°。（图二二；彩图一〇三）该戍堡地处长城墙体北侧的高岗上，为六镇长城沿线所仅见，究其原因，推断是由于坡下的红水泡1号戍堡距离水源较近，常遭水患，故而改筑戍堡于长城墙体外侧的高地上。

乌兰淖尔1号戍堡（150929353102060001）

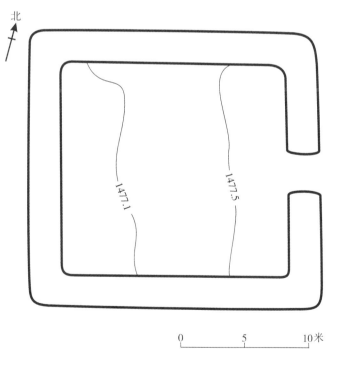

图二一　红水泡1号戍堡平面图

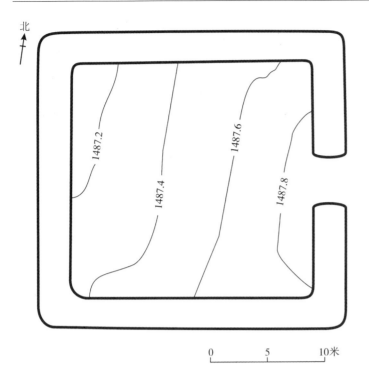

图二二　红水泡 2 号戍堡平面图

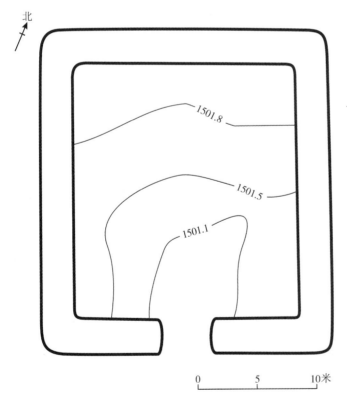

图二三　乌兰淖尔 1 号戍堡平面图

该戍堡位于乌兰淖尔长城 1 段墙体止点东 1.3 千米的丘陵草原缓坡地上。所处地势北高南低，北距长城墙体 0.022 千米，西距乌兰淖尔 2 号戍堡 2.6 千米。西南侧有一处水泡子，西北侧有两处干涸的水泡子，西岸为南北向长条耕地。

戍堡平面呈长方形，东西长 24、南北长 26 米。堡墙土筑而成，呈低矮的土垄状，略突出于地表，外侧明显有壕沟痕迹，系于外侧取土夯筑墙体形成。现存堡墙底宽 4 ~ 5、顶宽 1、残存最高 0.3 米。戍堡四角明显凸起，应为房址残迹。南墙辟门，门址宽 5 米，方向 162°。因水土流失破坏，堡墙保存较差。（图二三；彩图一〇四）

7. 乌兰淖尔长城 2 段（1509293821 01060029）

该段长城位于查干补力格苏木乌兰淖尔嘎查西南低缓的丘陵草原上。起自乌兰淖尔嘎查西南 1.7 千米，止于乌兰淖尔嘎查西南 4.2 千米。墙体略作外向弧线形分布，呈东偏北 – 西偏南走向。上接乌兰淖尔长城 1 段，下接乌兰淖尔长城 3 段。

墙体分主墙和副墙，主墙长 3254 米，副墙长 320 米，总长 3574 米。整体保存差。主、副墙呈低矮的土垄状。现存墙体底宽 4 ~ 5、顶宽 3 ~ 4、残高 0.2 ~ 0.5 米。省道 101 呈西南 – 东北走向从主墙西半段斜穿，形成豁口，将墙体分为前、后两部分。柏油路东侧的前小段墙体明显隆起于地表，轮廓与走向清晰，大部分墙体被围在网围栏中；（彩图一〇五）后小段墙体保存差，位于柏油路西侧，明显低矮。副墙位于中间小段主墙外侧，两者之间相距 8 米，呈土垄状，形制与主墙相同，两端未与主墙闭合。北侧居住着三户牧民，门前便路纵横，有一条呈东南 – 西北流向的季节性河谷穿过。过度放牧、草场退化、水土流失是导致墙体保存差的直接原因。

该段墙体中小段南侧调查戍堡 1 座，为乌兰淖尔 2 号戍堡。具体描述如下。

乌兰淖尔 2 号戍堡（150929353102060002）

该戍堡位于乌兰淖尔长城 2 段墙体起点西南 1.3 千米的低缓丘陵草原坡地上。北距长城墙体 0.045 千米，西距乌兰淖尔 3 号戍堡 2.7 千米。所处地势北高南低，南侧为浅谷，西临省道 101，路东侧矗立着通讯信号铁塔，牧民围封草原的网围栏南北向贯穿戍堡。长城墙体主墙北侧的副墙即位于戍堡北侧，其作用是否与戍堡的重点防御有关，尚待进一步确认。

戍堡平面呈长方形，东西长 25、南北长 26 米。堡墙土筑而成，呈低矮的土垄状，明显隆起于地表，外侧隐约有壕沟痕迹。现存堡墙底宽 5~6、顶宽 1.5、残高 0.3~0.5 米。堡内四角明显凸起，应为房址残迹。南墙保存差，中部辟门，门址宽 5 米，方向 175°。因水土流失破坏，堡墙保存较差。（图二四；彩图一〇六）

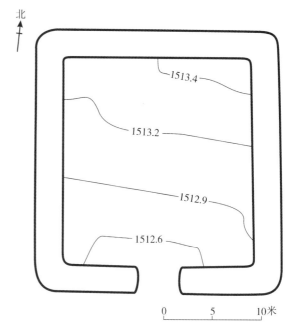

图二四　乌兰淖尔 2 号戍堡平面图

8. 乌兰淖尔长城 3 段（150929382101060030）

该段长城位于查干补力格苏木乌兰淖尔嘎查西南的丘陵草原上。起自乌兰淖尔嘎查西南 4.2 千米，止于乌兰淖尔嘎查西南 7.3 千米。墙体作连续弯曲弧线形分布，大体呈东北 - 西南走向。上接乌兰淖尔长城 2 段，下接敦达吾素长城 1 段。

墙体长 3308 米。整体保存较差。墙体呈低矮的土垄状，明显隆起于地表。现存墙体底宽 4~6、顶宽 2~3、残高 0.1~0.5 米。穿过墙体中部的一条漫水道将墙体分为前、后两部分。前小段墙体起始部分地处南高北低的坡地上，外侧隐约有壕沟痕迹，近淤平；穿过砂石路后的墙体进入谷地，经过两条漫水道，墙体出现豁口。后小段墙体在起伏较大的丘陵草原谷地间穿行，先跨过低矮的山梁及其西侧谷地，然后沿低矮的山垭口穿过，至高大山丘的东南坡脚为止点。过度放牧、草场退化、水土流失是导致墙体保存较差的直接因素。此外，一条砂石路呈东南 - 西北走向穿过前小段墙体，路东有一排水泥输电线杆大体呈南北向穿过。路东、西侧各有两条草原土路穿过长城，道路通行造成墙体出现豁口，对墙体的保存有一定影响。

墙体中段北侧 0.235 千米调查发现金元时期古城遗址一座，命名为乌兰淖尔古城。城址平面呈正方形，边长 172 米。因外侧挖土筑墙，外围有明显的壕沟痕迹，四角有角台。古城辟东门，外加筑瓮城，方向 95°。

该段墙体前小段内侧调查戍堡 1 座，为乌兰淖尔 3 号戍堡。具体描述如下。

乌兰淖尔 3 号戍堡（150929353102060003）

该戍堡位于乌兰淖尔长城 3 段墙体起点西南 0.8 千米的东西向丘陵南坡地上。北距长城墙体 0.015 千米，西北距乌兰淖尔古城 0.589 千米，西距敦达吾素 1 号戍堡 2.7 千米。戍堡所处地势北高南低，北依山丘及其脚下的长城墙体，墙体北侧有土路并行，车辆通行较少。西南侧为高大的山丘，东临呈东南 - 西北走向的砂石路。

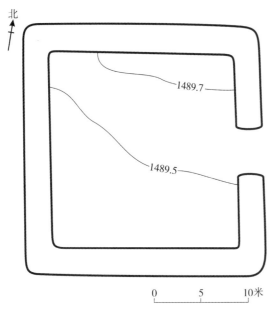

图二五　乌兰淖尔 3 号戍堡平面图

戍堡平面呈正方形，边长 26 米。堡墙土筑而成，呈低矮的土垄状，明显隆起于地表，轮廓清晰。现存堡墙底宽 4~6、顶宽 1~2、残高 0.3~0.4 米。堡内四角明显凸起，应为房址残迹。东墙辟门，门址宽 5 米，方向 80°。由于戍堡地处窄谷中，因水土流失影响，堡墙保存较差。（图二五；彩图一〇七）戍堡内有零星的北魏时期灰陶片、金元时期淡绿釉缸瓷片等遗物。戍堡西侧山脚下有两座石圈墓。

9. 敦达吾素长城 1 段（150929382101060031）

该段长城位于查干补力格苏木敦达吾素嘎查东的丘陵沟壑地带。起自敦达吾素嘎查东北 2.7 千米，止于敦达吾素嘎查东南 0.5 千米。墙体进入起伏更大的丘陵草原沟壑地带，沿沟谷作曲线行进，连续穿越两条沟壑，总体上沿沟壑两侧的坡谷地作外向弧线形分布，由东 - 西走向转呈东北 - 西南走向。

上接乌兰淖尔长城 3 段，下接敦达吾素长城 2 段。

墙体长 3083 米。墙体呈低矮的土垄状。现存墙体底宽 4~6、顶宽 3~5、残高 0.1~0.5 米。前小段墙体长 778 米，保存较差，墙体沿南北两座高大的山丘之间较平缓的坡谷地行进，呈外向圆弧形分布，然后顺浅沟北侧的谷地西南向下沟，墙体隆起较明显，轮廓清晰，外侧隐约有壕沟痕迹。后小段墙体长 2305 米，保存差，墙体穿越一浅一深两条沟壑，顺较窄的沟谷坡地穿越沟壑，基本地处两条沟壑的坡谷地上，受地貌环境的影响，墙体在沟壑底部出现豁口。保存较差、差墙体分别占该段墙体总长的 25%、75%。

该段墙体前小段南侧调查戍堡 1 座，为敦达吾素 1 号戍堡。具体描述如下。

敦达吾素 1 号戍堡（150929353102060004）

该戍堡位于敦达吾素长城 1 段起点西南 0.246 千米、南北两座山丘之间狭窄的草原谷地北坡上，所处地势西北高东南低。北距长城墙体最近 0.025 千米，西南距敦达吾素 2 号戍堡 2.6 千米。两侧有网围栏，东南部是呈南 - 北走向和呈东南 - 西北走向的两条草原土路的交叉点，西侧有黑色的通讯线路杆呈东南 - 西北走向通过。

戍堡平面呈正方形，边长 26 米。堡墙土筑而成，呈低矮的土垄状，明显隆起于地表，轮廓清晰，因外侧取土筑墙，有壕沟痕迹。现存堡墙底宽 5~6、顶宽 1~1.5、残高 0.3~0.5 米。戍堡内四角明显隆起，应为房屋残址，北侧两座房址堆有石块。南墙辟门，门宽 4 米，方向 162°。由于戍堡地处窄谷中，因过度放牧、水土流失的影响，堡墙保存较差。（图二六；彩图一〇八）地表有零星的金元时期白瓷碗残片。

10. 敦达吾素长城 2 段（150929382101060032）

该段长城位于查干补力格苏木敦达吾素嘎查西南起伏较大的丘陵草原上。起自敦达吾素嘎查东南 0.5 千米，止于敦达吾素嘎查西南 3 千米。墙体沿沟谷地带作连续内外弯曲分布，整体呈东北 - 西南走向。上接敦达吾素长城 1 段，下接敦达吾素长城 3 段。

墙体长 2797 米。整体保存较差。墙体呈土垄状，明显隆起于地表，轮廓与走向清晰。现存墙体底宽 4 ~ 6、顶宽 3 ~ 5、残高 0.1 ~ 0.5 米。前小段墙体起始部分地处西高东低的坡地上，止点部分地处谷地中，有一条土路在墙体东侧相伴随。后小段墙体连续横穿两条沟谷，沟谷底部出现豁口，两条沟之间山梁上的墙体在阴坡坡地上，在阳坡地处于缓谷中。墙体外侧明显有取土筑墙所遗留的壕沟痕迹，略显低凹。草场退化、水土流失加重导致墙体保存较差。（彩图一〇九）墙体两侧有牧户散居，连通牧户间的两条草原土路垂直穿过墙体。草原上牧民设置的网围栏，将一部分墙体包围其中。

该段墙体起点东侧缓坡上调查戍堡 1 座，为敦达吾素 2 号戍堡。具体描述如下。

敦达吾素 2 号戍堡（150929353102060005）

该戍堡位于敦达吾素长城 2 段墙体起点东南 0.056 千米的丘陵草原东南向坡地上。西北距长城墙体最近 0.028 千米，西南距敦达吾素 3 号戍堡 3.5 千米。戍堡地处墙体近 90°的拐弯内侧，地势西高东低，西北侧为连绵起伏的山岭，东临沟壑，沟东为馒头山。戍堡东、西两侧各有土路穿过，于戍堡西北合二为一，呈"人"字形。

戍堡平面呈长方形，东西长 25、南北长 26 米。堡墙呈低矮的土垄状，轮廓较清晰。现存堡墙底宽 4 ~ 5、顶宽 1、残高 0.2 ~ 0.4 米。戍堡内四角明显高于墙体，应为房屋残址，西北角房址堆有石块。南墙辟门，门址宽 4 米，方向 148°。因水土流失的影响，堡墙保存差。（图二七；彩图一一〇）地表散布有北魏时期泥质素面灰陶片、金元时期白瓷碗残片等遗物。

11. 敦达吾素长城 3 段（150929382101060033）

该段长城位于查干补力格苏木敦达吾素嘎查西南部的丘陵草原上。起自敦达吾素嘎查西南 3 千米，止于敦达吾素嘎查西南 6 千米。墙体略作外向弧线形分布，整体呈东北－西南走向。上接敦达吾素长城 2 段，下接敦达吾素长城 4 段。

墙体长 3104 米。整体保存较差。墙体呈低矮的土垄状。现存墙体底宽 4 ~ 6、顶宽 2 ~ 3、残高 0.1 ~ 0.3 米。前小段墙体地处地势稍高的草原坡地上，明显隆起于地表，轮廓与走向分明。后小段墙体地处低缓的谷地，大部分地处网围栏之中。墙体所经地段为海拔超过 1500 米的丘陵地带，植被退化，水土流失相对较严重，因而导致墙体保存较差。（彩图一一一）墙体东、西侧有牧户散居，

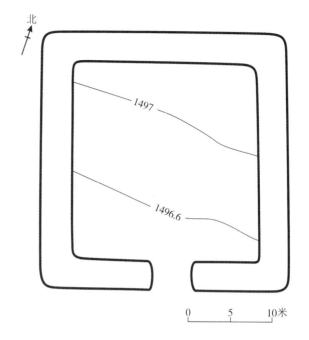

图二六　敦达吾素 1 号戍堡平面图

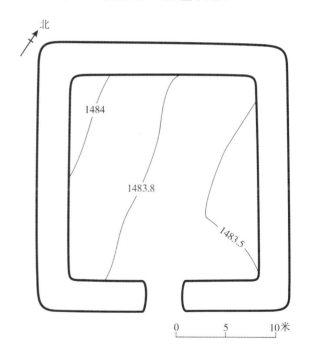

图二七　敦达吾素 2 号戍堡平面图

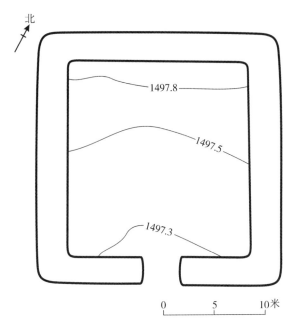

图二八　敦达吾素 3 号戍堡平面图

连接牧户间的两条草原土路分别穿过墙体中部及止点。

该段墙体内侧调查成堡 2 座，为敦达吾素 3 号、4 号戍堡。具体描述如下。

敦达吾素 3 号戍堡（150929353102060006）

该成堡位于敦达吾素长城 3 段墙体起点西南 0.75 千米低缓丘陵草原的南坡地上，所处地势西北高东南低。西北距长城墙体最近 0.065 千米，西南距敦达吾素 4 号戍堡 2.3 千米。东北、西南侧均临高大的山丘，东南侧有牧户一家。

成堡平面呈长方形，东西长 24、南北长 23 米。堡墙呈低矮的土垄状，轮廓较清晰，外侧挖土筑墙，明显有壕沟痕迹。现存堡墙底宽 5、顶宽 1.5、残高 0.2 ~ 0.4 米。戍堡内四角明显凸起，应为房屋残址，西北角房址和堡内正中散落有石块。南墙辟门，门址宽 4 米，方向 156°。因水土流失影响，堡墙保存较差。（图二八；彩图一一二）戍堡内有金元时期的褐釉弦纹白瓷钵残片、白釉褐花（内壁瓦棱纹施无色透明釉）瓷片和酱釉鸡腿瓶瓷片等。

敦达吾素 4 号戍堡（150929353102060007）

该成堡位于敦达吾素长城 3 段墙体止点东南 0.385 千米的低缓丘陵草原坡地上，所处地势东南高西北低。西北距长城墙体最近 0.356 千米，西南距敦达吾素 5 号戍堡 2.5 千米。东北依低矮的山丘，东南侧为高大的山丘，西侧为谷地。

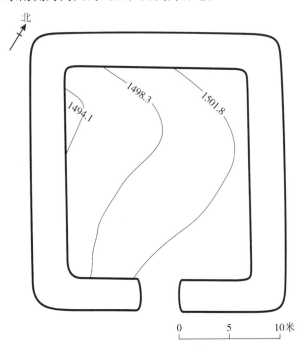

图二九　敦达吾素 4 号戍堡平面图

成堡平面呈长方形，东西长 24、南北长 25 米。堡墙呈低矮的土垄状，轮廓尚可分辨，顶部植被较少，裸露一层细碎的小石子。因在堡墙外侧挖土筑墙，外围隐约有壕沟痕迹。现存堡墙底宽 3 ~ 5、顶宽 1 ~ 1.5、残高 0.2 ~ 0.4 米。戍堡内四角略高，为房屋残址。南墙辟门，门址宽 4 ~ 5 米，方向 150°。因水土流失影响，堡墙保存较差。（图二九；彩图一一三）

12. 敦达吾素长城 4 段（150929382101060034）

该段长城位于查干补力格苏木敦达吾素嘎查西南的丘陵草原上。起自敦达吾素嘎查西南 6 千米，止于敦达吾素嘎查西南 9.4 千米。墙体整体作外向弧线形分布，呈东北 - 西南走向。上接敦达吾素长城 3 段，下接海日罕楚鲁长城 1 段。

墙体长 3471 米。整体保存较差。墙体呈低矮的土垄状。现存墙体底宽 4 ~ 5、顶宽 3 ~ 4、残高0.1～0.4米。前小段墙体地处海拔1500米以上的起伏较大的丘陵草原地带，明显隆起于地表，轮廓与走向清晰，墙体外侧隐约有壕沟痕迹，因淤积与地表齐平。后小段墙体逐渐进入海拔1500米之下的低缓丘陵草原区，保存较前小段墙体差。墙体大部分地处牧民围封的草原中，草原植被退化、水土流失相对严重是导致墙体保存较差的主要因素。

该段墙体后小段东侧坡下调查戍堡1座，为敦达吾素5号戍堡。具体描述如下。

敦达吾素5号戍堡（150929353102060008）

该戍堡位于敦达吾素长城4段墙体止点东北1千米的丘陵草原缓坡上，所处地势东北高西南低。西北距长城墙体最近0.07千米，西南距海日罕楚鲁1号戍堡2.4千米。戍堡东依山丘，南侧为浅沟谷，有网围栏从戍堡东侧穿过。

戍堡平面呈正方形，边长26米。堡墙呈低

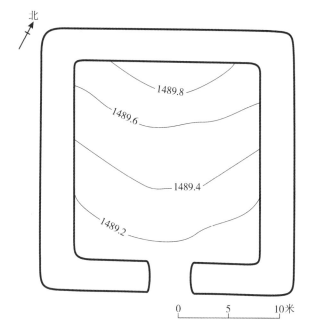

图三〇　敦达吾素5号戍堡平面图

矮的土垄状，轮廓较清晰，四角明显凸起，为外侧挖土筑墙。现存堡墙底宽3～5、顶宽1.5、残高0.1～0.3米。南墙辟门，门宽5米，方向156°。（图三〇）因水土流失影响，堡墙保存差。

13. 海日罕楚鲁长城1段（150929382101060035）

该段长城位于查干补力格苏木海日罕楚鲁嘎查东北、西南低缓的丘陵草原上。自此，墙体走出1500米以上的高海拔丘陵地带。起自海日罕楚鲁嘎查东北0.3千米，止于海日罕楚鲁嘎查西南1.6千米。前小段墙体略向内弧，后小段墙体大体作直线分布，呈东北－西南走向。上接敦达吾素长城4段，下接海日罕楚鲁长城2段。

墙体长1842米。整体保存差。墙体呈低矮的土垄状，略隆起于地表，基本可分辨轮廓与走向。现存墙体底宽4～6、顶宽3～5、残高0.1～0.3米。由于过度放牧，草场退化，水土流失日益加剧，导致墙体保存差。墙体两侧各有一条与墙体平行的草原漫水道，东侧修筑有两道挡水土坝。海日罕楚鲁嘎查的一户牧民在前小段墙体上建房，连接省道101与乡道101的呈东南－西北走向的柏油路穿过墙体。北有与墙体并行的砂石路，导致墙体出现豁口。

该段墙体后小段东侧坡下调查戍堡1座，为海日罕楚鲁1号戍堡。具体描述如下。

海日罕楚鲁1号戍堡（150929353102060014）

该戍堡位于海日罕楚鲁长城1段墙体止点东北0.468千米东北－西南向丘陵草原的东坡地上，所处地势西北高东南低。西北距墙体最近0.015千米，西南距海日罕楚鲁2号戍堡2.6千米。西北依山梁，南侧为谷地，东北、东南侧各有一条挡水土坝。

戍堡平面呈正方形，边长26米。堡墙呈低矮的土垄状，为外侧挖土筑墙。仅存三面堡墙，坡下的南墙消失。现存堡墙体底宽4、顶宽1、残存最高0.3米。戍堡应辟南门，方向150°。因水土流失影响，堡墙保存差，濒于消失。（图三一）

14. 海日罕楚鲁长城2段（150929382101060036）

该段长城位于查干补力格苏木海日罕楚鲁嘎查西南低缓的丘陵草原上。起自海日罕楚鲁嘎查西南

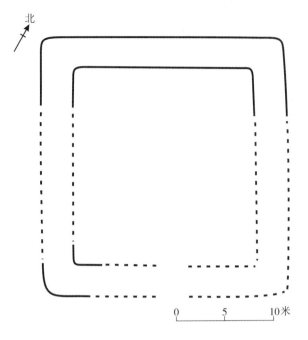

图三一　海日罕楚鲁1号戍堡平面图

1.6千米，止于海日罕楚鲁嘎查西南5.4千米。墙体内、外略有弯曲，基本作直线分布，大体呈东北－西南走向。上接海日罕楚鲁长城1段，下接海日罕楚鲁长城3段。

墙体长3790米。墙体呈低矮的土垄状。现存墙体底宽4~5、顶宽2~3、残存最高0.3米。部分墙体略隆起于地表，可分辨轮廓与走向，部分墙体模糊难以辨识，时断时续，墙体保存差，长1700米。在接近墙体起点处，海日罕楚鲁长城1段东侧的谷地漫水道向西穿过墙体，与谷地西侧的漫水道汇合，导致墙体消失，于墙体消失地段大体顺墙体走向修筑了一道挡水土坝，消失墙体累计长2090米。保存差、消失墙体分别占该段墙体总长的45%、55%。草场退化、沙化、风雨侵蚀导致墙体保存差、消失。

该段墙体中小段内侧调查戍堡1座，为海日罕楚鲁2号戍堡。具体描述如下。

海日罕楚鲁2号戍堡 （150929353102060015）

该戍堡位于海日罕楚鲁长城2段墙体止点东北1.655千米低缓丘陵草原的平坦岗地上，所处地势略显东高西低。西北距长城墙体最近0.08千米，西南距海日罕楚鲁3号戍堡5.1千米。从该戍堡与海日罕楚鲁3号戍堡的间距来看，两者之间原应筑有戍堡，本次调查没有发现。南、北侧为低谷地，谷地外缘是丘陵。

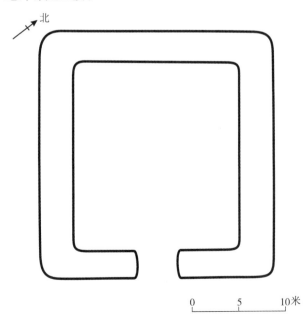

图三二　海日罕楚鲁2号戍堡平面图

戍堡平面呈长方形，东西长25、南北长24米。堡墙呈低矮的土垄状，轮廓明晰，顶部植被稀疏，有一层细碎的小石子，十分鲜明。受风雨侵蚀的影响，堡墙中的土质逐渐分化，遗留的土中夹杂有砂砾。现存堡墙底宽3~4、顶宽1、残高0.1~0.3米。戍堡内东北、西北角房址凸起较明显，其余两角房址保存差。南墙辟门，门址宽5米，方向128°。因水土流失影响，戍堡整体保存差，濒于消失。（图三二；彩图一一四）戍堡中有铁车辐残齿，时代不明。

15. 海日罕楚鲁长城3段 （1509293821010 60037）

该段长城位于查干补力格苏木海日罕楚鲁嘎查西南部低缓的丘陵草原上。起自海日罕楚鲁嘎查西南5.4千米，止于海日罕楚鲁嘎查西南18.7千米。墙体地处海拔约1400米的丘陵草原地带，沿沟谷行进，在前点力素忽洞移民新村东南的耕地中与六镇长城南线墙体交汇；向西南延伸，顺沟谷下坡过河，走进宽阔的南北向中号川地。墙体内、外略有弯曲，基本作直线分布，呈东北－西南走向。上接海日罕楚鲁长城2段，下接南号长城1段。

墙体长13759米，墙体呈低矮的土垄状。现存墙体底宽4~5、顶宽2~3、残高0.1~0.5米。前小段墙体地处丘陵草原，略隆起于地表，部分墙体仅能分辨出大致走向，于朝伦翁高其牧点西部低洼地中消失。后小段墙体始于前点力素忽洞移民新村东南的耕地中，是一条狭长的东西向谷地，土质肥沃，谷地中央被开垦为耕地，南北坡地为丘陵草原。六镇长城南线顺谷地由东向西而来，耕地中可见隆起于地表的墙体，即便是墙体接近消失的地段，仍可根据墙体与耕地土质的

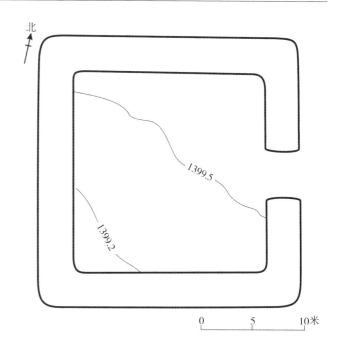

图三三　海日罕楚鲁3号戍堡平面图

颜色来分辨其分布与走向。北线墙体于前点力素忽洞移民新村东南0.5千米的耕地中遇南线墙体，与之交汇，开始利用南线墙体；交汇点处的北线墙体消失，交汇点北侧发现墙体残迹，交汇点西北0.2千米有一家定居的牧户。北线墙体利用了南线墙体后，在该段墙体内侧修筑了什卜太戍堡。两线墙体合并向西南行进8.754千米后分离，南线墙体继续西南行，北线墙体则摆脱南线墙体，向西而去。总体上看，这段墙体保存差5480米、消失8279米。保存差、消失墙体分别占该段墙体总长的40%、60%。主要因为草原沙化、植被退化，涵养水分能力降低，水土流失严重，导致墙体保存差。其次，受耕地的影响，使本已脆弱的墙体损毁严重。

该段墙体内侧调查戍堡2座，为海日罕楚鲁3号戍堡和什卜太戍堡。具体描述如下。

海日罕楚鲁3号戍堡（150929353102060016）

该戍堡位于海日罕楚鲁长城3段墙体起点西南3.5千米的丘陵南坡脚下。所处地势北高南低，植被稀疏，地表裸露。西北距长城墙体最近0.07千米，西南距什卜太戍堡6.1千米。戍堡东、南、北侧环丘，西侧为缓坡地，北侧有废弃的一户牧民房屋。

戍堡平面呈正方形，边长25米。堡墙呈低矮的土垄状，轮廓较清晰，顶部有一层细密的石子，因外侧挖土筑墙，地表隐约有壕沟痕迹。现存堡墙底宽4~5、顶宽1.5、残高0.2~0.3米。戍堡内位于坡上的东北、西北角明显凸起，为房屋基址所在；坡下戍堡两角的房屋基址保存差，隆起不明显。东墙辟门，门宽4米，方向76°。因水土流失影响较严重，堡墙保存差。（图三三；彩图一一五）

什卜太戍堡（150929353102060017）

该戍堡位于海日罕楚鲁长城3段止点东北3.8千米低缓的东西向山梁南坡地上，所处地势北高南低。西北距长城墙体最近0.212千米。北依山丘，南临谷地，西南侧沟谷下为什卜太河。

戍堡平面呈长方形，东西长24、南北长25米。堡墙呈土垄状，明显隆起于地表，南墙保存差。堡墙顶部裸露，有一层细砂，轮廓十分鲜明。戍堡内四角明显凸出，为房屋基址。现存堡墙底宽5、顶宽1.5、残高0.2~0.4米。戍堡应辟南门，方向168°。因水土流失影响较严重，堡墙保存差。（图三

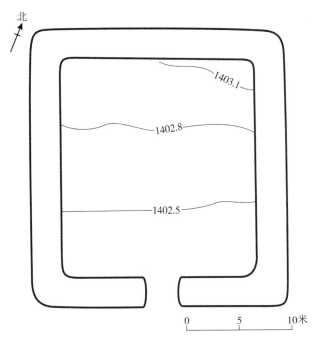

北

1403.1

1402.8

1402.5

0　　5　　10米

图三四　什卜太戍堡平面图

四；彩图一一六）成堡内有北魏灰陶片、金元时期白瓷碗残片等遗物。

该成堡为六镇长城北线调查确认的最西一座成堡，自此向西南直至终点，长城沿线再未发现成堡，但这并非表明这段长城沿线再未修筑成堡，而是因为这段长城沿线的大部分地段被开垦为耕地，即使未开垦的丘陵草原，也是植被退化、水土流失严重，导致沿线成堡破坏消失。

16. 南号长城 1 段（150929382101060038）

该段长城位于吉生太镇南号村西北的丘陵耕地及谷地中。起自南号村东北 3.7 千米，止于南号村西北 4.2 千米。墙体西行穿越中号村及村西季节性河谷，于河谷西岸沿东西向窄谷上坡，基本作直线分布，呈东 - 西走向。上接海日罕楚鲁长城 3 段，下接南号长城 2 段。

墙体长 6860 米。墙体呈土垄状，明显隆起于地表。现存墙体底宽 5~8、顶宽 2~3、残高 0.2~0.5 米。前小段墙体长 3160 米，保存差，墙体地处中号村东侧西高东低的坡地上，南北两侧原为耕地，现辟为绿化地，种植有柠条，墙体上现为土路，被当地人称作"边墙路"。（彩图一一七）后小段墙体消失在中号村中、村西季节性河谷及其西岸的窄谷中，窄谷形成浅冲沟，墙体在冲沟北岸有残存，于沟脑西端谷地中复现，墙体消失 3700 米。保存差、消失墙体分别占该段墙体总长的 46%、54%。中号村南、北侧分别是南号村和北号村，地处同一条宽阔的川地上，地势低而平坦，村庄的占据、河流的冲刷、大面积耕地的开垦，以及植被退化所引起的水土流失是导致墙体消失的根本原因。

17. 南号长城 2 段（150929382101060039）

该段长城位于吉生太镇南号村西的丘陵草原上。起自南号村西北 4.2 千米，止于南号村西南 12.4 千米。墙体整体作外向弯弧形分布，前半段呈东 - 西走向，后半段转呈东北 - 西南走向。上接南号长城 1 段，下接土脑包长城 1 段。

墙体长 10780 米。墙体呈土垄状，明显隆起于地表，外侧明显有壕沟痕迹。现存墙体底宽 5~8、顶宽 2~3、残高 0.1~0.5 米。依墙体保存状况，从前至后分三个小段予以描述。前小段墙体主要呈东 - 西走向，起始部分先作内、外弧线形分布，沿垭口横穿两道山梁及山梁间的季节性沙河，（彩图一一八）然后沿丘陵的北缘坡地西行，（彩图一一九）略作外向弧线形分布，经一牧户北侧穿过，向西逐渐转呈西南行进入下达尔布盖谷地。中小段墙体先是穿越下达尔布盖谷间的牧户，沿谷地西南行，水土流失导致谷地形成一条季节性沙河，在墙体所处的谷地自西南流向东北，沙河作"S"形连续弯曲冲刷，造成墙体时断时续，后摆脱主河槽进入西岔沟的墙体保存较好，隆起明显，外侧明显有壕沟痕迹，部分墙体上密布着细碎的岩石片，先后翻越三道东西向山梁和谷地，（彩图一二〇、一二一）再沿谷地呈"S"形穿越山口。后小段墙体沿东北 - 西南走向的沟谷行进，有一条草原土路相伴随，由于植被退化形成沙河，受洪水冲刷及道路通行的影响，使墙体少有残留，几乎消失。前、中小段墙体合计长 9151 米，保存较差。后小段墙体长 1629 米，大部分消失。保存较差、消失墙体分别占该段墙体总长的85%、15%。前小段墙体两侧全部为"塔头墩"，为草原退化、半沙化的典型地貌。中小段墙体地处较高的丘陵草原，墙体保存相对较好，但受水土流失的影响依然较大。

18. 土脑包长城1段（150929382101060040）

该段长城位于吉生太镇土脑包村东北的丘陵草原上及村南、北两侧的谷地中。起自土脑包村东北1.6千米，止于土脑包村西南1.1千米。墙体略作外向弧线形分布，大体呈东北–西南走向。上接南号长城2段，下接土脑包长城2段。

墙体长2800米。墙体呈土垄状。现存墙体底宽5~8、顶宽2~3、残高0.1~0.5米。前小段墙体长800米，保存较差，墙体地处山梁的南、北坡地上，明显隆起于地表，外侧隐约有壕沟痕迹。（彩图一二二）后小段墙体长1280米，保存差，墙体地处村庄北部的耕地及南部的绿化地中，耕地中的墙体由呈东北–西南走向折弯转南偏西行，地表有明显隆起的墙体，村中的墙体消失720米。保存较差、差、消失墙体分别占该段墙体总长的28%、46%、26%。农田耕种与村庄的占据导致墙体保存差、消失。

19. 土脑包长城2段（150929382301060041）

该段长城位于吉生太镇土脑包村西南的谷地中。起自土脑包村西南1.1千米，止于土脑包村西南6.2千米。根据上、下段墙体分布情况及其周边地形地貌分析判断，该段墙体原应作外向弧线形分布，呈东北–西南走向。上接土脑包长城1段，下接东卜子长城1段。

该段长城为墙体消失段，起止点之间的直线长度为4995米。墙体于土脑包村西南的绿化地中消失，地处呈东北–西南走向的谷地，连接吉生太镇与大井坡村的柏油路在该段长城前小段顺谷地通过，东南是一条与公路并行的沙河，长城地处公路与河道之间的耕地中，尚可在耕地中找到墙体残迹。向西南为沙河的两条支流，长城应于二者的交汇点上端穿过东西向支流，选择在呈西南–东北流向支流的西岸行进。河道西岸为耕地，耕地东缘原应为长城墙体分布线，在未开垦的坡地上复现。

20. 东卜子长城1段（150929382101060042）

该段长城位于吉生太镇东卜子村东北的丘陵耕地中。起自东卜子村东北2.3千米，止于东卜子村东北0.4千米。墙体起点部分略作内向弧线形，大部分墙体作直线分布，呈东北–西南走向。上接土脑包长城2段，下接东卜子长城2段。

墙体长1941米。整体保存差。墙体呈低矮的土垄状。现存墙体底宽5~7、顶宽3~5、残高0.1~0.5米。前小段墙体地处耕地地界中，轮廓比较清晰。（彩图一二三）后小段墙体地处耕地中，较低矮，最终消失于东卜子村东北部的耕地中。前小段墙体东侧有一条走向与墙体一致的浅缓冲沟，中小段墙体和接近墙体止点处分别有南北向的田间林带穿过，县道927于村东纵穿墙体，导致墙体出现豁口。水土流失与农田耕种是墙体保存差的主要因素。

21. 东卜子长城2段（150929382301060043）

该段长城位于吉生太镇东卜子村中及其东北、西南的丘陵耕地中。起自东卜子村东北0.4千米，止于东卜子村西南1.5千米。根据上、下段墙体的分布情况分析判断，该段墙体原应作"S"形分布，沿谷地环绕两座山丘，整体呈东北–西南走向。上接东卜子长城1段，下接东卜子长城3段。

该段长城为墙体消失段，起止点之间的直线长度为1823米。调查发现，该段长城应于东卜子村正中穿过，东卜子村西南部是两座山丘，长城先沿山丘的西北部谷地环绕，在未经开垦的谷地上有墙体残迹。绕过山丘的长城转南行，进入一条呈西北–东南走向浅缓的谷地，穿越谷中砂石路，又于耕地中绕过山丘的东南坡脚，复转西南行，走出耕地后墙体于丘陵草原坡地上再现。山丘西侧长城所经地段海拔虽然也达到1500米，但丘陵起伏相对较小，利于农耕，墙体基本消失于村落与耕地中。

22. 东卜子长城 3 段（150929382101060044）

该段长城位于吉生太镇东卜子村西南丘陵草原山梁东北和西南两侧的坡谷地上。起自东卜子村西南 1.5 千米，止于东卜子村西南 4.8 千米。前小段墙体穿越一条呈东南 - 西北走向的低缓丘陵，顺谷地行进，作内、外弯曲弧线形分布，穿越丘陵后于西坡地上作直线分布，整体呈东北 - 西南走向。上接东卜子长城 2 段，下接西老龙忽洞长城 1 段。

墙体分为主墙和副墙，主墙长 3431 米、副墙长 80 米，总长 3511 米。整体保存差。墙体呈土垄状。现存墙体底宽 6～12、顶宽 3～4、残高 0.1～0.5 米。前小段墙体大部分地处未经开垦的丘陵草原上，明显隆起于地表，丘陵顶端山垭口处的墙体轮廓与走向清晰，外侧隐约有壕沟痕迹。（彩图一二四、一二五）后小段墙体的末端、坡地的下缘曾被开垦为耕地，荒废不耕，辟为绿化地，对墙体的保存影响较大，部分墙体隆起不明显。副墙位于山梁垭口的主墙内侧，距主墙 6 米，较之主墙稍显低矮。（彩图一二六）后小段墙体北侧近年随着水土流失的加剧，发育形成一条小冲沟，对墙体的保存危害较大。（彩图一二七）

23. 西老龙忽洞长城 1 段（150929382101060045）

该段长城位于吉生太镇西老龙忽洞村东北平缓的丘陵耕地中。起自西老龙忽洞村东北 4.1 千米，止于西老龙忽洞村东北 1.1 千米。墙体作直线分布，呈东北 - 西南走向。上接东卜子长城 3 段，下接西老龙忽洞长城 2 段。

墙体长 2999 米。整体保存差。墙体呈土垄状。现存墙体底宽 10～15、顶宽 4～6、残高 0.1～0.5 米。中小段墙体隆起明显，早年曾被开垦为耕地，废弃不种。前、后小段墙体地处耕地中，土垄宽矮，不很明显，可清晰分辨轮廓与走向。一条自北流向南的季节性沙河穿过墙体中段，有两条乡村便路横穿墙体，形成豁口。农田耕种、水土流失是导致墙体保存差的主要因素。

24. 西老龙忽洞长城 2 段（150929382101060046）

该段长城位于吉生太镇西老龙忽洞村南平坦的川地上。起自西老龙忽洞村东北 1.1 千米，止于西老龙忽洞村西南 0.7 千米。墙体中段略向内弧，基本作直线分布，介于东 - 西走向与东北 - 西南走向之间。上接西老龙忽洞长城 1 段，下接包头市达尔罕茂明安联合旗农场长城 1 段。

墙体长 1661 米。整体保存较差。墙体呈明显的土垄状。现存墙体底宽 8～10、顶宽 5～6、残高 0.1～0.5 米。前小段墙体地处耕地地界处，（彩图一二八）后小段墙体处于平坦的退化草原上，轮廓与走向较清晰。农田耕种对墙体的保存影响较大，即使未被开垦为耕地的草原，由于墙体两侧分布有西老龙忽洞、中老龙忽洞和东老龙忽洞三个村庄，乡村道路纵横，草场荒漠化，墙体保存状况令人堪忧。

（二）包头市达尔罕茂明安联合旗

达尔罕茂明安联合旗境内的六镇长城北线均为挖壕夯筑的土墙，部分墙体断面可见夯层。墙体总长 50355 米，按保存状况统计，其中，保存较差 6597 米、差 25887 米、消失 17871 米。保存较差、差、消失墙体分别占墙体总长的 13%、51%、36%。调查中，将长城划分为 38 段，其中，有墙体存在部分 20 段、消失 18 段。具体描述如下。（参见地图六）

1. 农场长城 1 段（150223382101060032）

该段长城位于达尔罕镇文公淖日嘎查农场村东北平坦的川耕地中。起自农场村东北 1.9 千米，止于农场村西南 1.1 千米。墙体前、后小段作直线分布，中小段作外向弧线形分布，在农场村东北部由东偏北－西偏南走向转呈东北－西南走向。上接四子王旗西老龙忽洞长城 2 段，下接农场长城 2 段。

墙体长 3061 米。墙体呈低矮的土垄状，部分墙体痕迹比较模糊。现存墙体底宽 5 ~ 9、顶宽 2 ~ 4、残高 0.2 ~ 1 米。前小段墙体长 1386 米，保存差，墙体地处耕地地块的交界处，部分墙体被利用为乡村土路，最低处几乎与地面齐平，濒于消失。后小段墙体长 1675 米，保存较差，墙体地处较平缓的丘陵草原谷地，轮廓清晰，部分墙体外侧明显有壕沟痕迹。（彩图一二九、一三〇）保存较差、差墙体分别占该段墙体总长的 55%、45%。草场退化、植被稀疏、草原涵养水分差造成水土流失危及墙体，农田耕种及村间道路通行对墙体的保存产生一定影响。后小段墙体南侧有一条与墙体并行的小冲沟，流向东北，在农场村东北部冲断墙体，后小段墙体与冲沟之间是一条并行的草原土路。因自然与人为因素的影响，墙体保存差。

调查时，在农场村西南 0.07 千米、距墙体内侧 0.026 千米发现一处疑似戍堡遗址。该戍堡地处略显低洼的平坦草原上，轮廓模糊，堡墙几乎与地表齐平，内侧四角略高，其特征颇似六镇长城北线戍堡。遗址平面呈正方形，边长约 32 米，南门方向 137°。遗址附近发现青灰色素面陶片。由于遗址保存差，调查时反复踏查，不能予以认定，没有作编号记录，特附记。

农场村中发现元代遗址一处，面积约 1500 平方米。遗址痕迹不明显，地表散落有白瓷碗残片和酱釉粗瓷片等遗物。

2. 农场长城 2 段（150223382101060033）

该段长城位于达尔罕镇文公淖日嘎查农场村西南丘陵草原的川谷地带。起自农场村西南 1.1 千米，止于农场村西南 4.2 千米。墙体沿沟谷岸边作外向弧线形分布，前小段穿行于较浅的冲沟北岸，中间部分穿越小冲沟沿南岸西南行，大体呈东北－西南走向。上接农场长城 1 段，下接巴音陶勒盖长城 1 段。

墙体长 3044 米。整体保存差。墙体呈土垄状，大部分墙体轮廓比较清晰，部分墙体地表痕迹模糊，最低处几乎与地面齐平。部分墙体外侧隐约有壕沟痕迹。现存墙体底宽 4 ~ 6、顶宽 2 ~ 3、残高 0.1 ~ 0.4 米。（彩图一三一）草原植被退化加剧了水土流失的进程，发育形成的小冲沟冲断墙体，出现豁口。墙体中小段有两条网围栏穿过，对墙体的保存产生一定程度的影响。冲沟西岸的坡地上有四户牧民。

3. 巴音陶勒盖长城 1 段（150223382301060034）

该段长城位于达尔罕镇文公淖日嘎查巴音陶勒盖牧点南、北的沟谷地带。起自巴音陶勒盖牧点东北 1.9 千米，止于巴音陶勒盖牧点西南 0.6 千米。根据上、下段墙体的分布情况分析判断，该段墙体原应作直线分布，呈东北－西南走向。上接农场长城 2 段，下接巴音陶勒盖长城 2 段。

该段长城为墙体消失段，起止点之间的直线长度为 2500 米。该段长城地处巴音陶勒盖牧点东侧狭窄的沟谷地带，由于过度放牧，草场退化，水土流失日益严重，出现一条自西南流向东北的沙河，与长城走向大体一致。沙河河床呈"S"形迂曲冲刷，是导致墙体消失的主要因素。河床西岸有两户牧民，门前是呈东北－西南走向的土路，该段长城后小段在土路东侧四五十米处与之并行。一条草原便路自该段长城末端呈东南－西北走向穿过。

4. 巴音陶勒盖长城 2 段（150223382101060035）

该段长城位于达尔罕镇文公淖日嘎查巴音陶勒盖牧点西南的丘陵沟谷地带。起自巴音陶勒盖牧点西南 0.6 千米，止于巴音陶勒盖牧点西南 1.2 千米。墙体略作外向弧线形分布，呈东北－西南走向。上接巴音陶勒盖长城 1 段，下接巴音陶勒盖长城 3 段。

墙体长 595 米。整体保存较差。墙体呈土垄状，地表遗迹较清晰。现存墙体底宽 4 ~ 7、顶宽 2 ~

3、残高 0.1~0.3 米。墙体地处狭窄的谷地，两侧为高大的山丘，东侧濒临一条与墙体并行的较小冲沟，对墙体构成威胁。发源于西山丘的一条水流东向注入主河道，冲断墙体，墙体断面有清晰的夯层，夯土呈淡黄色，夯层厚 0.08~0.1 米。（彩图一三二）由于六镇长城北线墙体普遍较低矮，现存墙体基本呈土垄状，很难直接发现夯层等墙体构筑的相关信息，这段墙体夯层的发现对于长城本体的研究是难得的资料。

5. 巴音陶勒盖长城 3 段（150223382301060036）

该段长城位于达尔罕镇文公淖日嘎查巴音陶勒盖牧点西南的沟谷地带。起自巴音陶勒盖牧点西南 1.2 千米，止于巴音陶勒盖牧点西南 2.1 千米。根据上、下段墙体的分布情况分析判断，该段墙体原应顺窄谷作内向弧线形分布，呈东北 - 西南走向。上接巴音陶勒盖长城 2 段，下接红井卜子长城 1 段。

该段长城为墙体消失段，起止点之间的直线长度为 909 米。该段长城沿沟谷地带向西南行进，牧点间的草原土路也作同一走向通行，该段长城被叠压在土路下。道路通行、草场退化造成水土流失，导致墙体消失。（彩图一三三）

6. 红井卜子长城 1 段（150223382101060037）

该段长城位于达尔罕镇文公淖日嘎查红井卜子牧点东的丘陵沟谷地带。起自红井卜子牧点东北 0.6 千米，止于红井卜子牧点西南 0.2 千米。墙体作直线分布，呈东北 - 西南走向。上接巴音陶勒盖长城 3 段，下接红井卜子长城 2 段。

墙体长 693 米。墙体呈低矮的土垄状。现存墙体底宽 3~7、顶宽 1~2、残高 0.2~0.5 米。前小段墙体长 536 米，保存差，墙体于红井卜子牧点东北部的土路边复现，西南行转于土路南侧的耕地中，草原谷地上孤零的长方形耕地系几年前开垦，为牧民的饲料地，耕地的西北角有隆起的墙体遗迹。后小段墙体长 157 米，保存较差，墙体地处红井卜子牧点牧民门前的谷地中，隆起较明显，南侧有水井一眼。（彩图一三四）保存较差、差墙体分别占该段墙体总长的 22.7%、77.3%。墙体所处丘陵草原地势低洼，水土流失严重，遍布小冲沟，加之耕地和道路通行的影响，对墙体造成不同程度的损毁。

7. 红井卜子长城 2 段（150223382301060038）

该段长城位于达尔罕镇文公淖日嘎查红井卜子牧点西南的丘陵坡谷地带。起自红井卜子牧点西南 0.2 千米，止于红井卜子牧点西南 1.2 千米。根据上、下段墙体的分布情况分析判断，该段墙体原应沿浅缓的谷地作直线分布，呈东北 - 西南走向。上接红井卜子长城 1 段，下接红井卜子长城 3 段。

该段长城为墙体消失段，起止点之间的直线长度为 1000 米。该段长城沿地势低洼的谷地穿行，所处地段由于过度放牧，草场退化、水土流失严重。发源于西南部丘陵地带的一条浅缓冲沟曲折流向东北，进入低洼的谷地后作弥漫式淤积流淌，最终导致墙体消失。自农场长城 1 段后半部开始，长城沿低缓丘陵的浅谷底部穿行，近年水土流失加重，草原谷地上逐渐形成一些小冲沟，造成墙体时断时续。

该段长城起点西侧 0.27 千米的谷地中，调查发现元代遗址一处，命名为红井卜子遗址。遗址占地面积约 5.2 万平方米，地表可见略隆起的成排的长方形院落，院落内分布隆起的建筑台基十余座。地表散落有较多的砖瓦残块，以及白瓷碗、钵和酱釉缸瓷片，地表见有完整的花岗岩碌碡。

8. 红井卜子长城 3 段（150223382101060039）

该段长城位于达尔罕镇文公淖日嘎查红井卜子牧点西南低缓的丘陵草原地带。起自红井卜子牧点西南 1.2 千米，止于红井卜子牧点西南 4.6 千米。墙体从东侧绕过一座水面较大的水泡子后，摆脱之前连续穿行的呈西南 - 东北走向的低缓谷地，弧折弯转向东南行，整体作内向圆弧线形分布，由起点的呈东北 - 西南走向转呈西北 - 东南走向，绕过水泡子后复转呈东北 - 西南走向。上接红井卜子长城 2 段，下接公忽洞长城 1 段。

墙体长 3900 米。墙体呈土垄状，隆起较明显，轮廓与走向清晰。现存墙体底宽 3~7、顶宽 1~2、残高 0.1~0.9 米。水泡子面积近 5000 平方米，终年积水，墙体在水泡子东岸低矮的丘陵草原上蜿蜒行进，先后穿越四条汇集于水泡子的较浅谷地水流。因地势较缓，水流较小，调查时尚未形成冲沟，因而，对墙体的保存影响不大。总体上看，两端墙体的保存状况明显好于中间段。前、后小段墙体合计长 2450 米，保存较差，前小段墙体沿低缓的谷地东南行，穿越山梁间的谷地，顺水泡子东北山丘的东坡转偏西南行；后小段墙体基本沿平缓的谷地作内向弧线形西南行。（彩图一三五、一三六）中小段墙体长 1450 米，保存差，墙体所处地势较低，距离水泡子较近，雨水汇聚多。（彩图一三七）保存较差、差墙体分别占该段墙体总长的 63%、37%。由于过度放牧，草场植被日益退化，长年风雨侵蚀、水土流失，对墙体造成破坏。中小段墙体在水泡子东北、西南的两个漫水道中出现豁口。公忽洞村通往红井卜子牧点的草原土路从墙体止点东侧斜穿墙体，沿水泡子西岸北行。

水泡子东南 0.44 千米发现疑似戍堡一座。西距长城墙体 0.086 千米。地表有两道墙体痕迹，东南墙两端明显凸起，长 26 米，西南墙略有痕迹，其余墙体完全消失。推测应为东南墙辟门，方向 106°。由于该遗迹距水泡子较近，破坏严重，调查时推测为一处戍堡，因保存差，难以认定，故不作编号记录，特附记。

9. 公忽洞长城 1 段 （150223382301060040）

该段长城位于石宝镇公忽洞村北的丘陵草原地带。起自公忽洞村北 1.7 千米，止于公忽洞村西北 1.6 千米。根据上、下段墙体的分布情况分析判断，该段墙体原应作直线分布，呈近东 - 西走向。上接红井卜子长城 3 段，下接公忽洞长城 2 段。

该段长城为墙体消失段，起止点之间的直线长度为 415 米。该段长城跨越一条呈东南 - 西北走向的沟谷地，由于水土流失，谷地发育成冲沟。因洪水冲刷，导致墙体消失。于该段长城末端冲沟南岸墙体复现。

10. 公忽洞长城 2 段 （150223382101060041）

该段长城位于石宝镇公忽洞村西北高耸的圆山西坡草地上。起自公忽洞村北 1.6 千米，止于公忽洞村西北 1.2 千米。墙体略作外向弧线形分布，呈东北 - 西南走向。上接公忽洞长城 1 段，下接公忽洞长城 3 段。

墙体长 955 米。整体保存差。墙体自圆山北侧谷地作弧线形向西山坡上延伸，大部分隆起不明显，仅可分辨走向。现存墙体底宽 3~7、顶宽 1~2、残高 0.1~0.3 米。由于草场植被退化，加之长年的风雨侵蚀，间有自圆山顶部而下的西北向小冲沟冲断墙体，导致墙体破坏严重。

发源于圆山西南坡的大沟为历史上形成，沟坡上植被较稳定，山洪排泄于大沟底部。大沟北岸坡地为该段长城止点，墙体内侧坡下有一段长 16 米的护基石，石块沿坡面呈线形密集铺放，应为维护墙体时修筑的护基。（彩图一三八）

11. 公忽洞长城 3 段 （150223382301060042）

该段长城位于石宝镇公忽洞村西的丘陵沟壑地带。起自公忽洞村西北 1.2 千米，止于公忽洞村西 1.1 千米。根据上、下段墙体的分布情况分析判断，该段墙体原应顺较深的沟谷岸边作直线分布，大体呈东北 - 西南走向。上接公忽洞长城 2 段，下接大圐圙长城 1 段。

该段长城为墙体消失段，起止点之间的直线长度为 922 米。公忽洞村西北部的圆山海拔 1662 米，圆山南部有两座大体呈南 - 北走向较矮的土山，自东北、东和东南三个方向形成向西汇聚的三条冲沟，于该段长城起点西侧合为一沟，属于典型的鸡爪沟地貌。该段长城穿越沟谷地带，沿东南沟行进，最终走出高山堑谷。墙体修筑之初，沟谷地带尚未发育形成冲沟，通过平缓的坡谷地带绕过高大山丘来修筑墙体，正是六镇长城北线的重要特征之一。由于植被退化、水土流失，沟谷地带日渐发育形成冲沟，地处沟谷中的墙体被洪水彻底冲毁。（彩图一三九）

12. 大圐圙长城 1 段（150223382101060043）

该段长城位于石宝镇公忽洞村西南、大圐圙村北的丘陵谷地及坡地上。起自大圐圙村北 2.1 千米，止于大圐圙村南 0.3 千米。墙体在公忽洞村西鸡爪沟的东南沟南岸复现，顺坡谷地作"S"状内、外弧线形分布，整体呈北－南走向。上接公忽洞长城 3 段，下接大圐圙长城 2 段。

墙体长 2633 米。墙体呈低矮的土垄状。现存墙体底宽 3～8、顶宽 2～3、残存最高 0.3 米。以墙体所经地段的地形地貌，依保存状况划分为四小段描述。第一、三小段墙体合计长 1983 米，保存差。第一小段墙体地处"鸡爪沟"东南沟的南岸坡地上，南临一片种植柠条的绿化地，墙体低矮，仅可分辨轮廓与走向。（彩图一四〇）第二小段墙体长 375 米，保存相对较差，墙体地处低缓的山岭顶部，于栽植灌木林的谷地中弯曲上坡，沿低缓的垭口处翻越丘岭，为防止水土流失，北坡沿谷地等距修筑了三条防洪土坝，截断墙体，整体轮廓与走向清晰，墙体翻过山岭后，南坡即为耕地。第三小段墙体在耕地的东部边缘地带前行，东侧有一条土路，土路与墙体并列南偏东行，在大圐圙村北转至墙体西侧，直抵村庄北部垭口。墙体自大圐圙村东部穿过村庄，直南而行，地处村庄内及村南河槽中的第四小段墙体长 275 米，已消失。保存较差、差、消失墙体分别占该段墙体总长的 15%、75%、10%。灌木栽植、农田耕种和村庄建设是导致墙体保存差、消失的主要因素。

13. 大圐圙长城 2 段（150223382301060044）

该段长城位于石宝镇大圐圙村南的川耕地中。起自大圐圙村南 0.3 千米，止于大圐圙村南 0.8 千米。根据上、下段墙体的分布情况分析判断，该段墙体原应作直线分布，呈北－南走向。上接大圐圙长城 1 段，下接大圐圙长城 3 段。

该段长城为墙体消失段，起止点之间的直线长度为 526 米。村庄的南部为宽阔的东西向川地，最低处是由东流向西的季节性河流，河两岸为大面积的耕地。出村向南是通往大井村的土路，路东的耕地边是一条与土路并行的水渠，前小段墙体被土路所叠压，后小段墙体被利用为水渠。该段长城末端有一条自东南流向西北的较小的冲沟，墙体于冲沟南岸复现。

14. 大圐圙长城 3 段（150223382101060045）

该段长城位于石宝镇大圐圙村南的南高北低的坡地上。起自大圐圙村南 0.8 千米，止于大圐圙村西南 1.9 千米。墙体略作"S"状弧线形分布，大体呈北－南走向。上接大圐圙长城 2 段，下接大井长城 1 段。

墙体长 1065 米。整体保存差。墙体呈低矮的土垄状，隆起不明显。现存墙体底宽 1～5、顶宽 0.5～2、残存最高 0.3 米。前小段墙体地处路东弃耕农田西缘，轮廓与走向可分辨。大圐圙长城 2 段末端的小冲沟冲断墙体，墙体断面可见夯层，夯层厚 0.065 米。（彩图一四一）中小段墙体在公路东侧蜿蜒向上坡延伸，两侧为坡耕地，可分辨轮廓，东侧有一条与公路并列的浅冲沟，沿沟谷有距离不等的七条拦洪土坝。后小段墙体在垭口处翻过东西走向海拔达 1700 米的山岭，地处并行土路东侧的部分墙体被覆压在土路下。在高海拔山脉与丘陵地貌下，植被退化导致水土流失严重，加之农田耕种和道路通行的影响，导致墙体保存差。

15. 大井长城 1 段（150223382301060046）

该段长城位于石宝镇大井村北山岭的南坡沟谷地带。起自大井村东北 2.1 千米，止于大井村北 1.5 千米。根据上、下段墙体的分布情况分析判断，该段墙体原应作直线分布，呈东北－西南走向。上接大圐圙长城 3 段，下接大井长城 2 段。

该段长城为墙体消失段，起止点之间的直线长度为651米。翻过高海拔山岭后，南坡有一条呈东北－西南走向的狭窄沟谷地，长城沿沟谷的西坡作西南下坡行，连接大圐圙村与大井村之间的土路压在长城上，导致墙体消失。路两侧为小面积的坡耕地。

16. 大井长城2段（150223382101060047）

该段长城位于石宝镇大井村北的丘陵沟谷地中。起自大井村北1.5千米，止于大井村北0.7千米。墙体沿沟谷作外向弧线形分布，中间由东北－西南走向转呈北－南走向。上接大井长城1段，下接大井长城3段。

墙体长840米。整体保存差。墙体呈低矮的土垄状。现存墙体底宽2~5、顶宽0.5~1、残存最高0.4米。自上一段消失后，墙体于土路西侧的耕地中复现。（彩图一四二）耕地中可见呈低矮隆起的墙体，可分辨大致轮廓和走向，顺沟谷地带折弯与土路并列南行，仍地处谷地西岸土路西侧的耕地中，部分墙体被土路叠压。由于墙体地处沟谷地带的耕地中，受农田耕种及水土流失的影响，濒于消失。

17. 大井长城3段（150223382301060048）

该段长城位于石宝镇大井村西的川耕地中。起自大井村北0.7千米，止于大井村西南0.6千米。根据上、下段墙体的分布情况分析判断，该段墙体原应作直线分布，呈东北－西南走向。上接大井长城2段，下接大井长城4段。

该段长城为墙体消失段，起止点之间的直线长度为1200米。大井村与山北的大圐圙村地貌特征相近，该段长城位于东西向的川地中，最低处为自东流向西的季节性河流，两岸为耕地，墙体消失于河流及南北两岸的耕地中。村西北有一条冲沟自东北流向西南汇入主河流，水流虽然较小，上游在长城东侧，而下游则直接冲毁墙体。河槽北岸消失于耕地中的墙体，在未耕种的条件下，仍可凭借土壤颜色发现墙体的遗痕，基本不见隆起，因此，划入消失段。（彩图一四三）村北有砂石路西北行，穿过长城通往达尔罕镇额尔登敖包嘎查。

18. 大井长城4段（150223382101060049）

该段长城位于石宝镇大井村西南的坡耕地及丘陵上。起自大井村西南0.6千米，止于大井村西南1千米。墙体整体略作内向弧线形分布，大体呈东北－西南走向。上接大井长城3段，下接大井长城5段。

墙体长343米。整体保存差。墙体略隆起于地表，仅可分辨轮廓和走向。现存墙体底宽1~2、顶宽0.1~0.5、残存最高0.2米。大井长城3段消失的墙体在河槽南岸的坡耕地中复现。前小段墙体地处东西两块耕地的地界处，部分墙体被田间小路覆盖。后小段墙体选择低凹处翻越未开垦的丘陵，向西南延伸的田间土路于西侧伴随低矮的墙体。墙体受农田耕种和田间道路通行的影响，濒于消失。

19. 大井长城5段（150223382301060050）

该段长城位于石宝镇大井村西南的沟谷中。起自大井村西南1千米，止于大井村西南1.2千米。根据上、下段墙体的分布情况分析判断，该段墙体原应作直线分布，呈东北－西南走向。上接大井长城4段，下接大井长城6段。

该段长城为墙体消失段，起止点之间的直线长度为269米。该段长城地处一条呈东南－西北走向的浅沟谷地，汛期为洪水水道，向西北汇入大井村西主河槽，沟底及两岸坡地上的墙体消失。该段长城周边有小块耕地，植被退化引起水土流失，导致墙体消失。沟南坡有一条与沟谷走向一致的土路穿过长城。

20. 大井长城6段（150223382101060051）

该段长城位于石宝镇大井村西南两条沟谷之间的丘陵坡耕地上。起自大井村西南1.2千米，止于大井村西南 1.7 千米。墙体作 "S" 状内、外弯曲分布，呈东北 – 西南走向。上接大井长城 5 段，下接巴拉它斯长城 1 段。

墙体长 537 米。整体保存差。墙体呈低矮的土垄状，轮廓与走向清晰。现存墙体底宽 3 ~ 5、顶宽 1 ~ 2、残存最高 0.4 米。墙体地处一条低缓丘陵顶部及南北坡地上，前、后小段墙体地处弃耕的坡耕地中，中小段墙体地处山丘顶部，隆起较明显，被开垦为绿化用地。农田耕种、水土流失，导致墙体保存差。

21. 巴拉它斯长城 1 段（150223382301060052）

该段长城位于石宝镇大井村西南、巴拉它斯村东北的丘陵垭口及其浅谷地带。起自巴拉它斯村东北 2.4 千米，止于巴拉它斯村东北 2.1 千米。根据上、下段墙体的分布情况分析判断，该段墙体原应作直线分布，呈东北 – 西南走向。上接大井长城 6 段，下接巴拉它斯长城 2 段。

该段长城为墙体消失段，起止点之间的直线长度为 294 米。该段长城地处呈东南 – 西北走向山梁的垭口处，沿长城走向开垦有条形坡耕地。垭口西坡为呈东南 – 西北走向浅缓的沟谷上游，为防止水土流失，村民沿沟谷横截了数条距离不等的现代防洪土坝，其中一条防洪土坝借用了长城，直接将墙体叠压于土坝下。农田耕种及防洪土坝的修筑造成墙体消失。

22. 巴拉它斯长城 2 段（150223382101060053）

该段长城位于石宝镇巴拉它斯村东北的低缓丘陵坡地上。起自巴拉它斯村东北 2.1 千米，止于巴拉它斯村东北 0.5 千米。墙体略作内、外弯曲分布，呈东北 – 西南走向。上接巴拉它斯长城 1 段，下接巴拉它斯长城 3 段。

墙体长 1683 米。墙体呈低矮的土垄状。现存墙体底宽 3 ~ 5、顶宽 1 ~ 2、残存最高 0.5 米。前小段墙体长 300 米，保存较差，墙体沿低缓的山梁顶部作外向弧线形分布，地处绿化柠条地中，西侧有土路并行，轮廓较清晰。（彩图一四四）中、后小段墙体合计长 1383 米，保存差。中小段墙体大部分被当作村间土路，两侧皆为坡耕地，地表可见略微的隆起，仅可分辨墙体的轮廓与走向。后小段墙体两侧种植有柠条，长势旺盛。保存较差、差墙体分别占该段墙体总长的 19%、81%。土壤半沙化、道路通行、雨水冲刷是导致墙体保存差的直接因素。墙体末端有一条呈东南 – 西北走向的砂石路穿过，路基宽 7 米，止点北侧土丘上有一座当地村民修建的小土地庙。

23. 巴拉它斯长城 3 段（150223382301060054）

该段长城位于石宝镇巴拉它斯村中及村东北、西南的川地上。起自巴拉它斯村东北 0.5 千米，止于巴拉它斯村西南 1.2 千米。根据上、下段墙体的分布情况分析判断，该段墙体原应呈东北 – 西南走向。上接巴拉它斯长城 2 段，下接羊盘壕长城 1 段。

该段长城为墙体消失段，起止点之间的直线长度为 1600 米。巴拉它斯村地处平缓的南北向川地上，前小段墙体因被村庄占据而消失。后小段墙体地处耕地间的交界处，成为乡间土路。消失的墙体在村西南土路北侧的耕地中复现，路东有一条由北流向南的季节性河流。

24. 羊盘壕长城 1 段（150223382101060055）

该段长城位于石宝镇羊盘壕村东及东北起伏较小的坡耕地中。起自羊盘壕村东北 1.8 千米，止于羊盘壕村东南 0.7 千米。墙体内、外略有弯曲，整体作外向弧线形分布，呈东北 – 西南走向。上接巴拉它斯长城 3 段，下接羊盘壕长城 2 段。

墙体长 1811 米。整体保存差。墙体呈低矮的土垄状，大部分模糊难辨。现存墙体底宽 3 ~ 6、顶宽 1 ~ 2、残高 0.1 - 0.5 米。前小段墙体基本沿巴拉它斯村至羊盘壕村之间的土路分布，起点为地块间未经开垦的丘陵坡地，墙体地处土路北，隆起较明显，顶部有一层细碎的小石子，（彩图一四五）上坡后向西南蜿蜒于东高西低的坡地上，土路两侧为耕地，墙体隆起于土路两侧或被叠压于土路下，即便被压在土路下亦可看出低矮的墙体。后小段墙体向西南弧折，地处耕地中，略隆起于地表，呈直线分布，轮廓与走向可分辨。由于大部分墙体所处地段被开垦为耕地，长年耕种、风雨侵蚀，是导致墙体保存差、濒于消失的直接因素。墙体末端有出村的东南向土路穿过。

25. 羊盘壕长城 2 段（150223382301060056）

该段长城位于石宝镇羊盘壕村南的耕地与沟壑中。起自羊盘壕村东南 0.7 千米，止于羊盘壕村西南 0.9 千米。根据上、下段墙体的分布情况分析判断，该段墙体原应作直线分布，呈东北－西南走向。上接羊盘壕长城 1 段，下接羊盘壕长城 3 段。

该段长城为墙体消失段，起止点之间的直线长度为 866 米。该段长城前小段地处较平坦的耕地中，后小段横跨一条呈东南－西北走向的深达 20 米的沟壑，东西两侧沟坡上的墙体消失。沟壑两岸有选矿厂，南侧选矿厂的尾矿坝直接覆盖在长城上。农田耕作、水土流失以及矿冶工厂的建设导致墙体消失。

26. 羊盘壕长城 3 段（150223382101060057）

该段长城位于石宝镇羊盘壕村西南沟壑西岸的坡谷地上。所处地势西高东低。起自羊盘壕村西南 0.9 千米，止于羊盘壕村西南 1.1 千米。墙体作直线分布，大体呈东北－西南走向。上接羊盘壕长城 2 段，下接羊盘壕长城 4 段。

墙体长 298 米。整体保存差。墙体呈低矮的土垄状，轮廓相对模糊。现存墙体底宽约 3、顶宽 1、残高 0.1～0.2 米。墙体选择谷地作上坡行，所处地段原为耕地，后被辟为绿化用地，种植有稀疏成行的柠条。墙体南、北侧为低矮的山丘，南侧山丘上矗立着通讯铁塔。农田耕种、风雨侵蚀等人为和自然因素，导致墙体保存差，濒于消失。

27. 羊盘壕长城 4 段（150223382301060058）

该段长城位于石宝镇羊盘壕村西南西高东低的坡地上。起自羊盘壕村西南 1.1 千米，止于羊盘壕村西南 1.2 千米。根据上、下段墙体的分布情况分析判断，该段墙体原应作直线分布，大体呈东北－西南走向。上接羊盘壕长城 3 段，下接羊盘壕长城 5 段。

该段长城为墙体消失段，起止点之间的直线长度为 166 米。该段长城所处地段为沙性土壤，曾开垦为耕地，现改为绿化用地。土质沙化、水土流失、农田耕种是导致墙体消失的主要因素。

28. 羊盘壕长城 5 段（150223382101060059）

该段长城位于石宝镇羊盘壕村西南的丘陵坡地上。起自羊盘壕村西南 1.2 千米，止于羊盘壕村西南 4.5 千米。墙体略作外向弧线形分布，大体呈东北－西南走向。上接羊盘壕长城 4 段，下接幸福村长城 1 段。

墙体长 3362 米。墙体呈低矮的土垄状。现存墙体底宽 3～7、顶宽 1～3、残存最高 0.5 米。根据墙体保存状况及地貌特点，分为三部分。前、后小段墙体合计长 2502 米，保存差。前小段墙体作上坡行，所在坡地原为耕地，现种植柠条。后小段墙体起始部分被一条土路叠压，两侧为条块坡耕地，之后，沿沟谷西岸的坡耕地上坡向西南延伸，穿丘陵顶部垭口进入幸福村，墙体大部分痕迹模糊，仅可辨别走向，濒于消失。中小段墙体保存较差，长 860 米，墙体地处坡上的低谷地中，沿低缓的谷地作外向弧线形向西南延伸，两侧是人工种植的榆树，类似于"路旁林"，墙体地处未被开垦的丘陵草原地带，隆起明显，轮廓与走向清晰。（彩图一四六）保存较差、差墙体分别占该段墙体总长的 26%、74%。为防止水土流失，墙体两侧的大小沟谷建有防洪土坝，其中，后小段墙体分布的沟谷自上而下建有五条土坝，横截墙体，止点北侧的防洪坝较高大。因水土流失、土坝修筑、农田耕种以及道路通行等自然和人为因素的影响，导致墙体保存差。

29. 幸福村长城 1 段（150223382101060060）

该段长城位于石宝镇幸福村东北的低缓丘陵坡地上。起自幸福村东北 2.7 千米，止于幸福村西南 0.4 千米。墙体前小段作"S"形弧线分布，后小段作直线分布，大体呈东北 - 西南走向。上接羊盘壕长城 5 段，下接幸福村长城 2 段。

墙体长 3101 米。墙体呈低矮的土垄状。现存墙体底宽 2~7、顶宽 1~2、残存最高 0.3 米。依墙体保存状况及所处地貌分为前、后两部分。前小段墙体长 780 米，保存较差，墙体地处山梁顶部垭口及较缓的丘陵南坡地上，作内、外弧线形分布，两侧原为耕地，现上半部坡地种植柠条，下半部坡耕地仅部分耕种，墙体较宽大，轮廓与走向较清晰。（彩图一四七、一四八）后小段墙体长 2321 米，保存差，墙体基本呈直线形行进于耕地地界处，一条土路由北向南而来，遇墙体转西南与之并行，部分土路叠压在墙体上，墙体于幸福村北、土路东的山梁垭口处穿过，向西南转入土路西侧耕地中，隐约可见隆起的墙体。保存较差、差墙体分别占该段墙体总长的 25%、75%。地处耕地中、耕地地界处及部分被土路叠压的墙体保存差，因水土流失等自然因素的影响，部分墙体濒于消失。墙体止点、紧邻幸福村北是石宝镇通往大苏吉村的呈西南 - 东北走向的柏油路，路宽 7 米，形成豁口。穿过柏油路后的墙体地处南侧路基下，与公路并列西行。

30. 幸福村长城 2 段（150223382301060061）

该段长城位于石宝镇幸福村西南柏油路南侧的平缓川地上。起自幸福村西 0.4 千米，止于幸福村西南 1.6 千米。根据上、下段墙体的分布情况分析判断，该段墙体原应作外向弧线形分布，呈东北 - 西南走向。上接幸福村长城 1 段，下接幸福村长城 3 段。

该段长城为墙体消失段，起止点之间的直线长度为 1246 米。该段长城地处幸福村与兑九卜子村之间的呈东北 - 西南走向的谷地中。前小段大部分地处柏油路路基南侧，公路修筑是导致墙体消失的直接因素。后小段绕过南侧的山丘后转偏西南行，山丘下有浅缓的水冲沟，东北向下泄的水流直接导致地处低洼地带的墙体消失。

31. 幸福村长城 3 段（150223382101060062）

该段长城位于石宝镇幸福村西南的丘陵坡谷地上。起自幸福村西南 1.6 千米，止于幸福村西南 2.3 千米。墙体作直线分布，呈东北 - 西南走向。上接幸福村长城 2 段，下接石宝长城 1 段。

墙体长 708 米。现存墙体底宽 1~4、顶宽 0.5~1.5、残存最高 0.2 米。墙体在兑九卜子村东北的柏油路东侧耕地中复现。前小段墙体长 392 米，保存差，墙体作上坡行进，东临南北向沟谷，隐约可见隆起的墙体轮廓。（彩图一四九）后小段墙体长 316 米，起始部分被叠压在柏油路下，后于公路西侧复现，属于消失段。保存差、消失墙体分别占该段墙体总长的 55.4%、44.6%。

32. 石宝长城 1 段（150223382301060063）

该段长城位于石宝镇石宝村北的丘陵顶部。起自石宝村北 1.7 千米，止于石宝村北 1.3 千米。根据上、下段墙体的分布情况分析判断，该段墙体原应略作外向弧线形分布，呈东北 - 西南走向。上接幸福村长城 3 段，下接石宝长城 2 段。

该段长城为墙体消失段，起止点之间的直线长度为 460 米。调查表明，该段长城沿垭口翻越海拔 1735 米的东西向山岭，石宝镇至大苏吉村的柏油路南北向穿越此山岭时，选择了此垭口，新开凿了一个深达 10 米的"V"形人工垭口，当与长城的分布与走向一致。墙体消失应与这条公路的修筑有关。（彩图一五〇）

33. 石宝长城 2 段（150223382101060064）

该段长城位于石宝镇石宝村北的丘陵南坡地上。起自石宝村北1.3千米，止于石宝村北0.5千米。墙体作直线分布，呈近北-南走向，上接石宝长城1段，下接石宝长城3段。

墙体长741米。整体保存差。墙体呈低矮的土垄状，隆起较低矮，轮廓与走向可分辨。上段消失的墙体自柏油路西侧坡地上复现，与公路并行顺坡南下。墙体所处的坡地西侧为绿化地，栽植较矮的灌木。现存墙体底宽3~4、顶宽1~2、残存最高0.3米。农田耕种、公路修筑等人为因素是导致墙体保存差的主要原因。百灵庙镇通往希拉穆仁镇的县道090呈东-西走向穿过长城墙体末端，形成宽约20米的豁口。公路南侧的墙体地处石宝村西侧，西临水泥路，对墙体影响很大。

34. 石宝长城3段（150223382301060065）

该段长城位于石宝镇石宝村北、西及西南平坦的川地上。起自石宝村北0.5千米，止于石宝村西南2.5千米。根据上、下段墙体的分布情况分析判断，该段墙体原应作直线分布，呈东北-西南走向。上接石宝长城2段，下接鱼海滩长城。

该段长城为墙体消失段，起止点之间的直线长度为3010千米。该段长城起止端经过石宝村和四号村，中间部分应地处两村之间的水泥路西侧的耕地中，村庄建设和农田耕种是导致墙体消失的根本原因。在四号村北，县道089与前述水泥路作十字交叉，墙体在交叉口南侧路西复现。

35. 鱼海滩长城（150223382101060066）

该段长城位于石宝镇鱼海滩村西平坦的川耕地上。起自鱼海滩村北1.3千米，止于鱼海滩村西南2千米。墙体内、外略有弯曲，基本作直线分布，呈东北-西南走向。上接石宝长城3段，下接盐房子长城1段。

墙体长3313米。整体保存差。墙体呈低矮的土垄状。现存墙体底宽3~8、顶宽1~2、残高0.1~0.6米。前小段墙体西侧是一块凸起的高冈地，墙体略作内向弧线形延伸环绕，始终沿着土路西侧的耕地边缘向南延伸，墙体并未被开垦，痕迹较明显，部分地段顺墙体敷设围封耕地的网围栏。（彩图一五一）后小段墙体大部分地处耕地中，部分未开垦地段的墙体隆起明显，向南进入低洼地。（彩图一五二）墙体周边的耕地属于平川地，土壤较肥沃，长年耕种是导致墙体保存差的主要原因。

36. 盐房子长城1段（150223382301060067）

该段长城位于石宝镇盐房子村西南的滩地上。起自盐房子村西1.1千米，止于盐房子村西南1.2千米。根据上、下段墙体的分布情况分析判断，该段墙体原应作直线分布，呈东北-西南走向。上接鱼海滩长城，下接盐房子长城2段。

该段长城为墙体消失段，起止点之间的直线长度为303米。长城脱离耕地后进入大面积的低洼地，东侧为一处汛期积水的水泡子，周边生长着芨芨草丛，鱼海滩因此得名。因积水的冲刷浸泡造成墙体消失。（彩图一五三）

37. 盐房子长城2段（150223382101060068）

该段长城位于石宝镇盐房子村西南的鱼海滩滩地中。起自盐房子村西南1.2千米，止于盐房子村西南1.5千米。墙体作直线分布，大体呈东北-西南走向。上接盐房子长城1段，下接盐房子长城3段。

墙体长392米。整体保存差。墙体呈低矮的土垄状。现存墙体底宽6~8、顶宽2~3、残高0.1~0.3米。墙体地处一个较大水泡子的西北岸边，调查时水泡子已干涸，墙体上生长着丛丛芨芨草，顶部有一层细密的小石子，轮廓与走向较清晰。（彩图一五四）因雨水冲刷、积水浸泡的影响，导致墙体保存差。墙体东侧有一家铁粉加工厂。

38. 盐房子长城3段（150223382301060069）

该段长城位于石宝镇盐房子村西南的鱼海滩滩地中。起自盐房子村西南 1.5 千米，止于盐房子村西南 2.2 千米。根据上、下段墙体的分布情况分析判断，该段墙体原应作直线分布，呈东北－西南走向。上接盐房子长城 2 段，下接武川县双玉城长城。

该段长城为墙体消失段，起止点之间的直线长度为 943 米。该段长城前小段为鱼海滩水泡子分布的中心地带，在两个相邻的水泡子中间穿过，满布密集的芨芨草丛。雨水冲刷、积水浸泡以及矿粉加工厂设置的尾矿坝，导致墙体消失。后小段地处水泡子南岸的坡地上，地表多为芨芨丛，止点为达尔罕茂明安联合旗百灵庙镇通往呼和浩特市的东西向省道 104，路南进入武川县境内，墙体复现。

（三）呼和浩特市武川县

武川县境内的六镇长城北线均为土墙，为挖壕筑墙，部分断面有夯层。墙体总长 12364 米，按保存状况统计，其中，土墙保存较差 5659 米、差 5694 米、消失 501 米，河险长 510 米。保存较差、差、消失墙体及河险分别占墙体总长的 46%、46%、4%、4%。调查中，将长城划分为 7 段，其中，有墙体存在部分 5 段、消失 1 段、河险 1 段。具体描述如下。（参见地图七）

1. 双玉城长城（150125382101060001）

该段长城位于二份子乡双玉城村西南低缓的丘陵耕地中。起自双玉城村西北 1.6 千米，止于双玉城村西南 2.9 千米。墙体作内向弧线形分布，大体呈西北－东南走向。上接达尔罕茂明安联合旗盐房子长城 3 段，下接麻忽图长城。

墙体长 3255 米。墙体呈低矮的土垄状，轮廓与走向较清晰。现存墙体底宽 3~5、顶宽 1~2、残存最高 0.4 米。前小段墙体长 715 米，保存较差，墙体起始部分地处弃耕地中，隆起不明显，后面的墙体地处东西地块的地界处，东侧是一条与墙体并行的田间土路，向南弯曲延伸，穿过连接双玉城村与花牛卜子村的呈东北－西南走向的乡间土路，至水泡子北岸，隆起较明显。（彩图一五五）后小段墙体长 2540 米，保存差，墙体大部分地处耕地的地界处或边缘地带，明显隆起于地表，东侧有一座面积较小的水泡子。保存较差、差墙体分别占该段墙体总长的 22%、78%。乡间土路斜穿墙体形成宽 8 米的豁口，水泡子西岸的部分墙体因积水冲刷而消失。农田耕种、水土流失、积水浸泡是导墙体保存差、消失的主要因素。

2. 麻忽图长城（150125382101060002）

该段长城位于二份子乡麻忽图村东平坦的耕地中。起自麻忽图村东北 2.2 千米，止于麻忽图村东南 2.9 千米。墙体作直线分布，呈东北－西南走向。上接双玉城长城，下接河子上长城 1 段。

墙体长 3862 米。整体保存较差。墙体呈低矮的土垄状。现存墙体底宽 4~8、顶宽 1~3、残存最高 0.5 米。前小段墙体大部分地处耕地地界上，明显隆起于地表，轮廓与走向清晰。（彩图一五六、一五七）后小段墙体地处塔布河北岸的丘陵地带，东侧为花岗岩基岩地貌，巨石裸露。墙体沿基岩区西侧一条窄缓的沟谷地下坡至塔布河北岸，由于水土流失形成与墙体走向一致的自然冲沟，冲毁部分墙体。在冲沟东侧的墙体断面可见夯层，夯层厚 0.06~0.09 米。（彩图一五八）墙体东侧为沿河而居的河子上村，有居民 30 余户，西为长势茂盛的杨树林。在河子上村西北，通往麻忽图村的乡间土路呈东南－西北走向穿过，其中一段土路叠压在墙体上。农田耕种、自然冲沟和道路通行等因素对墙体的保存产生了一定影响。

3. 河子上长城 1 段（150125382107060003）

该段长城位于二份子乡河子上村西南的河槽中。起自河子上村西 0.5 千米，止于河子上村西南 0.7

千米。大体呈北－南走向。上接麻胡图长城，下接河子上长城 2 段。

该段长城为河险，起止点之间的直线长度为 510 米。长城南北横跨塔布河，推断当时即以河为险，未曾修筑墙体。（彩图一五九）

4. 河子上长城 2 段（150125382101060004）

该段长城位于二份子乡河子上村西南塔布河南岸平缓的丘陵耕地中。起自河子上村西南 0.7 千米，止于河子上村西南 3.1 千米。墙体大体作直线分布，呈东北－西南走向。上接河子上长城 1 段，下接水泉长城 1 段。

墙体长 2510 米。墙体呈土垄状，明显隆起于地表。现存墙体底宽 4~8、顶宽 1~2、残存最高 0.6 米。墙体于塔布河南岸的平地上复现，前小段长 686 米，保存较差，河岸上的土地未被开垦，墙体隆起较明显，（彩图一六〇）向南进入耕地后，墙体多成为耕地地界，农田耕种对墙体影响相对较小。后小段墙体长 1824 米，保存差，墙体地处耕地或绿化地中，隆起较低矮，部分地段几乎与地表齐平，依据前、后墙体的分布情况方能连续衔接。保存较差、差墙体分别占该段墙体总长的 27.3%、72.7%。墙体起点西侧有一条与墙体并行的土路，辙沟较浅，车辆通行极少。止点段东侧有一条与墙体呈同一走向的自然小冲沟，这条冲沟短而浅，冲刷范围较小。耕地中种植的农作物主要是小麦和马铃薯，绿化地中种植有柠条。有三条土路基本呈东－西走向穿过墙体，一条乡间道路穿过中小段墙体，路两侧局部种植有路旁林，过往车辆较多，形成墙体豁口。

5. 水泉长城 1 段（150125382101060005）

该段长城位于西乌兰不浪镇水泉村西北平缓的丘陵耕地中。起自水泉村北 1.4 千米，止于水泉村西北 0.4 千米。墙体大体作直线分布，呈东北－西南走向。上接河子上长城 2 段，下接水泉长城 2 段。

墙体长 1097 米。前小段墙体长 396 米，保存较差，墙体呈较高的土垄状，呈直线分布，两侧为耕地，现存墙体底宽 8~12、顶宽 2~3、残高 0.5~1.5 米。（彩图一六一）后小段墙体长 701 米，保存差，墙体作内向弧线形分布，顶部曾被耕种，调查时弃耕，墙体明显隆起于地表，现存墙体底宽 4~9、顶宽 2~3、残高 0.1~1.2 米。保存较差、差墙体分别占该段墙体总长的 36%、64%。墙体两侧为耕地或绿化地，受墙体东侧裸露的花岗岩山地影响，土壤中含砂量较大，不适宜耕种的土地被开垦为绿化地，种植柠条等灌木。即便是耕种的农田，农作物长势衰微，产量极低。后小段墙体东侧有一条防洪坝，虽不是为保护长城而专门构筑，但客观上对墙体起到了保护作用。防洪坝东侧是一条与之并行的土路。

6. 水泉长城 2 段（150125382301060006）

该段长城位于西乌兰不浪镇水泉村西的洪水冲积滩地中。起自水泉村西北 0.4 千米，止于水泉村西南 0.2 千米。根据上、下段墙体的分布情况分析判断，该段墙体原应作直线分布，呈北－南走向，稍偏东南。上接水泉长城 1 段，下接水泉长城 3 段。

该段长城为墙体消失段，起止点之间的直线长度为 501 米。该段长城东、南侧为高大的山丘，山丘上花岗岩裸露，植被稀疏，地表涵养水分差，一有暴雨极易形成洪水。南侧为海拔 1888 米的翁三沟子山，北坡沟谷纵深达 3.3 千米，洪水顺沟谷北向倾泄而来，村东的水流向西北，两股水流于水泉村西长城两侧汇集，形成大面积的洪水冲积滩地，导致墙体消失。（彩图一六二）

7. 水泉长城 3 段（150125382101060007）

该段长城位于西乌兰不浪镇水泉村西南翁三沟子山北沟口东岸的坡地上。起自水泉村西南 0.2 千米，止于水泉村西南 0.8 千米。墙体沿洪水冲沟东岸略作弧线形分布，大体呈西北－东南走向。上接水泉长城 2 段，止点为六镇长城北线西南端点。

　　墙体长 629 米。整体保存差。墙体呈低矮的土垄状。现存墙体底宽 4～7、顶宽 1～2、残高 0.1～0.3 米。在翁三沟子山北出沟口的冲积滩地上隐约有墙体痕迹，说明长城修筑时已形成冲积滩，墙体直接修筑在滩地上。墙体所处滩地被开垦为耕地，已弃耕。墙体西临沙河槽，东为坡地，向南止于石砬山小山脚下。（彩图一六三）水土流失，土壤含砂量大，加之曾开垦为农田，是导致墙体保存差的直接因素。

第四章
太和长堑

北魏太和长堑自东向西分布于河北省与内蒙古自治区境内，是沿大兴安岭西南缘与燕山山脉北麓之间构筑的一道长城防御体系。起伏的低山与丘陵交错、川谷地纵横是这一地区的典型地貌特征。太和长堑长城墙体东自河北省承德市丰宁满族自治县鱼儿山镇大孤山村东北向西北延伸，大体沿川地作直线分布，由锡林郭勒盟多伦县大北沟镇十六号村南进入内蒙古自治区，沿着低山丘陵谷地穿行。太和长堑在内蒙古自治区境内分布于锡林郭勒盟多伦县和正蓝旗。（参见地图一）

太和长堑长城墙体在内蒙古自治区境内总长 40858 米，均为土筑。其中，有墙体存在部分长 26045 米、消失 14813 米。田野调查中，将长城划分为 12 段。长城沿线调查戍堡 1 座，不见马面、烽燧等附属设施。具体情况如下表所示。（表三）

表三　太和长堑数据简表

分布行政区域		墙体长度（米）	土墙（米）			戍堡（座）
			保存较差	保存差	消失	
锡林郭勒盟	多伦县	25640	3158	9649	12833	0
	正蓝旗	15218	2083	11155	1980	1
总计		40858	5241	20804	14813	1

一　长城墙体分布与走向

太和长堑长城墙体在内蒙古自治区境内起自于多伦县大北沟镇十六号村东南 2.3 千米蒙冀省区界线上的耕地中，经大孤山东北坡脚西北行，先穿越一条呈东北－西南走向山岭，然后转西偏北行，再于一条东西向山岭的西缘末端环绕，转北偏西行，这部分长城墙体大体沿蒙冀省区界线分布，属河北省张家口市沽源县辖境，于沽源县小城子村北部进入内蒙古自治区正蓝旗境内的墙体作直线分布，呈北偏西行，穿越闪电河，与金界壕主线墙体相交汇。

（一）锡林郭勒盟多伦县

太和长堑长城墙体在多伦县境内行经大北沟镇，整体作内向弧线形分布，大体呈东南－西北走向。墙体起自于多伦县西南部蒙冀省区交界处大北沟镇十六号村南部的川耕地中。沿大孤山东北坡脚向西北延伸，经十五号村与十九号村之间的川耕地西北行，于山间垭谷穿越呈东北－西南走向的山岭，在山谷间墙体作"S"形分布。在山岭的背坡，顺西北向谷地而出，再穿越山岭北向余脉的垭口，进入较窄的下六号村至四号村之间的谷地。墙体在谷地中转呈西偏北行，于四号村东北环绕另一条东西向山岭的西端末缘，后复转呈西北行，经东糜地沟村、四人沟村（河北省沽源县）东至小城子村（河北省沽源县）东，转呈北偏西行，始终穿行在遍布耕地的谷地中。这部分长城墙体大体地处蒙冀省区界线上，多偏于河北省境内，隶属于沽源县二道渠乡。在小城子村北4千米与一条土路垂直交叉，北偏西行进入正蓝旗境内。（参见地图八）

（二）锡林郭勒盟正蓝旗

太和长堑长城墙体在正蓝旗境内主要行经上都镇黑城子种畜场，大体作直线分布，在闪电河东岸呈北偏西走向，过河后转呈东南－西北走向，至金莲川谷地西缘沿山坡脚行，转呈西南－东北走向。

墙体起自于黑城子种畜场东南部正蓝旗与多伦县的交界地带，此地同时也是蒙冀两省区的界线。连接黑城子种畜场与大北沟镇的县道511垂直于墙体穿过，公路南侧的墙体地处宽阔平坦的川耕地中，公路北侧的墙体地处未被开垦的草原滩地上。墙体再向西北行，至县道502东侧，为有明显墙体存在的段落。之后，长城墙体跨过县道502，经老黑城子村东沿闪电河东岸西行，穿越闪电河，沿闪电河谷西北行，于新太平城村东北与大体呈东－西走向的金界壕主线墙体相交汇。之后墙体穿过金界壕主线西北行，终止于风干楼村南1.4千米处的缓坡地上。（参见地图八）

二　长城墙体与戍堡保存状况

太和长堑长城墙体沿川地、谷地、山垭口、坡地及草甸草原构筑，普遍呈土垄状，总体与六镇长城南线、北线墙体相似，墙体较之六镇长城保存好。墙体所处区域大部分被开垦为农田，因农田耕种、水土流失及道路修筑等多种因素的影响，墙体保存较差，时断时续。

（一）锡林郭勒盟多伦县

多伦县境内的太和长堑长城墙体均为土墙，为挖壕夯土筑墙，壕沟一般在墙体外侧，个别断面可见夯层。墙体总长25640米，其中，保存较差3158米、差9649米、消失12833米。保存较差、差、消失墙体分别占墙体总长的12.3%、37.6%、50.1%。调查中，将长城划分为10段，其中，有墙体存在部分6段、消失4段。具体描述如下。（参见地图八）

1. 十六号长城（152531382301060001）

该段长城位于大北沟镇十六号村西南、西北低山丘陵间的谷地中。南与河北省交界，为太和长堑长城在内蒙古自治区境内东南端的第一段墙体。起自十六号村东南2.2千米，止于十六号村西北3.9千米。根据上、下段墙体的分布情况及周边地貌环境分析判断，该段墙体原应作直线分布，呈东南－西北走向。上接河北省丰宁满族自治县鱼儿山镇土城子长城1段，下接十九号长城。

该段长城为墙体消失段，起止点之间的直线长度为5700米。地处低山谷地，多有孤立凸起的山丘分布，长城沿谷地或山脚坡地穿行。该段长城前小段地处低缓山梁的南北坡地上，全部被开垦为耕地，农田耕作导致墙体消失。中小段西侧是一座海拔1546米的大孤山，西南连着一座稍矮的圆山，双峰凸起。大孤山东北坡脚下有墙体残迹，被一条同向的砂石路叠压，部分地段有隆起。后小段经过一条呈东北－西南走向的川地，村落沿川地分布，长城于十九号村与十五号村中间的耕地中穿过，大体处于东、西地块间分界线的田间土路上，由于农田耕种与道路通行，导致墙体消失。一条谷地溪流自东南来，于大孤山东北山脚下环绕穿过长城，蜿蜒向西注入蒙冀两省区交界地带的沽源县石门子水库。连接十九号村与十五号村之间的乡道501穿过长城。该段长城末端西侧的山丘上矗立着通讯信号铁塔。

2. 十九号长城（1525313382101060002）

该段长城位于大北沟镇十九号村西北呈东北－西南走向山岭的山垭口及其南、北两侧的坡谷地上。顺山丘间的垭口谷地穿越山岭。起自十九号村西北1.6千米，止于十九号村西北3.4千米。墙体作"S"形内、外弯曲分布，呈东南－西北走向。上接十六号长城，下接五号长城1段。

墙体长2035米。墙体呈土垄状。现存墙体底宽5~6、顶宽2~3、残高0.3~1.5米。依墙体保存状况分为保存较差、差、消失三个小段。前小段地处山岭垭口中的墙体，除因洪水冲沟部分消失外，大部分明显隆起于地表，轮廓与走向清晰，内、外两侧有较明显的挖土筑墙形成的壕沟痕迹。中小段墙体长1290米，保存差，墙体地处山岭西北向伸出的谷地中，西南临冲沟，谷地被大面积开垦为种植柠条的绿化地，墙体低矮。后小段坡地上的墙体长510米，受水土流失的影响较大，保存差。消失段包括三部分，山岭南坡一条呈东北－西南走向的冲沟冲断墙体；垭口北坡狭窄的谷地中有冲沟自山顶发育，向西南下泄，斜穿冲毁谷底中的一段墙体；北谷口有水流呈放射状冲刷，导致一段墙体消失，三处因洪水泛滥累计造成墙体消失235米。保存较差、差、消失墙体分别占该段墙体总长的25%、63.4%、11.6%。植被退化导致的水土流失，在低山丘陵间显现的犹为突出，对墙体的冲击破坏力亦越强烈。（彩图一六四、一六五）

3. 五号长城1段（1525313382101060003）

该段长城位于大北沟镇五号村（原十五号乡政府驻地）东南的坡耕地中。西临上段长城所穿越山岭西北向伸出的余脉，所处地势西南高东北低。起自五号村东南3.3千米，止于五号村东南0.5千米。上段墙体末端沿一条低缓山梁的东坡行进，本段墙体选择垭口翻越该山梁，呈东－西走向，进入西侧谷地的大部分墙体略作外向弧线形分布，复转呈东南－西北走向。上接十九号长城，下接五号长城2段。

墙体长2890米。整体保存差。墙体呈低矮的土垄状。现存墙体底宽5~6、顶宽3~4、残高0.3~0.5米。前小段墙体顺垭口穿越西北向伸出的低缓丘陵，山梁未被开垦，墙体隆起较明显，两侧有低缓的壕沟，北侧有两处较小的采石坑，沟中聚集着从坡上滚落的碎石块。（彩图一六六）翻过山梁复转西北行的后小段墙体地处坡耕地中，为东北、西南两块耕地地界，大部分地段有田间土路通行，墙体地处土路东北侧，即东北地块的西南缘，耕地中的墙体隆起低矮，轮廓与走向较清晰，东北地块有田间杨树防护林。前小段山梁上的墙体被一条窄浅的小冲沟冲断，出现小断豁。有三条土路穿过后小段墙体，其中，末端的土路稍宽，沿防护林垂直穿过墙体，中间的两条较窄的土路弯曲穿过墙体进入东北地块的防护林中。

4. 五号长城2段（1525313382301060004）

该段长城位于大北沟镇五号村（原十五号乡政府驻地）东南、西南邻近村庄的坡地上。起自五号村东南0.5千米，止于五号村西1千米。根据上、下段墙体的分布情况及实地调查情况综合分析判断，该段墙体原应作内向漫弧形分布，呈东南－西北走向。上接五号长城1段，下接五号长城3段。

该段长城为墙体消失段，起止之间的直线长度为1354米。墙体在五号村东南部耕地地块分界处消失，有田间土路沿长城走向西北延伸。邻近五号村的该段长城中小段位于两条出村的砂石路之间，乡道501向西而去，乡道313向西南延伸。西北部接近乡道501的地段，地势低洼，有积水坑。近村的西南部未被开垦的地段，有略隆起的墙体残留，是判断墙体略作内向漫弧形分布的依据。两条砂石路之间的土路纵横交错，十分零乱。地处乡道501西北侧消失的后小段墙体，因乡道在西部北折，形成直角弯，部分农用车辆不绕弯自乡道501西北向岔出直线通行，复接乡道，形成三角形路网。墙体被叠压消失在斜长边的土路南半部，于该段长城末端土路东侧墙体复现，两侧为坡耕地。

5. 五号长城 3 段（152531382101060005）

该段长城位于大北沟镇五号村（原十五号乡政府驻地）西北东西向山岭的西缘末端坡地上。东侧为丘陵，西邻四号村。起自五号村西1千米，止于五号村西北1.3千米。墙体沿山坡略作内向弧线形分布，呈东南－西北走向。上接五号长城2段，下接东糜地沟长城1段。

墙体长374米。整体保存差。墙体呈土垄状，明显隆起于地表。现存墙体底宽4~6、顶宽2~3、残高0.3~0.5米。前小段墙体在三角形路网斜长边北半部的外侧复现，沿坡地与土路同西北行。后小段转于土路西侧的绿化地中，至北折的乡道501汇合后墙体消失，墙体东北侧为沿山脚开垦的条形耕地，西南侧为耕地，西北侧为绿化地，绿化地中间有东西向防护林。土路斜穿墙体，形成豁口，道路通行是导致墙体保存差、局部消失的主要原因。

6. 东糜地沟长城 1 段（152531382301060006）

该段长城位于大北沟镇东糜地沟村东南的坡耕地中。地处四号村与东糜地沟村之间。东临丘陵，西侧为川地，所处地势东高西低。起自东糜地沟村东南1.9千米，止于东糜地沟村东北0.2千米，根据上、下段墙体分布情况及田野调查综合分析判断，该段墙体原应略作内向弧线形分布，呈东南－西北走向。上接五号长城3段，下接糜地沟长城2段。

该段长城为墙体消失段，起止点之间的直线长度为2028米。该段长城前小段于四号村东北部穿过乡道501后，进入西侧的坡耕地中，耕地有略隆起的墙体遗痕，据此说明，墙体应略作内向弧线形分布。一条砂石路自乡道501向西北东糜地沟村方向岔出，后小段墙体被叠压在砂石路下。砂石路进入村中后转西行，折弯点至该段长城止点之间的墙体地处村落东半部，因村庄建设而消失。

7. 东糜地沟长城 2 段（152531382101060007）

该段长城位于大北沟镇东糜地沟村西北川耕地中地块的交界处。所处地势略东高西低。起自东糜地沟村西北0.2千米，止于东糜地沟村西北3.6千米。墙体中间作内向弧线形分布，大体呈东南－西北走向。上接东糜地沟长城1段，下接白沙梁长城。

墙体长3463米。墙体呈土垄状。现存墙体底宽6~7、顶宽4~5、残高0.5~1.4米。前小段墙体长1683米，保存较差，墙体明显隆起于地表，轮廓与走向清晰，外侧隐约有壕沟痕迹，乡间土路先于墙体内侧后转于外侧并行，两侧为耕地。（彩图一六七）后小段墙体长1780米，保存差，墙体较低矮，地处四人沟村与井沿营子村之间，连接两村的土路穿过墙体，形成豁口，豁口北的墙体地处耕地地块之间，东侧有土路并行，土路东侧有一段杨树防护林。保存较差、差墙体分别占该段墙体总长的48.6%、51.4%。连接四人沟村与段家营子村的呈东北－西南走向的土路穿过墙体。道路通行与农田耕种的影响是墙体保存差的直接原因。

8. 白沙梁长城（152531382301060008）

该段长城位于大北沟镇白沙梁村西南坡耕地地块的分界处。坡地起伏较小，所处地势略东高西低。东侧为低山丘陵，西侧为闪电河河谷。起自白沙梁村西南6.3千米，止于白沙梁村西6.7千米。根据上、下段墙体的分布情况分析判断，该段墙体原应作直线分布，呈东南－西北走向。上接东糜地沟长城 2 段，下接黑山头长城 1 段。

该段长城为墙体消失段，起止点之间的直线长度为 3516 米。该段长城地处东、西两块耕地交界处。中小段所处地势低洼，有两条并行的田间土路双向通行，长城沿土路的中间分布，道路通行是导致墙体消失的直接原因。前、中小段两侧为农田；后小段西侧为农田，东侧为绿化林地。连接小城子村与白沙梁村的土路自该段长城后小段穿过。

9. 黑山头长城 1 段（152531382101060009）

该段长城位于大北沟镇黑山头村西南的坡耕地上。东临低山丘陵，西侧为小城子村。起自黑山头村西南 4.9 千米，止于黑山头村西南 4.5 千米。墙体作直线分布，呈东南 – 西北走向。上接白沙梁长城，下接黑山头长城 2 段。

墙体长 1162 米。整体保存差。墙体呈低矮的土垄状，部分墙体外侧有壕沟痕迹。现存墙体底宽 4～6、顶宽 2～3、残高 0.3～0.5 米。墙体在双线土路东侧复现，地处耕地地块交界处。连接小城子村与黑山头村的土路呈西南 – 东北走向穿过墙体。农田耕种与道路通行是墙体保存差的主要原因。

10. 黑山头长城 2 段（152531382101060010）

该段长城位于大北沟镇黑山头村西的坡地上。所处地势东高西低。东临低山丘陵，西临闪电河谷。起自黑山头村西南 4.5 千米，止于黑山头村西北 4.9 千米。墙体作直线分布，呈东南 – 西北走向。上接黑山头长城 1 段，下接正蓝旗黑城子种畜场长城。

墙体长 3118 米。墙体呈土垄状，地处地块的交界处，有土路相伴随。现存墙体底宽 5～8、顶宽 3～5、残高 0.5～1.1 米。前小段墙体长 2153 米，保存差，墙体隆起较低矮，轮廓与走向较清晰，双线土路并列通行，其中，东侧土路部分叠压在墙体上，两侧为绿化地，种植低矮的灌木。后小段墙体保存较差，长 965 米，墙体明显隆起于地表，轮廓与走向清晰，土路转于墙体东侧与之并行，外侧隐约有壕沟痕迹，西侧为耕地，东侧为绿化地。（彩图一六八）保存较差、差墙体分别占该段墙体总长的 31%、69%。近止点的墙体上挖掘有树坑，断面有夯层，夯层厚约 15 厘米。土路或东或西伴随墙体，对墙体的保存产生较大影响；农田耕种及自然水土流失，是制约墙体保存的主要因素。墙体的止点地处两条土路的"十"字交叉口，也是多伦县与正蓝旗的界线，同时也是蒙冀两省区的交界处。

（二）锡林郭勒盟正蓝旗

正蓝旗境内的太和长堑长城墙体均为土墙，为挖壕夯土筑墙。墙体总长 15218 米；其中，保存较差 2083 米、差 11155 米、消失 1980 米。保存较差、差、消失墙体分别占墙体总长的 13.7%、73.3%、13%。调查中，将长城划分为 2 段。具体描述如下。（参见地图八）

1. 黑城子种畜场长城（152530382101060001）

该段长城位于上都镇黑城子种畜场东南、东北的闪电河东岸谷地上。地势东南高西北低。墙体起自黑城子种畜场东南 5.5 千米，止于黑城子种畜场东北 1.7 千米。墙体作直线分布，呈东南 – 西北走向。上接多伦县黑山头长城 2 段，下接新太平城长城。

墙体长 6363 米。墙体呈土垄状，明显隆起于地表。现存墙体底宽 6～10、顶宽 3～5、残高 0.2～1.2 米。根据墙体所处地貌环境及保存状况，划分为三小段描述。前小段墙体地处耕地地块分界处，有土路于墙体西侧伴随，至土路西折离开墙体后止，墙体明显隆起于地表，宽大厚重，轮廓与走向清晰，外侧明显有壕沟痕迹。（彩图一六九）中小段墙体地处地块分界处及耕地中，作北偏西向穿行，穿越县道 510 和县道 511，农田中的墙体隆起较低矮，轮廓与走向清晰，外侧隐约有壕沟痕迹。（彩图一七〇）后小段

北

0　5　10米

图三五　黑城子种畜场戍堡平面图

墙体地处未开垦的草甸草原上，隆起明显，外侧隐约有壕沟痕迹。（彩图一七一）前、后小段地处耕地地界及草原上的墙体保存较差，合计长2083米。中小段分布于耕地中的墙体保存差，长4280米。保存较差、差墙体分别占该段墙体总长的32.7%、67.3%。县道修筑及土路通行使墙体形成多处豁口，止点地处县道502路基东侧，由此可见，道路的修筑与通行对墙体的危害较大。其次是农田耕种的影响，随着长年不断的农田耕作，墙体将最终消失于耕地中。耕地之外的部分墙体顶部被挖掘了一些较小的树坑，部分种植了杨树，对墙体的保存构成影响。

该段墙体沿线调查戍堡1座，为黑城子种畜场戍堡。具体描述如下。

黑城子种畜场戍堡（152530353101060001）

该戍堡位于上都镇黑城子种畜场长城墙体止点西南0.9千米的闪电河东岸草原谷地上，所处地势东南高西北低。东北距长城墙体最近0.53千米，西南距黑城子种畜场1千米。南邻县道511，西邻县道502，地处"丁"字路口东北部。

戍堡平面呈长方形，东西长40、南北长52米。（图三五；彩图一七二）堡墙呈土垄状，明显隆起于地表。受水土流失的影响，北墙保存差；西墙保存着原貌，断面可见夯层，用黑土和黄土交替分层夯筑，夯层厚0.08~0.12米。（彩图一七三）现存堡墙底宽5、顶宽1、残高0.2~0.4米。南墙辟门，方向138°。戍堡内采集有北魏时期的泥质灰陶素面陶片，有零星的元代白瓷、钧瓷碗残片。该戍堡曾被当地村民利用为牲畜圈，在堡墙的基础上堆土，形成方圈圆，已废弃。

该戍堡是太和长堑长城在内蒙古自治区境内能够确认的唯一一座戍堡。此外，河北省境内有类似的戍堡数座，其中，距内蒙古自治区最近的一座戍堡位于河北丰宁满族自治县鱼儿山镇三合成村西南1千米，暂称之为三合成戍堡。戍堡平面呈长方形，东西长65、南北长56米，南墙辟门，方向178°。

2. 新太平城长城（152530382301060002）

该段长城位于上都镇新太平城村东南、东北闪电河两岸的谷地上。为太和长堑长城在内蒙古自治区境内的最后一段。起自新太平城村东南7千米，止于新太平城村北3.9千米。墙体大体作"S"形分布穿越闪电河，整体呈南-北走向。

墙体长8855米。墙体呈低平的土垄状。现存墙体底宽2~3、顶宽1、残高0.2~0.3米。前小段墙体按消失段计，长1980米，地处县道502及其西侧的耕地中，根据土壤颜色可大体判断墙体的存在，部分地段有略隆起的墙体，经老黑城子村东呈北偏西行。后小段墙体长6875米，保存差，墙体作"S"形分布于闪电河两岸，先呈北偏东行绕獾子窝村南的低洼地，后沿闪电河东岸复转呈北偏西行，在老黑城子古城北3.4千米穿过闪电河转呈西北行，至新太平城古城有较明显的墙体残迹，在新太平城古城北侧与金界壕主线交汇。墙体穿过金界壕主线西北行至闪电河谷地西缘，在水泉沟古城东侧转北偏东行，于风干楼村南1.4千米处的缓坡地上消失，是为本次调查的太和长堑的西北端点。保存差、消失墙体分别占该段墙体总长的77.6%、22.4%。

该段墙体与金界壕交汇处形成的三角地域内，调查发现金代古城一座，定名为新太平城古城。古城位于闪电河西岸草甸草原上，西临起伏的群山，南为新太平城村，东北距新太平城长城墙体最近0.122千米，西、北距金界壕主线0.4千米。

古城平面呈长方形，东西长593、南北长599米。（图三六）城墙呈土垄状，外侧加筑马面，东、南墙各4座马面，西、北墙各5座马面，四角设角台。现存城墙底宽6～12、顶宽2～3、残高0.5～1.5米。东、南墙中部各辟一座城门，外加筑瓮城，南门方向185°。城内有明显凸起于地表的圆形台基四座，台基直径8～25、残高0.5～1.2米。城内零星见有灰陶卷沿瓮口沿、白瓷碗残片、酱釉缸残片、酱油鸡腿瓶残片以及带鋬耳的铁釜残片等遗物。城内有居民四户，沿西墙内侧栽植了一片杨树，南北向公路穿城而过。经考证为金代旧桓州城[1]。

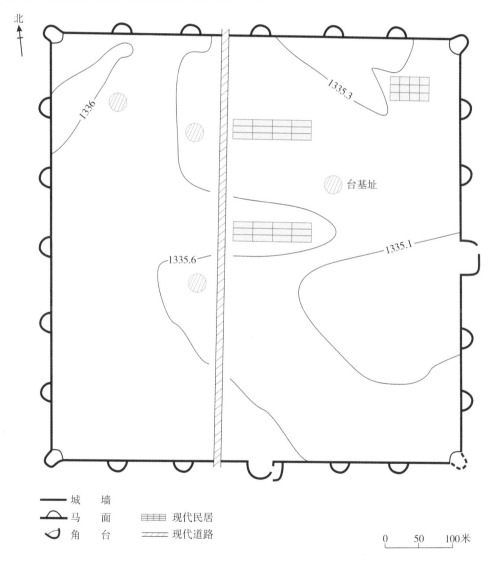

图三六　新太平城古城平面图

〔1〕　特木尔：《金代旧桓州城址考略》，《内蒙古文物考古》1999年第2期。

第五章
结　论

内蒙古自治区境内北魏长城的主体是六镇长城，其南线、北线均分布于乌兰察布草原上。

一　乌兰察布草原的自然地理特征

乌兰察布草原位于内蒙古自治区中北部，地处阴山山脉以北的广大地区，北临中蒙边界一带的大沙漠，东至浑善达克沙地，西部包括巴彦淖尔市乌拉特中旗、乌拉特后旗北部草原。地貌为高原丘陵，南高北低。地处中温带，属大陆性季风气候。因阴山山脉的阻挡，北方寒潮南下、南方海洋暖湿气流北移受到山脉影响，从而形成了前山地区温暖、雨量较多，后山地区干旱、多风的气候特点，乌兰察布草原所处后山地区八级以上大风年平均45～84天。

在乌兰察布草原，大致以温都尔庙－百灵庙一线为界，以北地区为荒漠草原，年降水量150～250毫米，为有冷蒿的戈壁针茅草原；以南地区为草原，年降水量250～400毫米，为克氏针茅、糙隐子草草原；两者之间分布有东西向狭长的冷蒿和短花针茅草原。

二　本次调查对北魏长城的新认识

本报告所言及的北魏长城，包括了六镇长城南线、北线和太和长堑三条线路，总长491072米，其中，土墙长484846米，石墙和河险合计6226米。土墙中有400米为副墙。土墙主墙中，保存较差111683米、差205728米、消失167035米，保存较差、差和消失墙体分别占主墙土墙总长的23.1%、42.4%、34.5%。石墙和河险各一段，六镇长城北线的白星图长城4段修筑石墙5716米，河子上长城1段为河险，长510米。

下面，主要从长城墙体的修筑方法、沿线戍堡的设置两个方面对北魏长城的特点做概要总结。

（一）长城墙体的修筑方法

六镇长城南线、北线所在的乌兰察布草原，属典型的丘陵草原地貌。六镇长城南线东起二吉淖尔水泡子，西达阴山山脉北麓；六镇长城北线东北起自乌兰哈达七层山，西南止于阴山山脉北麓。由此可见，六镇长城南线、北线均以阴山山脉作为其西南防御端点。太和长堑修筑在大兴安岭西南缘与燕山山脉北麓之间的丘陵草原地区，实则是构成了扼守闪电河河谷地带的一条防御实体。

长城修筑之初，必先确定两个端点，然后通过实地勘察设计，确定走向与路线，最后实施建设工程。选择丘陵间的谷地修筑墙体是三条北魏长城修筑的主要特点之一，于丘陵地区选择在谷地中修筑长城墙体并非北魏王朝所首创，而是吸收、借鉴了汉代外长城的修筑方法，现存于内蒙古高原西部地区的汉代外长城南线、北线的墙体均选择在丘陵间的谷地中穿行。北魏长城选择在谷地中修筑墙体的具体情形，可细分为以下几种：

第一种，穿行于宽阔谷地中的长城一般选择于谷地北缘的坡脚下修筑墙体。六镇长城南线的苏集长城1~5段、大拉子长城、红格尔图长城1~7段、巴音陶勒盖长城后小段，六镇长城北线的农场长城、幸福村长城、太和长堑的新太平城长城后小段等，均属此类。清代以来形成的农业村庄大多位于这类宽阔谷地中，村庄周边被开垦为耕地。村庄建设、公路修筑和耕地开垦、种植导致该类地貌环境下的长城墙体一般保存差甚至大段消失。

第二种，地处较窄谷地中的长城一般选择贴近谷底的边缘构筑墙体。这类情况比较多见，典型者如六镇长城南线的二道沟长城3段后小段、巴音陶勒盖长城前小段、小沟子长城、毛忽洞长城1段后小段，六镇长城北线的敦达吾素长城2~3段、海日罕楚鲁长城1段、南号长城2段中小段、红井卜子长城1~2段、大井长城1段、水泉长城2~3段，太和长堑十九号长城中小段等。处于该类地貌环境下的长城墙体大多保存有较明显的遗迹。

第三种，地处狭窄谷地中的长城一般沿谷底修筑墙体。如六镇长城南线的贲红沟长城、南茅庵长城2段、双敖包长城2段、毛浩日鄂日格长城2段、巴音淖尔长城3段、善达长城2段、北河长城1段，六镇长城北线的白星图长城3段后小段、南号长城2段后小段末端墙体、巴音陶勒盖长城1段、公忽洞长城3段、麻忽图长城后小段，太和长堑的十九号长城前小段等。处于该类地貌环境下的长城墙体，基本因后来形成的水土流失而消失。

第四种，长城墙体穿越早期形成的大、小沟谷地带时，往往选择其两侧的岔沟谷通过。六镇长城北线的敦达吾素长城1段后小段、公忽洞长城3段、南号长城2段后小段末端最具代表性。六镇长城南线的双敖包长城2段、毛浩日鄂日格长城2段尽管跨越的沟谷较小，总体上与此类地貌吻合。

归纳上述北魏长城沿谷地修筑墙体的原因，其中一点在于谷地中的土层相对较厚，修筑墙体用土有保障。北魏长城除善于选择丘陵间谷地修筑墙体外，还有沿垭口翻越山梁的墙体，在山梁垭口中常作"S"形分布、利用山水环绕等修筑形式。六镇长城南线的巴音陶勒盖长城前小段，北线的南号长城2段中小段末端、大圈圐长城1段第二小段和太和长堑十九号长城前小段等墙体，均为在山梁垭口中作"S"形分布的典型代表。在山水间环绕方面，六镇长城南线的天益公司长城2段在水泡子分布密集的水面岸边环绕穿行；巴音陶勒盖长城环绕西侧的山脉，西北向遁入前点力素忽洞谷地，复再回折向西南；六镇长城北线的红井卜子长城3段东向绕过水泡子，再于公忽洞长城2段西向环绕圆山子；太和长堑五号长城3段西向环绕山岭末端。

六镇长城北线墙体对六镇长城南线墙体的部分沿用，也是本次北魏长城调查的一个重大发现。六镇长城南线为避让山脉，自东南方向而来，进入前点力素忽洞谷地，再转呈西南行，绕了一个非常大的圆弧形弯。来自东北方向的六镇长城北线进入前点力素忽洞谷地后，利用了六镇长城南线圆弧形弯的弧端部分，两条长城交汇，合并为一，北线墙体沿用了南线墙体。

北魏长城的土筑墙体普遍保存较低矮，根据外观形制，以前多认为此类墙体用土堆筑而成。本次调查中，在六镇长城北线的巴音陶勒盖长城2段、大圈圐长城3段、麻忽图长城后小段等墙体的小冲沟断面上发现有夯层，夯层厚0.08～0.1、0.065、0.06～0.09米。在六镇长城南线、太和长堑墙体上也零星发现有夯层，表明北魏长城墙体主要用土夯筑而成。这些土墙在本次调查中发现的保存较好者，如六镇长城北线的南号长城2段中小段，现存墙体底宽5～6、顶宽1～1.5、高0.5米。初步推断，在北魏时期修筑的原始墙体宽约2、高约2～2.2米。

六镇长城南线、北线墙体外侧普遍有壕沟痕迹，尤其在丘陵草原地区，外壕显现特别规整。外侧挖壕取土、内侧夯土筑墙是北魏长城的主要修筑方式，太和长堑的情形如此，长堑之名由此而来，只不过由于草原上长年的风沙侵蚀，壕沟多隐而不显，只有墙体呈土垄状蜿蜒于地表。外壕在本次调查中发现的保存较好者，如六镇长城南线的双敖包长城1段，现存外壕口宽2.5、深0.4米。初步推断，北魏时期开挖的原始壕堑口宽约2～2.2、深约2～2.2米。

这种挖壕筑墙修筑长城的方式在东汉时期已较常见，外侧挖壕，堆土于内侧，目前地表往往以壕沟为主要形态，多为断断续续。到北魏时期取得进一步发展，外侧挖壕，内侧夯土筑墙，地表以墙体为主要形态，连续分布。到金代，这种墙、壕结合构筑长城的方式以金界壕的形式发展臻于完备。

六镇长城北线新发现副墙两段，合计长400米。一段位于乌兰淖尔长城2段主墙外侧，距主墙8米，长320米；一段位于东卜子长城3段山梁垭口处主墙内侧，距主墙6米，长80米。副墙与主墙并列而行，两端并不闭合。乌兰淖尔长城2段主、副墙体内侧为乌兰淖尔2号戍堡，修筑副墙的目的在于加强戍堡防御。东卜子长城3段地处山梁垭口处，所修副墙类似于西汉时期的当路塞长城墙体。北魏长城在主墙外侧修筑副墙加强防御的方式，到金代为金界壕进一步发扬光大，成为一种主、副墙连续分布的状态。

（二）长城墙体沿线戍堡的设置

对于北魏长城，以前的认识是只有墙体而无马面、烽燧、城障等附属设施与单体建筑。通过本次调查，于墙体沿线新发现的33座戍堡遗址是本次北魏长城调查的重要收获之一。（表四）

六镇长城南线新发现的15座戍堡，于墙体所经区域均有分布，其中，以四子王旗较集中。戍堡均为土筑，平面多呈长方形，长边40～46、短边22～43米，门基本呈东、南或东南向。戍堡与长城墙体的直线距离为0.13～1.23千米，戍堡间距约3千米。

六镇长城北线新发现的17座戍堡均分布于四子王旗境内，其中，14座为土筑、3座为石筑。戍堡平面呈长方形或正方形，边长18～27米，门向与六镇长城南线戍堡大体一致。戍堡与长城墙体的直线距离为0.015～0.356千米，戍堡间距1.7～2.7千米。在低山丘陵地区，戍堡间距略短；在平缓草原地区，戍堡间距稍远。

太和长堑沿线新发现的黑城子种畜场戍堡，平面呈长方形，长52、宽40米，门呈东南向。位于河北省丰宁满族自治县鱼儿山镇三合成村西南的一座太和长堑沿线戍堡，平面呈长方形，东西长65、南北长56米，门呈正南向。太和长堑沿线戍堡的规模较六镇长城南线的戍堡大，因保存的戍堡较少，尚难以找出其分布规律。

六镇长城南线与太和长堑沿线设置的戍堡有一定的相似性，均为土筑，面积较大，距长城墙体较远。戍堡内不见居住址，分析当在戍堡中搭建有毡帐之类的可移房屋，以供戍卒居住。六镇长城北线的戍堡有自身的特点，如距长城墙体较近、面积较小、部分石筑、戍堡内有房屋基址。保存较好的石筑戍堡，内部结构明晰，四角的小型石砌房址类似于内置式角楼，住宿与防御功能兼具。北线的部分土筑戍堡内四角残存土堆状遗迹，应是类似的房屋遗迹。六镇长城南线、北线的戍堡左近往往有水泡子分布，是戍堡士兵的饮用水源地。

表四　北魏长城戍堡统计表

序号	名　称	编　号	所属旗县	所属长城	相邻长城段落	形　制	尺寸（米）
1	常家村戍堡	150923353102060001	商都县	六镇长城南线	头号长城5段	长方形	40×37
2	当郎忽洞1号戍堡	150928353102060001	察哈尔右翼后旗	六镇长城南线	当郎忽洞长城1段	长方形	42×37
3	当郎忽洞2号戍堡	150928353102060002	察哈尔右翼后旗	六镇长城南线	当郎忽洞长城3段	长方形	42×40
4	格尔哈套戍堡	150927353102060001	察哈尔右翼中旗	六镇长城南线	格尔哈套长城5段	长方形	41×38
5	德义戍堡	150929353102060018	四子王旗	六镇长城南线	德义长城2段	日字形	41×22
6	苏计营盘1号戍堡	150929353102060019	四子王旗	六镇长城南线	苏计营盘长城2段	长方形	40×38
7	苏计营盘2号戍堡	150929353102060020	四子王旗	六镇长城南线	苏计营盘长城2段	回字形	41×38
8	苏计营盘3号戍堡	150929353102060021	四子王旗	六镇长城南线	苏计营盘长城3段	长方形	42×38
9	苏计营盘4号戍堡	150929353102060022	四子王旗	六镇长城南线	苏计营盘长城3段	长方形	46×43
10	苏计营盘5号戍堡	150929353102060023	四子王旗	六镇长城南线	苏计营盘长城4段	长方形	45×38
11	嘎顺戍堡	150929353102060024	四子王旗	六镇长城南线	嘎顺长城1段	长方形	42×38
12	善达戍堡	150223353102060001	达尔罕茂明安联合旗	六镇长城南线	善达长城1段	长方形	30×25
13	鄂黑乌苏1号戍堡	150223353102060002	达尔罕茂明安联合旗	六镇长城南线	鄂黑乌苏长城	横置梯形	西墙35、其他30
14	鄂黑乌苏2号戍堡	150223353102060003	达尔罕茂明安联合旗	六镇长城南线	鄂黑乌苏长城	正方形	35×35
15	塔拉牧民戍堡	150223353102060004	达尔罕茂明安联合旗	六镇长城南线	塔拉牧民长城2段	正方形	31×31
16	白星图1号戍堡	150929353102060009	四子王旗	六镇长城北线	白星图长城4段	长方形	27×23.5
17	白星图2号戍堡	150929353102060010	四子王旗	六镇长城北线	白星图长城4段	长方形	27×25.5
18	白星图3号戍堡	150929353102060011	四子王旗	六镇长城北线	白星图长城4段	长方形	20×18
19	红水泡1号戍堡	150929353102060012	四子王旗	六镇长城北线	乌兰淖尔长城1段	长方形	22×20
20	红水泡2号戍堡	150929353102060013	四子王旗	六镇长城北线	乌兰淖尔长城1段	长方形	27×25
21	乌兰淖尔1号戍堡	150929353102060001	四子王旗	六镇长城北线	乌兰淖尔长城1段	长方形	26×24
22	乌兰淖尔2号戍堡	150929353102060002	四子王旗	六镇长城北线	乌兰淖尔长城2段	长方形	26×25
23	乌兰淖尔3号戍堡	150929353102060003	四子王旗	六镇长城北线	乌兰淖尔长城3段	正方形	26×26
24	敦达吾素1号戍堡	150929353102060004	四子王旗	六镇长城北线	敦达吾素长城1段	正方形	26×26
25	敦达吾素2号戍堡	150929353102060005	四子王旗	六镇长城北线	敦达吾素长城2段	长方形	26×25
26	敦达吾素3号戍堡	150929353102060006	四子王旗	六镇长城北线	敦达吾素长城3段	长方形	24×23
27	敦达吾素4号戍堡	150929353102060007	四子王旗	六镇长城北线	敦达吾素长城3段	长方形	25×24
28	敦达吾素5号戍堡	150929353102060008	四子王旗	六镇长城北线	敦达吾素长城4段	正方形	26×26
29	海日罕楚鲁1号戍堡	150929353102060014	四子王旗	六镇长城北线	海日罕楚鲁长城1段	正方形	26×26
30	海日罕楚鲁2号戍堡	150929353102060015	四子王旗	六镇长城北线	海日罕楚鲁长城2段	长方形	25×24
31	海日罕楚鲁3号戍堡	150929353102060016	四子王旗	六镇长城北线	海日罕楚鲁长城3段	正方形	25×25
32	什卜太戍堡	150929353102060017	四子王旗	六镇长城北线	海日罕楚鲁长城3段	长方形	25×24
33	黑城子种畜场戍堡	152530353101060001	正蓝旗	太和长堑	黑城子种畜场长城	长方形	52×40

北魏长城沿线的戍堡模仿了战国秦汉长城沿线障城的设置,属于较低一级的驻兵之所。北魏长城均被金代所利用,从六镇长城南线、北线和太和长堑墙体的保存状况看,金代对墙体并未再作整治修缮,主要利用了戍堡的防御。金代新筑的金界壕沿线设置有边堡,边堡与战国秦汉长城沿线的障城、北魏长城沿线的戍堡一脉相承。

三　本次调查对六镇镇戍遗址的新认识

北魏长城主要修筑于北魏六个边镇的北侧,先有六镇,后有六镇长城南线、北线。六镇长城修筑之后,为了加强防御,在六镇之间又加筑部分戍城。这些镇城和戍城距六镇长城墙体较远,不在本次长城资源调查范围之内。为了能够对北魏长城有一个总体的认识,在本次调查中,对部分镇城、戍城及相关遗址作了专门的调查与测绘,结合前人调查与研究的成果,期冀能够对一些有争议的问题获得新的突破。

(一) 前人研究成果与本次调查新识

对于北魏六镇的名称及其设置年代,学界多有争论。鲍桐的《北魏北疆几个历史地理问题的探索》[1] 一文,对此作了较全面的探讨,认为六镇设置于北魏延和二年 (433 年),按由西向东的顺序排列,依次为沃野、怀朔、武川、抚冥、柔玄、怀荒六镇。细检鲍桐文,依据《魏书·地形志二上》记载,仅可明确怀朔镇设置于北魏延和二年 (433 年),其他五镇,依据《魏书·来大迁传》记载,是在来大迁"镇云中,兼统白道军事"期间不断设置完成的。来大迁的离职是在太平真君八年 (447 年),则六镇当修筑完成于延和二年至太平真君八年之间。关于六镇的东西向序列和名称,《元和郡县图志》记载怀荒镇排在柔玄镇之西,有的学者还认为六镇之中应当包括有御夷镇。鲍桐文认为,抚冥镇见于史籍记载较晚,本次调查发现,抚冥镇距武川镇较近,由此推测,早期的六镇可能有御夷镇而无抚冥镇,只是到了后来抚冥镇才取代御夷镇成为六镇之一。

六镇中的西部第一镇为沃野镇,唐长孺在《北魏沃野镇的迁徙》[2] 一文中,对其的设置与迁徙过程有专门的研究论述。北魏设置沃野镇,首先沿用了汉代朔方郡沃野县,旧址在今巴彦淖尔市临河区西南,其后,经过两次迁徙,第一次于太和十年 (486 年),迁徙至汉代朔方郡朔方县故城,旧址在今鄂尔多斯市杭锦旗北部的黄河南岸,第二次迁徙则是于正始元年 (504 年),迁徙至唐天德军北。对于汉代朔方郡沃野县,张郁考证其旧治为今巴彦淖尔市临河区黄羊木头镇脑高古城[3],与唐长孺所推定的地理位置相符。对于汉代朔方郡朔方县旧治,依据《水经注·河水三》记载,在黄河北河经高阙东流折向南后,至南、北河合流之处再向南一带,即从今巴彦淖尔市乌拉特前旗乌拉山镇向南过黄河向东,在今鄂尔多斯市杭锦旗独贵塔拉镇北部的黄河南岸一带。但目前尚未在这一地区发现有古城遗址,或许已为历史上黄河改道或泛滥所冲毁。至于魏末的沃野镇所在,考古调查已确定为今巴彦淖尔市乌拉特前旗苏独仑乡的根子场古城[4]。

唐长孺先生的上述考证,引用史料详密,但对于汉代朔方郡治下的沃野县和朔方县是否确实为北魏沃野镇所沿用,尚找不到考古学证据的支持。朔方县今址尚未发现,前人对汉代沃野县旧址黄羊木头镇

〔1〕　鲍桐:《北魏北疆几个历史地理问题的探索》,《中国历史地理论丛》1999 年第 3 期。
〔2〕　唐长孺:《北魏沃野镇的迁徙》,《华中师院学报》1979 年第 3 期。
〔3〕　张郁:《汉朔方郡河外五城》,《内蒙古文物考古》1997 年第 2 期。
〔4〕　国家文物局主编《中国文物地图集·内蒙古自治区分册》(下册),西安地图出版社,2003 年,第 623 页。

脑高古城的调查,仅描述有汉代遗迹、遗物,而无北魏遗存[1]。此外,郦道元于《水经注》中记载有沃野县和朔方县,但提到二者时,均称为"沃野县故城"、"朔方县故城"[2],没有显示它们和北魏沃野镇之间的任何联系。尤其是"朔方县故城",郦道元于太和十八年(494 年)随北魏孝文帝元宏北巡时,正是唐长孺先生所考订为北魏沃野镇沿用之时,孝文帝一行虽未到沃野镇,但如果此时沃野镇在汉代朔方县故城,郦道元不会不知。因此,对于唐长孺先生关于汉代朔方郡沃野县、朔方县故城为北魏沃野镇沿用的考订暂存疑。可能由于北魏沃野镇沿用了汉代沃野县的名称,今根子场古城距汉代朔方县不远,从而造成了北魏沃野镇三迁的混乱历史记载,实际上北魏沃野镇从最初开始即建在了根子场古城。

内蒙古自治区文物工作队与包头市文物管理所的考古调查报告《内蒙古白灵淖城圐圙北魏古城遗址调查与试掘》,将位于包头市固阳县的白灵淖城圐圙古城考证为怀朔镇镇址[3],目前已无争议。宋代人郭茂倩编纂的《乐府诗集》中,收有北朝民歌《敕勒歌》,以其描写了雄浑的北国草原风光而广为流传。关于《敕勒歌》中所言"天苍苍,野茫茫,风吹草低见牛羊"的敕勒川[4],应指怀朔镇周边地区。据《北齐书·神武下》记载,东魏武定四年(546 年)九月,时任东魏大丞相、齐王的高欢率大军 10 万,围攻西魏重镇玉璧城,损兵折将,无功而返。高欢恚愤成疾,西魏乘此传言高欢中箭身亡,以瓦解东魏将士的军心。撤兵途中,"神武闻之,乃勉坐见诸贵,使斛律金敕勒歌,神武自和之,哀感流涕。"高欢自祖父时居于怀朔镇,为鲜卑化的汉族;其大将斛律金是敕勒族,曾任怀朔镇军主。将帅二人一唱一和的《敕勒歌》,应为家乡敕勒族民歌。高欢自知病入膏肓,但劲敌宇文泰未灭,壮志难酬,想起了家乡怀朔镇周围苍茫辽阔的大草原,歌以咏志,与同乡主将斛律金唱和《敕勒歌》,也有托付遗志于群臣之意。

对于武川镇,争议较多;而抚冥镇镇址,已确定为今乌兰察布市四子王旗乌兰花镇的土城子古城。张郁的《内蒙古大青山后东汉北魏古城遗址调查记》[5]调查考证,武川县土城梁古城为武川镇,四子王旗乌兰花镇土城子古城为抚冥镇或大安郡郡治所在。对于张郁提出的土城梁古城为武川镇说,后起的质疑较多,各执一词。乌兰察布博物馆所著《武川县二份子北魏古城调查记》[6]一文,考证二份子古城为武川镇,而认为土城梁古城应为北魏皇帝的行宫之一。苏哲的《内蒙古土默川、大青山的北魏

〔1〕 a. 张郁:《汉朔方郡河外五城》,《内蒙古文物考古》1997 年第 2 期;b. 国家文物局主编《中国文物地图集·内蒙古自治区分册》(下册),西安地图出版社,2003 年,第 615 页。
〔2〕《水经注》卷三《河水》。
〔3〕 内蒙古文物工作队、包头市文物管理所:《内蒙古白灵淖城圐圙北魏古城遗址调查与试掘》,《考古》1984 年第 2 期。
〔4〕 关于敕勒川的地望所在,各家说法不一,有认为在今新疆维吾尔自治区东北部哈密地区的巴里坤草原,有认为在今山西北部宁武、朔县一带,有认为为今呼和浩特市、包头市大青山南麓土默特平原,也有认为为今大青山北部乌兰察布草原,还有认为从河北省张家口市坝上草原到今内蒙古自治区阴山南北的广大地区皆为敕勒川。本报告认为,敕勒川专指怀朔镇周边草原,主要有以下依据:其一,北魏时期史料记载的阴山,大体与今天的阴山山脉相同;其二,从 5 世纪上半叶开始,敕勒族(诸夏以为高车)广布于阴山北部草原上,为北魏王朝守边;其三,北魏时期的史料记载中有很多"川"类地形,如長川、牛川、云中川、纽垤川等,多为山间平原地貌,范围并不是很大,北魏的很多城邑位于这些川上,如长川城;其四,怀朔镇南依阴山,北望蒙古高原,周围地势平坦,水源充足,至今有"后山小江南"之誉,北魏时期是一片水草丰美的草原;其五,今天的土默特平原在北魏时作"云中川",平原北面有高耸的大青山,也不符合《敕勒歌》中"天似穹庐,笼盖四野"的描述,只能是"笼盖三野";其六,今天的乌兰察布草原在历史上相对于漠北总称"漠南",5 世纪中期敕勒五部曾在漠南合众祭天,盛极一时;最后,乌兰察布草原总体呈高原丘陵地貌,其中形成多处有较大河流流过的川地,如牛川、纽垤川等,牛川约为今察哈尔右翼后旗韩勿拉河流域,纽垤川为今察右中旗北部后大滩丁计河流域,敕勒川应为其中的一处川地,即高欢的家乡怀朔镇周边地区。张勇《敕勒川在哪里?》(载《新疆教育学院学报》1999 年第 2 期)一文对此有较为详细的论述,可惜他得出的结论是"敕勒川大约在今内蒙古自治区固阳县的大庙、二份子一带"。按:秦汉长城沿着山势大体呈东 – 西走向从固阳县中部穿过,山南即为张勇所言大庙、二份子一带,以固阳县县政府为中心形成一个山间盆地,这里应为北魏广宁郡辖区,领石门、中川二县,该盆地似应称作中川,而山北才是敕勒川。
〔5〕 张郁:《内蒙古大青山后东汉北魏古城遗址调查记》,《考古通讯》1958 年第 3 期。
〔6〕 乌兰察布博物馆:《武川县二份子北魏古城调查记》,内蒙古文物考古研究所编《内蒙古文物考古文集》第一辑,中国大百科全书出版社,1994 年。

镇戍遗址》[1]一文推测，武川镇可能就在抢盘河上游、今武川县城西部一带，而土城梁古城为呼应武川镇与白道城的镇戍遗址。包头市文物管理处与达茂旗文物管理所所著的《达茂旗希拉穆仁城圐圙古城调查》[2]推断，希拉穆仁城圐圙古城为武川镇，二份子古城则正好处于左右呼应怀朔镇（白灵淖城圐圙古城）和武川镇（希拉穆仁城圐圙古城）的位置上。李兴盛、赵杰所撰的《四子王旗土城子、城卜子古城再调查》[3]一文，同意张郁前揭文将乌兰花镇土城子古城考定为抚冥镇的观点，而对该文提出的库伦图古城为柔玄镇或大安郡属邑的观点作了纠正，认为该城址仅是当时根据某种需要增筑的与军事防御设施有关的一座城池。塔拉主编的《草原考古学文化研究》[4]一书中认为，武川镇分为早、晚城，希拉穆仁城圐圙古城是北魏六镇中的早期武川镇址所在，景明年间（500～504年），武川镇迁至白道中溪水上游一带，初步推测，位于今武川县城西7千米的下南滩遗址为晚期武川镇址所在。

　　在本次调查中，通过对武川县二份子古城、下南滩遗址、土城梁古城和达尔罕茂明安联合旗希拉穆仁城圐圙古城的重新调查与测绘，或凿实前人认识，或产生新的认识。首先确认达茂旗希拉穆仁城圐圙古城为武川镇址所在，武川县土城梁古城南城为魏帝行宫之一的阿计头殿，北城应为保护阿计头殿的军事戍城，而对于武川县下南滩遗址则新认定为北魏孝文帝阴山讲（阅）武台。

　　《水经注》有一大段内容写到位于今呼和浩特市北部大青山一带的北魏皇帝行宫、边防镇戍城以及前朝旧迹等[5]。在"白道南谷口"有"白道城"，已确定为位于今呼和浩特市回民区的坝口子古城[6]。白道城北高阪称作"白道岭"，即今蜈蚣坝所在。"白道岭北阜上"有"魏帝行宫"，当时称作"阿计头殿"，"白道中溪水"流经魏帝行宫东。今蜈蚣坝一带的溪水中，以乌素图水最大，应为北魏时期的白道中溪水，土城梁古城恰好位于乌素图水的西山上。《水经注》描述阿计头殿写到，"其城圆角而不方，四门列观，城内惟台殿而已"，与土城梁古城南城大体相符。阿计头殿往西，还有更为辉煌壮丽的魏帝行宫广德殿，其中，塞水"南流经广德殿西山下"。广德殿东北方向上有魏帝的"阴山之讲武台"。武川县下南滩遗址，以前有人认为是古城遗址，经调查，遗址周边没有发现城墙遗迹，遗址主体是三个东西并列的夯土高台遗迹，散落遗物以筒瓦、板瓦和残砖为主，不见生活用陶器等。郦道元于太和十八年（494年）随孝文帝元宏北巡时到过"阴山之讲武台"，《魏书·高祖纪》同记此事，孝文帝"幸阅武台，临观讲武"。可见讲武台又名阅武台，台上有观一类的建筑。下南滩遗址位于阴山山脉之后的广阔平地上，所见遗迹、遗物均可与讲武台的功能相吻合。将下南滩遗址认定为讲武台

〔1〕　苏哲：《内蒙古土默川、大青山的北魏镇戍遗址》，北京大学中国传统文化研究中心编《国学研究》第三卷，北京大学出版社，1995年。

〔2〕　包头市文物管理处、达茂旗文物管理所：《达茂旗希日穆仁城圐圙古城调查》，内蒙古文物考古研究所编《内蒙古文物考古文集》第二辑，中国大百科全书出版社，1997年。

〔3〕　李兴盛、赵杰：《四子王旗土城子、城卜子古城再调查》，《内蒙古文物考古》1998年第1期。

〔4〕　塔拉主编《草原考古学文化研究》，内蒙古教育出版社，2007年，第195页。

〔5〕　《水经注》卷三《河水》："其水又西南入苦干水。芒干水又西南径白道南谷口，有城在右，萦带长城，背山面泽，谓之白道城。自城北出有高阪，谓之白道岭。沿路惟土穴，出泉，挹之不穷。余每读《琴操》，见《琴慎相和雅歌录》云：饮马长城窟。及其跋涉旅途，远怀古事，始知信矣，非虚言也。顾瞻左右，山椒之上，有垣若颓基焉。沿溪亘岭，东西无极，疑赵武灵王之所筑也。芒干水又西南，径云中城北，白道中溪水注之，水发源武川北塞中，其水南流，径武川镇城，城以景明中筑，以御北狄矣。其水西南流，历谷，径魏帝行宫东，世谓之阿计头殿。宫城在白道岭北阜上，其城圆角而不方，四门列观，城内惟台殿而已。其水又西南历中溪，出山西南流，于云中城北，南注芒干水。芒干水又西，塞水出怀朔镇东北芒中，南流径广德殿西山下。余以太和十八年，从高祖北巡，届于阴山之讲武台，台之东，有高祖《讲武碑》，碑文是中书郎高聪之辞也。自台西出南上山，山无树木，惟童阜耳，即广德殿所在也。其殿四注两夏，堂宇绮井，图画奇禽异兽之象。殿之西北，便得焜煌堂，雕楹镂桷，取状古之温室也。其时，帝幸龙荒，游鸾朔北。南秦王仇池杨难当蓄菱委诚，重译拜阙，陛见之所也。故殿以广德为名。魏太平真君三年，刻石树碑，勒宣时事。碑颂云：肃清帝道，振慑四荒，有蛮有戎，自彼氐羌，无思不服，重译稽颡，恂恂南秦，敛敛推让，峨峨广德，奕奕焜煌。侍中、司徒东郡公崔浩之辞也。碑阴题宣城公李孝伯、尚书卢遐等从臣姓名，若新镂焉。"

〔6〕　汪宇平：《呼和浩特市北部地区与"白道"有关的文物古迹》，《内蒙古文物考古》总第3期，1984年。

后，依据《水经注》"自台西出南上山，山无树木，惟童阜耳，即广德殿所在也"的记载，则广德殿必在今大青山最高峰金銮殿山东侧的抢盘河流域一带。《魏书·高祖纪》对太和十八年孝文帝北巡的行程有如下记载："八月癸卯，皇太子朝于行宫。甲辰，行幸阴山，观云川。丁未，幸阅武台，临观讲武。"在这个行程中，行宫当指阿计头殿，"行幸阴山"当为到了广德殿，"观云川"通俗地讲就是看星星，云川即指银河。

至于武川镇，郦道元记其位于白道中溪水旁侧，修筑于景明年间。对于"城以景明中筑"的理解，一般认为，武川镇的建置虽然设立较早，但直到景明年间（500～503 年）才修筑了墙体。郦道元对武川镇地理位置的描述则与考古调查不相符。在今武川县和达尔罕茂明安联合旗境内，只有希拉穆仁城圐圙古城的规模可与怀荒镇、抚冥镇相比。希拉穆仁城圐圙古城位于召河上游一带，召河在北魏时期原名女水，皇兴四年（470 年）北魏在女水大破柔然，武功威震塞外，于是水以镇名，将女水改名为武川。

乌兰察布盟文物工作站的《察右后旗克里孟古城调查简报》[1]，认为克里孟古城为柔玄镇；李逸友在《中国北方长城考述》[2] 一文中，考证克里孟古城所处地区为北魏王朝复兴之地牛川，克里孟古城为牛川城遗址。魏隽如、张智海《北魏柔玄镇地望考述》[3] 一文，从历史文献、实地调查与考古资料入手，结合前人研究成果，考证位于河北尚义县三工地镇的土城子古城即北魏柔玄镇镇址所在。至于怀荒镇，在谭其骧主编的《中国历史地图集》[4] 第四册中，标注于今河北省张北县县城附近一带，但这一地区至今尚未发现北魏时期的古城遗址。

李逸友关于克里孟古城所在地区为北魏牛川的认识，是非常有见地的。北魏道武帝拓跋珪于公元386 年在贺兰部的支持下，于牛川复国，称代王。在 398 年定都平城之前，道武帝居无定所，是一个"行国"，除牛川外，道武帝其他的行都还有定襄之盛乐（今和林格尔土城子古城）、云中之盛乐（今托克托县古城村古城，或称云中宫）、纽垤川（今察右中旗北部后大滩丁计河流域）、意辛山（今四子王旗乌兰哈达七层山）以及 391 年在今鄂尔多斯地区建立的河南宫（今准格尔旗石子湾古城）。牛川即在今察右后旗韩勿拉河流域一带，为道武帝常幸之地；《魏书·外戚列传·贺讷》中记载的"牛都"，即为克里孟古城。

从河北三工地土城子古城的规模来看，的确是一个镇城所在。根据《水经注·㶟水》关于于延水源头的记载，以及常谦《北魏长川古城遗址考略》一文关于今乌兰察布市兴和县元山子土城子古城即为北魏长川城的考证，魏隽如、张智海前揭文关于三工地土城子古城的论述似乎显得非常完美，而且该古城已以北魏柔玄镇的名义被国务院公布为第六批全国重点文物保护单位。但还存在的一个问题是，三工地土城子西距被认定为抚冥镇的乌兰花土城子古城的直线距离达 187 千米。北魏孝文帝于太和十八年（494年）北巡阴山，由怀朔镇返回平城时，曾路经武川、抚冥、柔玄三镇。《魏书·高祖纪》记载："癸丑，幸怀朔镇。己未，幸武川镇。辛酉，幸抚冥镇。甲子，幸柔玄镇。乙丑，南还。"由此段记载可见，怀朔镇是孝文帝此次北巡阴山的最后目的地，在怀朔镇逗留的时间较长，后来只是一路向东，途经了武川、抚冥、柔玄三镇，最后从柔玄镇南还平城。孝文帝东归途中，从武川镇到抚冥镇用了一天的时间，从抚冥镇到柔玄镇用了两天的时间。希拉穆仁城圐圙古城东距乌兰花土城子古城的直线距离为 50 千米，符合孝文帝一天的行程，而乌兰花土城子古城与三工地土城子古城之间的直线距离则明显大于孝文帝两天的行程。由此点出发，三工地土城子古城只能是位于柔玄镇之东的怀荒镇，郦道元《水经注》"水出塞外柔

〔1〕 乌兰察布盟文物工作站：《察右后旗克里孟古城调查简报》，《乌兰察布文物》总第 3 期，1989 年。
〔2〕 李逸友：《中国北方长城考述》，《内蒙古文物考古》2001 年第 1 期。
〔3〕 魏隽如、张智海：《北魏柔玄镇地望考述》，《北方文物》2009 年第 1 期。
〔4〕 谭其骧：《中国历史地图集》第四册《东晋十六国·南北朝时期》，中国地图出版社，1982 年，第 53 页。

玄镇西长川城南小山"的记述应是"水出塞外柔玄镇东长川城南小山"的误记。而柔玄镇镇址则需要在乌兰花土城子古城与三工地土城子古城之间寻找。克里孟古城西南距乌兰花土城子古城的直线距离为93千米，东南距三工地土城子古城的直线距离为100千米，非常符合柔玄镇的分布方位，应当是北魏在早期牛都的基础上建立起来的一座镇城。从克里孟古城向南，经今察右前旗黄旗海到今山西大同市，是北魏时期连接平城与漠南之间的一条非常重要的交通干道，有"参合"之名。

北魏正始二年（505年），大将源怀统领六镇期间，曾上表宣武帝元恪，建议在六镇之间"筑城置戍，分兵要害，劝农积粟"，通过加筑戍城，增强防御能力，宣武帝同意了他的表奏，"今北镇诸戍东西九城是也"[1]，即增筑了东西九座戍城。武川县二份子古城、四子王旗库伦图古城的规模均小于六镇镇城的规模，应即正始年间所筑九座戍城其中的两城。

以前的一些考古调查资料中，提到位于今察右后旗白音察干镇土城子村东500米的土城子古城是一座北魏古城，并描述其边长为500余米。在本次长城调查中，对该古城所在地作了实地调查，没有发现残留遗存。伴随着城镇的不断扩张建设，白音察干土城子古城所在范围的西半部分被城区建筑和道路所占据，东半部分正在建设人工湖，古城完全被毁。白音察干土城子古城位于克里孟古城与三工地土城子古城之间，西北距克里孟古城32千米，东南距三工地土城子古城67千米，从该古城的区位及其规模来看，正是分布于柔玄镇与怀荒镇之间的类似于二份子古城、库伦图古城的一座戍城。

类似的古城还有新发现，位于今察哈尔右翼中旗的园山子古城，早期的调查认为"可能是一唐代城址，其上限也可能早到北朝晚期"[2]。在本次长城调查中，经实地重新踏查，确认为北魏古城。古城位于广益隆镇园山子村西北1.6千米的川地上，城址平面呈长方形，南北长420米、东西长356米。城墙四角有明显向外伸出的角台址，每面墙各筑马面4座。南、北城墙中部辟有城门，门址宽6米，北门两侧有向外凸起的墩台，南门已为现代房屋所占据，方向185°。1957年的调查在城内中北部见有台基址3座，现均已夷为平地，城区内仅见少量的瓦片、鸱吻等建筑构件残块。采集的檐板瓦分为两类，一类是边缘内、外侧均经指压，另一类是仅压外壁边缘。园山子古城位于库伦图古城与克里孟古城之间的山间川地上，西距库伦图古城37千米，东距克里孟古城35千米，具有扼守川谷地之势，其性质与二份子古城、库伦图古城、白音察干土城子古城相当，亦为戍城。该古城位于北魏早期道武帝经常巡幸的纽垤川，可能即名为纽垤川城。

在园山子古城西南约10千米，发现北朝时期的七郎山墓地。七郎山墓地的发掘者认为这批墓葬是公元4世纪末至5世纪初的拓跋鲜卑遗存[3]，吴松岩研究认为或为5世纪下半叶的羌戎墓葬[4]。结合本次对园山子古城新的调查认识，初步推断这批墓葬即是守卫该戍城的敕勒人遗存，年代约在5世纪晚期至6世纪早期。

戍是低于镇的一级军事建制，戍城的规模要小于镇城。镇的最高军事长官为镇将，戍的最高军事长官为戍将，也有称作"戍主"的，如《魏书》中屡有提到的"高阙戍主"。镇城与戍城之下，还有最低一级的紧邻长城墙体的戍堡。前述北魏大臣刁雍、高闾的上表中均提到应在长城沿线设置小城，应即本次长城调查中所见戍堡。

郦道元在《水经注》中对高阙戍着墨较多，认为它是战国赵北长城的西端高阙塞所在，西汉元

〔1〕《魏书》卷四一《源贺传》。

〔2〕 张郁：《内蒙古察右中旗园山子唐代古城》，《考古》1962年第11期。

〔3〕 内蒙古自治区文物考古研究所编：《内蒙古地区鲜卑墓葬的发现与研究》第七章《察右中旗七郎山墓地》，科学出版社，2004年。

〔4〕 吴松岩：《七郎山墓地再认识》，《内蒙古文物考古》2009年第1期。

朔四年（前125年）卫青曾在这里击败匈奴右贤王[1]。关于高阙塞所在位置，研究者争议较多，辛德勇《阴山高阙与阳山高阙辨析——并论秦始皇万里长城西段走向以及长城之起源诸问题》[2] 一文，在前人研究的基础上，重新辨析史料，认为赵北长城的西端点所在高阙为阴山高阙，高阙塞旧址即今巴彦淖尔市乌拉特前旗乌拉山镇以东的张连喜店古城；秦汉长城向北推进以后，高阙塞随之迁移到秦汉长城西端的一处山口，与"阴山高阙"相对应，这座山口可以称之为"阳山高阙"。魏坚经实地调查，认为高阙塞位于今巴彦淖尔市乌拉特后旗呼和温都尔镇那仁乌布尔嘎查北侧山脚下，古城夹在东侧的达巴图沟和西侧的查干沟之间的台地断崖之上[3]。达巴图古城分为北、南两城[4]，南城北墙利用了北城南墙并向两侧有所扩展，因此可以判定南城的修筑时代要晚于北城。魏坚认为北城为位于战国赵北长城西端的高阙塞，而南城为秦汉时期沿用时所加筑。从辛德勇前揭文的考证来看，更为可能的是，北城为秦汉时期的高阙塞，北魏在沿用北城的同时又加筑了南城，北、南二城同为北魏高阙戍治所。

除上述镇戍城址外，在六镇长城沿线、阴山山脉前后还发现有其他一些规模较大的北魏古城遗址，如兴和县民族团结乡土城子古城和化德县七号镇安业古城、向阳古城等。常谦《北魏长川古城遗址考略》[5] 一文，将兴和县土城子古城考证为拓跋力微于公元220年依附于没鹿回部大人窦宾之后所建的长川城。长川城见于《水经注·㶟水》[6] 的记载，常谦的考证是很有见地的，但他所提出的始建年代则未免失之太早。长川城的兴筑年代，不会早于六镇的形成。安业古城和向阳古城均见于《中国文物地图集·内蒙古自治区分册》[7]，在本次调查中予以专门调查并测绘，从所见遗物来看，它们的始筑年代较早。

张郁前揭《内蒙古大青山后东汉北魏古城遗址调查记》一文，提到四子王旗乌兰花土城子古城为抚冥镇或大安郡郡治所在。所谓大安郡郡治，涉及了北魏时期在阴山南北地区设置的有别于六镇军事管理系统的行政管理系统。根据《魏书·地形志二上》的记载，结合鲍桐《北魏北疆几个历史地理问题的探索》[8] 一文的考证，朔州设置于北魏太平真君四年（443年）或稍前一些，领五郡十三县，分别为大安郡领狄那、捍殊二县，广宁郡领石门、中川二县，神武郡领尖山、殊颓二县，太平郡领太平、太清、永宁三县，附化郡领附化、息泽、五原、广牧四县。

朔州治所一般认为在今和林格尔土城子古城，为北魏盛乐神元旧都。北魏孝昌年间（525～527年），怀朔镇改称为朔州，而在朔州旧治设置了云州。云州之下的盛乐郡和云中郡，均可能为朔州旧郡，分别设置于和林格尔土城子古城、托克托县古城村古城。盛乐郡下辖归顺县，与云州（旧朔州）、盛乐郡同治，为永兴年间（409～413年）设置；云中郡下辖延民县，与云中郡同治，亦为永兴年间设置。古城村古城在拓跋代国时，曾建有"云中之盛乐宫"，或称作"云中宫"，亦为北魏旧都，北魏时期还设置了军事建制云中镇，云中镇镇将兼管白道城，云中镇将往往兼统白道军事。云中镇和沃野、怀朔、武川、抚冥等镇统归朔州刺史管辖，朔州刺史往往兼任云中镇将，兼统沃野、怀朔、武川三镇军事，或者兼统怀朔、武川、抚冥三镇军事。

---

〔1〕《水经注》卷三《河水》。

〔2〕辛德勇：《阴山高阙与阳山高阙辨析——并论秦始皇万里长城西段走向以及长城之起源诸问题》，《秦汉政区与边界地理研究》，中华书局，2009年。

〔3〕魏坚：《河套地区战国秦汉塞防研究》，吉林大学边疆考古研究中心编《边疆考古研究》第6辑，科学出版社，2007年。

〔4〕魏坚的调查未对认定的高阙塞故城命名，本文依据按最小地名命名原则称之为"达巴图古城"。

〔5〕常谦：《北魏长川古城遗址考略》，《内蒙古文物考古》1998年第1期。

〔6〕《水经注》卷一三《㶟水》："㶟水又东，左得于延水口，水出塞外柔玄镇西长川城南小山。"

〔7〕国家文物局主编《中国文物地图集·内蒙古自治区分册》（下册），西安地图出版社，2003年，第568页。

〔8〕鲍桐：《北魏北疆几个历史地理问题的探索》，《中国历史地理论丛》1999年第3期。

　　王仲荦先生或认为大安郡及狄那县与怀朔镇同治，神武郡及尖山县与武川镇同治；孝昌年间怀朔镇改为朔州后，武川镇改为神武郡及尖山县，实际上仅仅是废止了武川镇的建制[1]。鲍桐认为包头市固阳县的梅令山古城，或为广宁郡郡治石门县旧址。

　　此外，位于巴彦淖尔市乌拉特前旗的增隆昌古城，李逸友调查认为其为郦道元《水经注》记载的光禄城[2]，始建于汉代，是秦汉长城南侧的一处重要城址，后为北朝沿用。本次长城调查，对该古城有了一些新的认识。增隆昌古城位于小佘太镇增隆昌村东北2.1千米处的增隆昌水库东北岸，北距阳山秦汉长城墙体的直线距离为1.8千米。古城地处东西走向的小佘太川东端，北依色尔腾山的查石太段，东、西两侧均有通往北部草原的谷口要道。城址平面略呈方形，边长315米。墙体夯筑而成，四壁均已坍塌，呈隆起于地表的土垄状；现存墙体底宽5~6米，顶宽约1.5米，残高2~4米。北墙正中偏西处有一马面，其余墙体未见马面。城墙四角均有角台残迹。东墙偏北部、南墙中部各开一城门，门址均宽约15米，南门方向为178°。北墙中部偏东处有一豁口。城内西、北、东三面地势较高，南面较低，呈簸箕状。城内南部文化层较厚，最厚处可达3米，中央偏北处有一大型建筑台基。城址内及其附近，散见有大量陶片、瓦片、残砖和铜镞、"五铢"钱等遗物。陶片多为泥质灰陶，装饰绳纹、弦纹等，器形有罐、盆等；砖瓦有绳纹砖、布纹瓦、莲瓣纹瓦当等。增隆昌古城西距根子场古城66千米，东距白灵淖城圐圙古城46千米，正是起到呼应两座镇城的戍城作用。由此可知，该古城的主要营建及使用年代应该在北魏时期，或叠压于汉代的障城之上。该古城北距阳山秦汉长城墙体1.8千米，在汉代与长城的防御有关，但是否为郦道元《水经注》记载的光禄城，尚存疑。

（二）本次调查的测绘成果

　　在本次调查中，对乌拉特前旗根子场古城、固阳县白灵淖城圐圙古城、武川县二份子古城，下南滩遗址，达尔罕茂明安联合旗希拉穆仁城圐圙古城，四子王旗乌兰花土城子古城、库伦图古城、察哈尔右翼后旗克里孟古城、兴和县元山子土城子古城、化德县安业古城和向阳古城均进行了专门测绘。

　　苏哲前揭文对武川县土城梁古城、呼和浩特市回民区坝口子古城有详细描述，并绘制了两座城址的平面图，资料非常详尽。魏坚的调查对乌拉特后旗达巴图古城作了较详细的描述，但未有测绘图。对于上述三座北魏古城，在本次长城调查中均未再作调查，具体资料以苏哲、魏坚的调查成果为准。

　　下面，对本次调查中做专门测绘的11处城址（或遗址），分作详细描述。

1. 根子场古城

　　该古城位于乌拉特前旗苏独仑乡根子场村西南1千米平坦的明安川川地上，东南距乌梁素海约10千米。城址东临呈南-北走向的柏油路，北侧为呈东-西走向的砂石路。

　　古城内外被开垦为耕地，对城址的破坏较大。古城平面形制可辨析，呈倒"凸"字形，城内两道南北向墙体将古城分为呈东西向排列的西、中、东城。（图三七）古城北墙作直线分布，总长1172米，其中，西城部分墙体长416米，中城部分墙体长428米，东城部分墙体长328米；西城西墙，东城东墙均长520米，中城东、西墙长600米。城墙为夯筑土墙，呈土垄状。北墙中部偏东保存较好，明显隆起于地表，现存墙体底宽8、顶宽2~3、残高0.6米；南墙保存较北墙中部偏东稍差，现存墙体底宽6、顶宽2、残高0.5~1米；南北向四道城墙中，仅中城东、西墙南部外凸部分保存较好，外凸东、

〔1〕　王仲荦：《北周地理志》（下册）附录三种第一《北魏延昌地形志北边州镇考证》，中华书局，1980年。

〔2〕　李逸友：《汉光禄城的考察》，《内蒙古文物考古》总第3期，1984年。

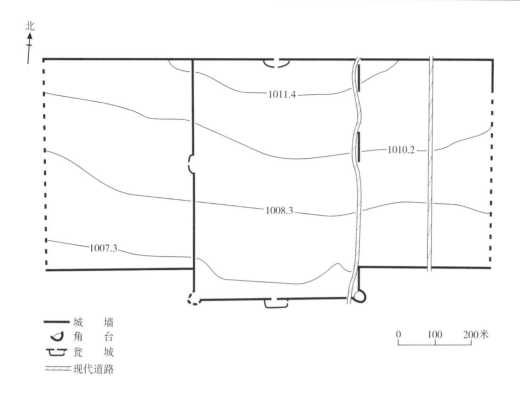

北

1011.4

1010.2

1008.3

1007.3

—— 城　墙
⌐ 角　台
⊔ 瓮　城
== 现代道路

0　100　200米

图三七　根子场古城平面图

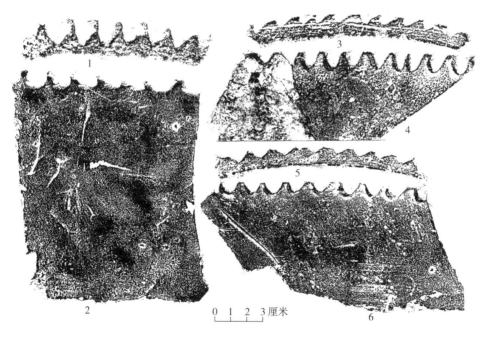

1
2
3
4
5
6

0　1　2　3厘米

图三八　根子场古城采集板瓦拓片
1、2、3、4、5、6均为板瓦的正面与外壁

西墙长80米，现存墙体底宽8～12、顶宽2～3、残高0.3～1米。

中城为主城，四墙中部辟有城门。南门址宽5米，外加筑瓮城，瓮城呈圆形土台基状，直径约50、残存最高1.6米，方向177°。北门址较模糊，内侧有半圆形土台基，门宽约6米。东、西门址宽3米，

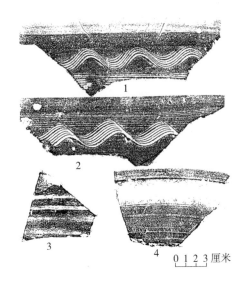

图三九　根子场古城采集陶片拓片

1、2. 陶盆外壁波浪纹　3. 凹弦纹

4. 陶壶外沿凸弦纹

与东、西城相通。东、西城东、西墙上原来是否有门，由于墙体破坏，无法确定。中城南墙两角有角台，其中，东南角台遗迹较明显，直径25、残存最高1.4米。中城内北部有长方形夯土台基一座，长15、宽6、高1.5米。城内地表见有方砖、筒瓦和泥质灰陶鼓腹罐等残片。其中，采集的指压纹板瓦，外壁素面，内壁布纹，正面指压呈波浪形；（图三八）泥质灰陶盆残片，斜宽沿，内外壁施波浪纹，（图三九:1、2）还有平行凹弦纹（图三九:3）；泥质灰陶壶口沿残片，陶壶为侈口，方唇，外沿下施一周凸弦纹。（图三九:4）

该城址应为北魏沃野镇旧址。

2. 白灵淖城圐圙古城

该古城位于固阳县怀朔镇城圐圙村西南1.4千米的低缓丘陵凹地中。古城西北、东北角修建在低矮的山丘顶部，南墙中部位于低缓的丘陵顶部，古城大体地处南北高、中间低的低洼地带，大部分被开垦为坡耕地。五金河的支流

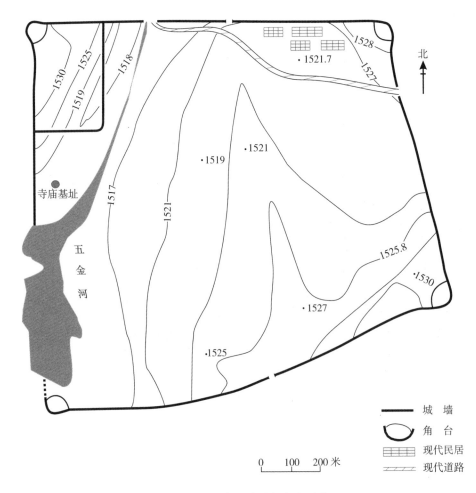

图四〇　白灵淖城圐圙古城平面图

自东北流向西南，穿越古城。西墙南部毁
于河水冲刷，东墙中部地势低缓处墙体
消失。

城址平面呈不规则四边形，南墙西部
外凸。（图四〇）北墙长 1245 米、东墙长
953 米、南墙长 1463 米、西墙长 1307 米。
城墙为夯筑土墙，夯层厚 0.13 ~ 0.15 米。
现存城墙底宽 3 ~ 15、顶宽 1 ~ 2、残高 1 ~
1.5 米。墙体上不见马面，四角设角台。南
墙和北墙中部各开一座城门，门址宽 18
米，方向 180°、0°。城内西北隅有子城一
座，平面呈长方形，东西长 220、南北长
360 米。

1979 ~ 1980 年，对该城址进行勘测并首
次试掘，认为，城内西半部为官署和寺院建
筑址，东北部为居民区。1982 年，对城内西
部佛寺基址进行考古发掘，遗址平面呈正方
形，边长 16 米，发现柱础 32 个，出土各种
泥塑佛像均为典型的北魏风格。古城发现及
征集的文物有陶罐、陶壶、莲花纹瓦当、三
角砖形瓦当范、铜菩萨像、铁釜、铁犁铧及
石磨盘等。近年，固阳县文物管理所征集到
花岗岩石臼、筒瓦和瓦当。石臼两件，其中
一件为花岗岩质，外口径 43、底径 30、通
高 43 厘米，壁厚 5、深 30 厘米；一件为淡
绿色砂岩质，外口径 53、底径 30、通高 40
厘米，壁厚 8 厘米，底部因被村民当作猪食

图四一　白灵淖城圐圙古城采集陶片纹饰与板瓦拓片
1、2. 陶盆口沿外壁平行划线纹　3. 板瓦外壁
4. 陶盆外壁平行划线纹　5. 凸弦纹上划戳堆纹

盆而加了一层水泥，深 23 厘米。筒瓦完整，外壁素面，内壁布纹，长 40、宽 14、厚 2 厘米。（彩图一
八二）莲花纹瓦当，面饰十瓣莲花，周边饰凸弦纹，直径 13.5、厚 1.5 厘米。（彩图一八三）地表散
布有外壁施绳纹及滚压绳纹带板瓦，采集有指压纹檐板瓦（图四一:3）及泥质灰陶盆、陶壶等陶器残
片，上施平行划线纹与波浪纹（图四二:1、2、4）、波浪纹（图四二:3、6、7）、平行划线纹（图四
一:1、2、4，四二:5、10）、口沿下指压凹点纹（图四二:8）、陶壶颈下滚压连环纹（图四二:9）和凸
弦纹上划戳堆纹（图四一:5）。

该城址为北魏怀朔镇旧址，修建于北魏延和二年（433 年），于北魏孝昌年间（525 ~ 527
年），改称朔州，废于六镇之乱。白灵淖城圐圙古城西距根子场古城 110 千米，东北距希拉穆仁
城圐圙古城 90 千米，白灵淖城圐圙古城与根子场古城大体处于东西一条直线之上，希拉穆仁城
圐圙古城的位置较前两者略偏北。可见，北魏修筑沃野、怀朔、武川三镇，其位置和相互间距都
有所考量。

3. 二份子古城

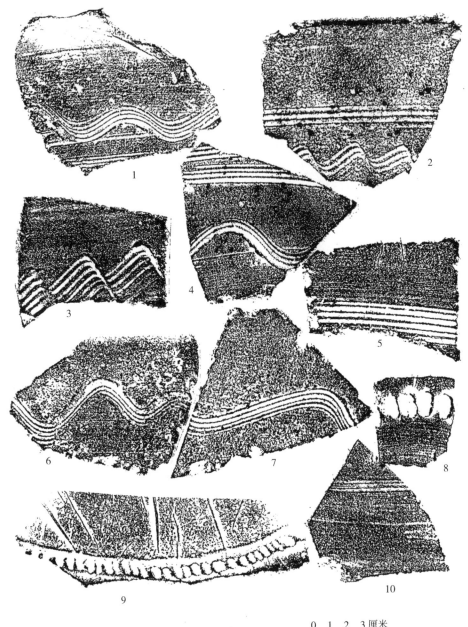

0　1　2　3厘米

图四二　白灵淖城圐圙古城采集陶片纹饰拓片

1、2、4. 平行划线纹与波浪纹　3、6、7. 波浪纹　8. 口沿下指压凹点纹　9. 滚压连环纹　5、10. 平行划线纹（2、3、6 为内壁）

　　该古城位于武川县二份子乡政府所在地西 1.5 千米的丘陵地带。坐落于四面环山的谷地中，其中，北山有一山口直通达尔罕草原，源于大青山北麓的巴拉盖河从古城东、西侧流过，省道 104 东西向穿城而过。金界壕和汉外长城南线分别自古城东、东北方向延伸而过。

　　古城所处地势南高北低，古城内、外被开垦为耕地。城址平面呈长方形，仅东北角城墙为避让河流而修筑成内抹状，整体东西长 725、南北长 758 米。（图四三）四面城墙可辨识，省道 104 使东、西城墙形成豁口，省道北侧与之平行的一条土路导致西墙形成豁口。土路形成的西墙豁口南侧断面上可

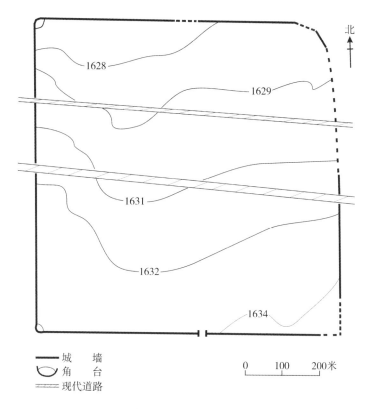

图四三　二份子古城平面图

见城墙的清晰剖面，呈半圆形，中间为夯筑土墙，两侧为坍塌堆积，整体底宽 16、顶宽 2、残高 1.8 米。其中，夯筑土墙基宽 2.2、顶宽 1.2、残高 1.3 米，夯层厚 0.19 米，夯窝直径 0.11、深 0.06 米。除城墙东北角外，其他角均有角台，东南角台纹残留部分遗迹。以前的调查在城墙上发现有马面，本次调查已难辨遗迹。南墙中部辟门，门宽 7 米，方向 180°。东墙中部原可能有门址，由于其北侧墙体顶部被利用为砂石路，南侧墙体大部分毁于河水冲刷，门址存在与否已难于确认。城内较平坦，东北部耕地中分布有灰土圈五六处，有带黑色烟炱的石板，地表散落陶片较多，瓦片较少，发现牛腿骨等动物骨骼。采集的陶片可辨器形有泥质灰陶盘口罐，外唇施戳印纹；（图四四:1、2）泥质黑陶磨光罐，肩部施滚压波浪纹；（图四四:5）还有灰陶壶和灰陶盆。部分器表施平行划线纹（图四四:4、6、7）或平行划线纹与波浪纹组合，（图四四:3）亦有较多素面者。

二份子古城西南距白灵淖城圐圙古城 51 千米，东距希拉穆仁城圐圙古城 42 千米，地扼大青山通往达尔罕草原的交通要道，正是起到呼应怀朔镇与武川镇作用的一座军事戍城。

4. 下南滩遗址

该遗址位于武川县可可以力更镇下南滩村西北 1.4 千米的耕地中。东距武川县城可可以力更镇 6 千米。西侧临昆都仑河，河水呈西南流向，在水磨沟注入抢盘河。南侧是一条季节性河流，向西汇入昆都仑河。

遗址位于大青山北麓的一片平川地中，向南远眺大青山。遗址所处耕地当地人俗称"瓦片地"，地势南高北低。地表可见残存的三座建筑台基，呈东西向一字排列，中间台基中心距东台基中心 80 米，距西台基中心 40 米。三座台基的平面均略呈椭圆形，中间台基最大，东、西两侧台基较小。中间台基直径 28 ~ 38、残高约 1 米，东侧台基直径 20 ~ 29、西侧台基直径 28 ~ 32、残高约 0.5 米。（图四五）地表散落有大量的筒瓦、板瓦等遗物，有前缘用手指按压成水波纹的檐板瓦（图四六）

和莲花纹瓦当等。

通过本次调查，认定该遗址为北魏孝文帝阴山讲（阅）武台。

5. 希拉穆仁城圐圙古城

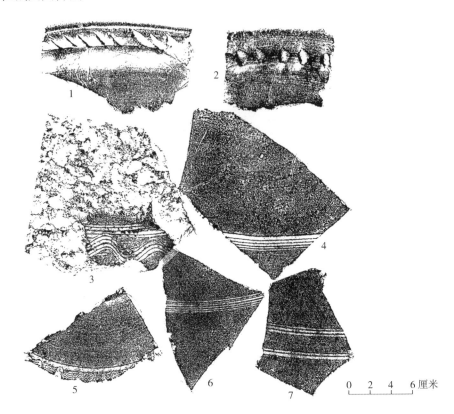

图四四　二份子古城采集陶片纹饰拓片
1、2. 戳印纹　3. 平行划线纹与波浪纹（内壁）　4、6、7. 平行划线纹　5. 滚压波浪纹

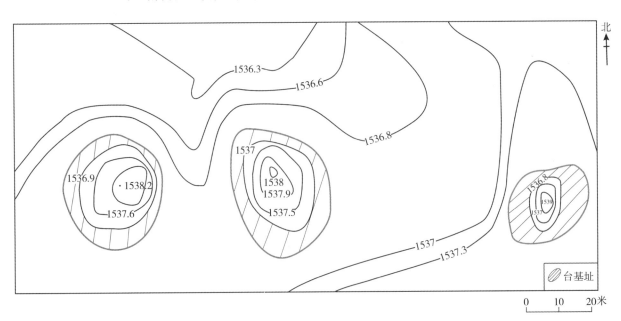

图四五　下南滩遗址平面图

该古城位于达尔罕茂明安联合旗希拉穆仁镇西约
2.6 千米的草滩地中。西侧 0.05 千米为六镇长城
南线墙体，北侧有召河，南侧有哈日乌苏干河
（《周书·邵惠公颢传》记作"武川南河"），古
城坐落于两河交汇处的河洲地带，地形较高，地
势开阔，呈现出群山环抱、河水萦绕的景观，为
水草丰美的丘陵草原区。

　　古城由大、小城和南城组成，大、小城东西向排
列，间距 85 米。大城东墙北端延伸出的一道墙体呈
垄状东向环绕，将小城封闭其中，再与大城东南角相
接，使大、小城合为一体。呈垄状的墙体底宽约 1.5、
残高 0.4 米。（图四七；彩图一七五）

　　大城居西，平面略呈长方形，东西长 436、南北
长 410 米。城墙夯筑而成，现存墙体底宽 6～10、顶
宽 2～3、残高 1～2 米。城墙四角有角台，墙体上附

图四六　下南滩遗址采集板瓦拓片
1. 正面　2. 外壁

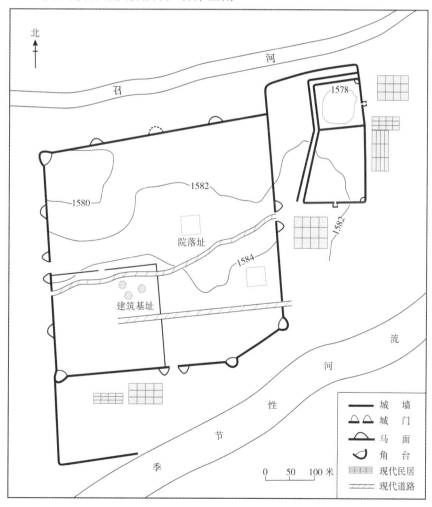

图四七　希拉穆仁城圐圙古城平面图

设马面。四面城墙中部各设一门，门两侧为凸起的类似马面的墩台，门址宽约 5 米，其中南门方向 176°。城内除东北角外，其他大部分区域隐现南北向成排的建筑基址，轮廓较模糊。城内西南隅有一座子城，西、南墙借用大城墙体，另筑北、东墙。子城平面呈长方形，东西长 205、南北长 194 米。子城北墙中部辟门，门址宽 6 米。子城东北部呈三角形分布有三处凸起的圆形建筑基址，直径 15、高约 0.6 米。早期调查时，台基上散落有较多瓦片，近年，随着旅游业的发展，瓦片多为游客捡走，极难采集。

小城居东，平面呈"日"字形，中部偏北有一道东西向隔墙将城址分为南、北城。（彩图一七六）小城南北通长 228 米，北端宽 80、南端宽 123 米。城墙夯筑而成，现存墙体底宽 5~8、顶宽 1~2、残高约 1.5 米。城墙四角有角台残迹。北城略小，平面呈正方形，边长 80 米，辟东门，门址宽约 6 米。南城稍大，呈南宽北窄的不规则长方形，辟南门，门址宽约 5 米。小城北墙、西墙外均有护城壕。

南城接筑于大城南侧，存西墙、南墙西半部，南墙为斜墙，呈西宽东窄的长方形。西墙长 172 米。

大城和小城内采集的遗物均属北魏时期，如前缘用手指按压成水波纹的檐板瓦和暗纹陶器等。

该城址应为北魏武川镇旧址。古城西南距白灵淖城圐圙古城 90 千米，东北距乌兰花土城子古城 50 千米。

6. 乌兰花土城子古城

该古城位于四子王旗乌兰花镇土城子村西南。西北距乌兰花镇 6 千米，西距 101 省道 4.8 千米，北与六镇长城南线的直线距离为 42 千米。城址四周为低山丘陵所环绕，南、北侧各有一条由东南向西北流的季节河，两条河在古城西北汇合后注入希拉木伦高勒。

古城由并列的东、西城组成，西城连接在东城的西北端。（图四八）东城为主城，所处地势较平坦，东南稍高西北略低。城址内外大部分被开垦为耕地，有断续的南北向杨树林，仅城内东半部未被开垦。东城墙东北角地处土城子村中，民居与城墙间留有一定距离，使城墙得以保留。

东城平面呈近正方形，边长 900 米。城墙夯筑而成，呈较高大的土垄状，现存城墙底宽 8~12、顶宽 2~3、残高 1~3 米。南、北墙中部各开一座城门，门址均宽 4.2 米，方向 178°。城内中部有三座较显著的建筑台基，其间还有部分较低矮的建筑台基。位于城内正中的建筑台基较高大，平面略呈圆形，直径约 20、残高约 1.6 米。台基周边地表散落有砖、板瓦、筒瓦、瓦当和陶片等，有典型的北魏莲花纹瓦当。城内东半部未开垦的区域有长方形子城一座，东西长 86、南北长 120 米，辟南门，方向 178°；城墙呈土垄状，城墙底宽 5~10、顶宽 1~2、残高 0.4~1 米。子城被后代所利用，城墙顶部有用土坯垒砌的院墙，地表散落有清代瓷片。

西城平面呈不规则长方形，东西长 1170、南北长 1086 米。西城东墙南部利用了东城西墙北半段，城墙西南角内抹，外侧为西北流向东南的沙河。城墙较低矮，呈土垄状，城墙底宽 3~5、顶宽约 1、残高 0.3~0.6 米。城区内外被开垦为耕地，西墙被叠压在南北向土路下。南墙辟门，门址形制不清晰，方向与东城大体相同。

该城址应为北魏抚冥镇旧址。古城西南距希拉穆仁城圐圙古城 50 千米，东北距克里孟古城 93 千米，东南距河北省尚义县三工地土城子古城 187 千米。乌兰花土城子古城距希拉穆仁城圐圙古城较近，其中原因可能是抚冥镇建立的时间较其他镇城为晚。

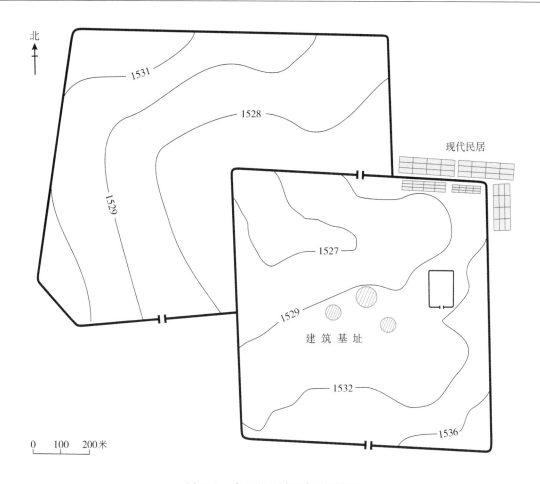

图四八　乌兰花土城子古城平面图

7. 库伦图古城

该古城位于四子王旗库伦图乡政府驻地东南 1.5 千米东西向谷地的南坡地上。南侧有城卜子村，北距六镇长城南线 20 千米。古城北有自东流向西的河流，省道 301 于河流北岸并行。东、南、北侧低山环绕，西侧较开阔。

城址平面呈近正方形，边长 442 米。（图四九）城墙夯筑而成，呈土垄状。墙体底宽 6 ~ 10、顶宽 1 ~ 2、残高 0.5 ~ 2.5 米。古城四角有角台，城墙上有马面。四面城墙中部辟有城门，门址宽 6 米，两侧有向外凸起的墩台，南门方向 184°。古城内外被开垦为耕地，南墙大部分地处耕地中，墙体较低矮；其他城墙基本地处地块分界处，内侧为防护林带，外侧有土路并行。古城内遗物只有少量的陶器及建筑材料。陶器均为泥质灰陶，轮制，火候较高，器形有瓮、罐、壶、盆等，纹饰以素面为主，有一定数量的水波纹、细凹弦纹、菱形纹、圆点纹和几何纹等，建筑材料仅有少量灰色筒瓦。

库伦图古城与二份子古城的性质相似，是北魏王朝为加强北边防御而修筑。该城址西南距乌兰花土城子古城 26 千米，东距克里孟古城 71 千米，主要起到与抚冥镇相互策应、相互支援的作用。

8. 克里孟古城

该古城位于察哈尔右翼后旗韩勿拉苏木克里孟村北 0.4 千米的南北向谷地中。北距六镇长城南线 13 千米。韩勿拉河由南流向北自古城穿过，乡道 103 自古城东半部南北向穿过。

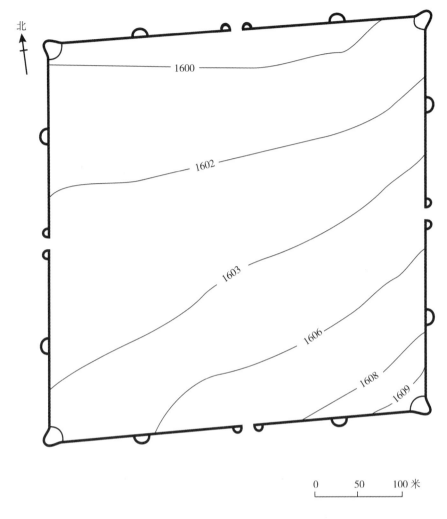

图四九　库伦图古城平面图

　　古城横跨谷地布局，河谷上游是东西向山脉的山口，颇具控扼山间谷地之势。城址平面呈西宽东
窄的长梯形，有内外双重城墙，间距 16～50 米，西端相距较窄、东端相距较宽。外城北墙长 1481 米、
南墙长 1496 米、西墙长 658 米、东墙略向外弧长 456 米。（图五〇）城墙较低矮，墙体底宽 8～12、顶
宽 1～2、残高 0.2～1 米。内墙在韩勿拉河东岸加筑一条南北向墙体，将古城分为东、西两城。东城城
墙四角有角台，因外侧挖土筑墙，有壕沟痕迹。

　　东城为主城，地处河东岸的谷地及东山坡上。东城内城墙呈高大的土垄状，北墙长 556 米、
南墙长 563 米、西墙长 460 米、东墙中部外凸长 395 米。墙体底宽 16～20、顶宽 3～4、残高 1.5
～2.2 米。西墙南部毁于韩勿拉河河水冲刷，北端有清晰的断面，呈土垄状的墙体中间为原始轮
廓，城墙底宽 3.8、顶宽 3.5、残高 1.3 米，夯层厚 0.09～0.15 米。（彩图一七四）外侧残存壕
沟痕迹，壕沟宽 5～6 米。城墙四角有向外伸出的高大角台，长 7、宽 5 米。四周有 7 座马面，其
中，北、西、南墙各 2 座，东墙 1 座，设在外凸处。东城内城于南、北墙偏西的谷地上设南、北
门，门址均宽 6 米，南门方向 175°。门址两侧有向外伸出的墩台，台体长 25、宽 8 米。与其对
应的外城墙低缓或消失，门址情况不详。主城中部为大面积芨芨草丛，间有低缓的圆形土台基分
布，其中，最为高大者位于城中东坡向西侧谷地的过渡地带，呈圆丘形，直径约 30、高约 3.5

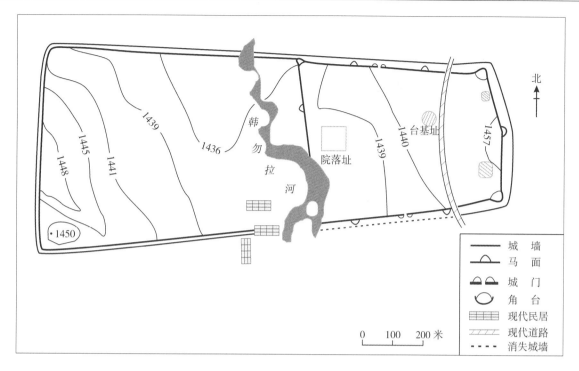

图五〇　克里孟古城平面图

米。近西墙中部有一处由呈土垄状的墙体围成的正
方形院落，边长约 110 米；院内北部有东西向分布
的 3 座台基址，向南两侧为廊道形的凸起；院落南
墙较低矮，中间隐约有门址；台基及呈垄状的墙体
上瓦砾遍布。东城东南角是一组成排的正方形石圈
状基址，贴近东墙北端有一排 5 座类似的基址。东
城区内的遗物有北魏时期的子母口筒瓦、前缘用手
指按压成水波纹的檐板瓦等，当地牧民收藏有完整
的青砖，砖长 18.5、宽 15、厚 4.5 厘米。（彩图一
八四）柏油路两侧因绿化挖掘的树坑土含有较多灰
土，夹杂陶片和动物骨骼等。采集有外壁素面、内
壁饰布纹的两面指压纹板瓦（图五一，五二：1、
2）、乳丁纹瓦当（图五二：3、4）及部分陶片，纹
饰有平行划线纹间饰波浪纹（图五三：1、8）或内
壁波浪纹外壁平行划线纹（图五三：2、3）、平行
凹线纹（图五三：7）、滚压绳索状波浪纹（图五三
：5、9、10）、勾云纹及联珠纹（图五三：4）及滚
压方格纹带等（图五三：6）。

　　韩勿拉河西岸的西城，内城北墙长 877 米、南
墙长 855 米、西墙长 626 米、东墙长 460 米。城墙
普遍较低矮，外城墙保存较好，部分南、北墙因韩

图五一　克里孟古城采集板瓦拓片
1. 内壁布纹　2. 正面　3. 外壁

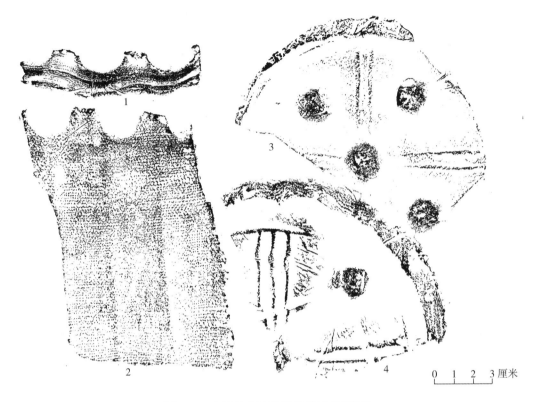

图五二　克里孟古城采集板瓦及瓦当拓片
1、2. 板瓦正面与内壁布纹　3、4. 乳丁纹瓦当

勿拉河河水冲刷而消失。城墙上不见马面、角台等附属设施，门址不清，城内无台基类遗迹。

该城址在北魏时期先后为牛都、柔玄镇旧址。西南距乌兰花土城子古城93千米，西距库伦图古城71千米，东南距河北省尚义县三工地土城子古城（怀荒镇旧址）100千米。

9. 元山子土城子古城

该古城位于乌兰察布市兴和县民族团结乡张家村中，该村俗称土城子村。古城东侧为山脉，南侧为丘陵。古城南有座小山叫元山子，西、北侧为开阔的川地。自胜利水库下泄的一条河流自西北流向东南，鸳鸯河自东北流向西南，两河于古城南交汇，交汇之后称为后河，东南流入友谊水库。因村庄建于古城内，城址破坏较严重。

城址平面呈不规则四边形，西北、东南角大，东北、西南角小。东墙残长125米、北墙长400米、西墙残长318米，南墙全部消失。（图五四）城墙为夯筑土墙，北墙东段和东墙北段保存较好，城墙底宽6~20、顶宽约3、残高2~4米。北墙西段较低矮，墙体断面有夯层，为红黏土和黑土交错夯筑，夯层间不平整，夯层厚0.08~0.15米。西墙大部分地处耕地中，有明显的隆起，城墙底宽8~12、顶宽约2、残高0.3~1米。西墙南段、南墙及东墙南段消失于村庄中。经测绘复原，东、南墙长390米，西墙长330米，北墙长400米。北墙中部设门，门址现宽5米，方向2°。除古城西南角保留一座土筑台基址外，因村庄建设，其他相关遗迹消失。地表遗物较丰富，大部分为金元时期的白瓷罐、白瓷碗、青砖等，曾出土铜镜、大定通宝钱币；还有部分具有北魏特点的陶器，如束颈壶和饰戳印纹、水波纹、凹弦纹、网格状暗纹的陶片等。古城内西南部有清代庙址一处，地表散落有较多砖瓦残块，采集到一侧有残缺的蒙文铭砖一块，其上蒙文请教内蒙古自治区社会科学院历史研究所乔吉教授，释为"云风"二字。（图五五）

图五三 克里孟古城陶片纹饰拓片

1、8. 平行划线纹间饰波浪纹 2、3. 内壁波浪纹与外壁平行划线纹 4. 压印勾云纹及联珠纹 5、9、10. 绳索状波浪纹 6. 滚压方格纹带 7. 平行凹线纹

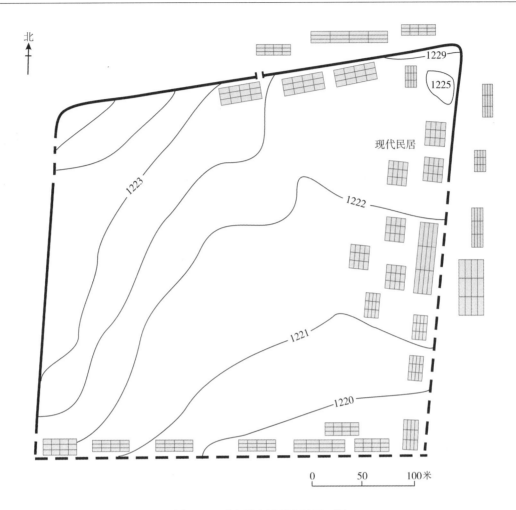

图五四　元山子土城子古城平面图

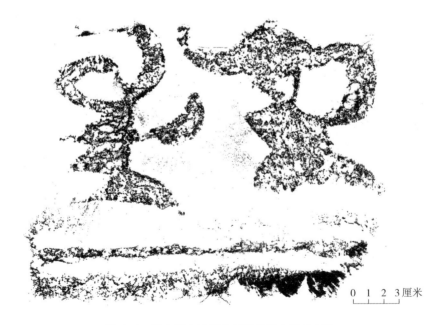

图五五　元山子土城子古城采集蒙文铭砖拓片

元山子土城子古城内北魏与金元时期遗物的同出表明，遗址在时代上的前后沿用，但金元时期城垣与北魏城垣的关系尚不清楚。该城址被考证为《水经注》记载的长川城，东北距河北省尚义县三工地土城子古城（怀荒镇旧址）32 千米。

10. 安业古城

该古该城位于化德县七号镇安业村东 2.7 千米的平坦草原上。北侧有县道 508，南侧有省道 105。该古城在《中国文物地图集・内蒙古自治区分册》中定名为收图古城[1]，不符合依最近、最小村落命名文物点的原则，此次调查后更名为安业古城。古城四面环远山，西北有距离古城较近的低缓丘陵，

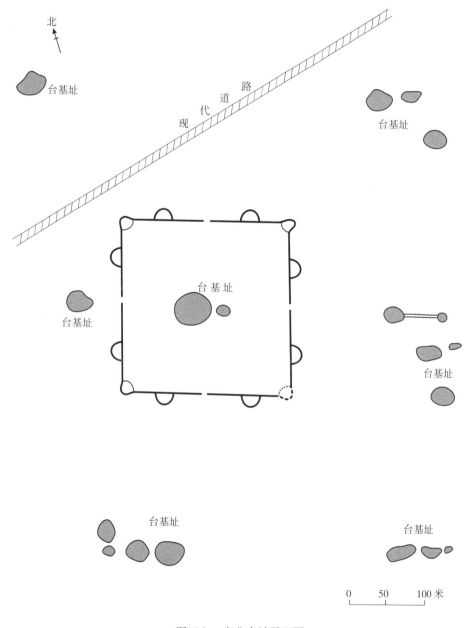

图五六　安业古城平面图

〔1〕　国家文物局主编《中国文物地图集・内蒙古自治区分册》（下册），西安地图出版社，2003 年，第 568 页。

西南有两座南北向分布的水泡子。

城址平面略呈正方形，东西长 222、南北长 218 米。（图五六）城墙夯筑而成，呈高大的土垄状。城墙底宽 15～23、顶宽 2～3、残高 2～2.5 米。每面城墙上筑有 2 座马面，呈圆丘状外向凸出。四面城墙中部均散落有瓦片，应为门址所在。东、西墙方向 196°。古城内中部有一大一小圆形台基，大者在西，直径 48 米；小者在东，直径 18 米。台基上满布瓦片，以板瓦居多。板瓦纹饰有内外壁绳纹（图六〇:1）、外壁绳纹内壁布纹（图五七，五八:1、2，六〇:4、5）、外壁绳纹内壁麻点纹（图六〇:2）、外壁交叉绳纹内壁麻点状绳纹（图六一:1）、外壁弦断绳纹内壁绳纹或素面（图五九:1、2、5，六〇:3，六一:3、4）、外壁弦断绳纹内壁麻点纹（图六一:2）、外壁弦断绳纹内壁布纹（图五八:4～6，五九:4，六〇:7）、外壁凸弦纹内壁绳纹（图六〇:6）。其中，内外壁绳纹板瓦的前缘内外经指压，正面呈尖状；还有外壁饰凹弦纹的瓦片，内壁为素面，此类瓦较薄（图五八:3、五九:3）。

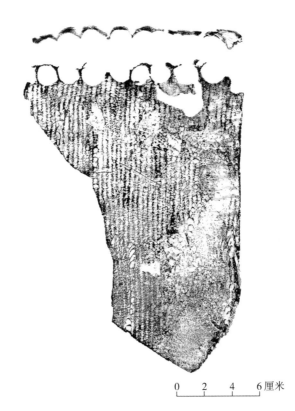

0   2   4   6厘米

图五七   安业古城采集正面波浪纹及外壁绳纹（内壁布纹）板瓦拓片

环绕城墙四周外侧约 0.2 千米有众多圆形台基，其中，北侧台基因修筑县道 508 而被破坏，部分消失，初步统计，现存台基共 22 座。这些台基的分布特点如古城中的台基，一大一小组合，有的台基上瓦砾遍布，有的片瓦不存。瓦片特征与古城内无异，同样不见日常生活用陶器残片。

该城址的遗物不见陶片，仅见筒瓦和板瓦，但这些筒瓦和板瓦也不具备北魏时期同类器物的典型特征，初步推断，属北魏建国之前的拓跋鲜卑遗存。据《魏书·序纪》记载，代国昭成帝什翼犍建国五年（342 年）七月七日，"诸部毕集，设坛埒，讲武驰射，因以为常。八月，还云中。"自此，七月七日成为代国皇帝祭天的传统日子。关于拓跋鲜卑皇帝设坛祭天的历史记载

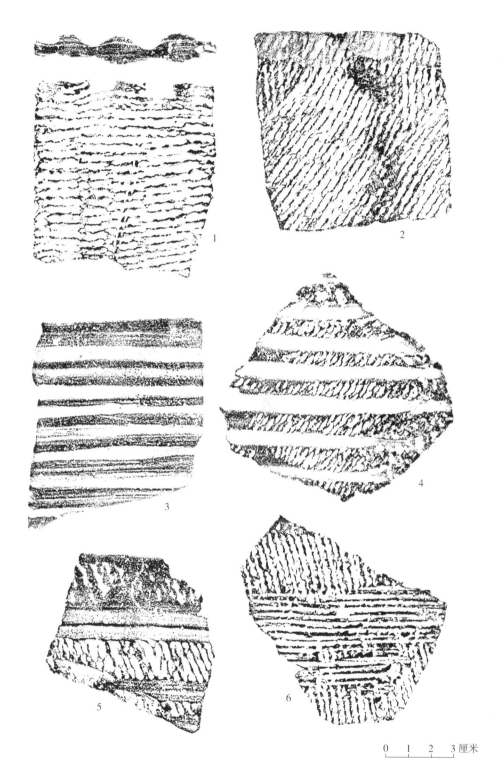

图五八 安业古城采集瓦片拓片

1. 板瓦正面及外壁绳纹 2. 外壁绳纹 3. 外壁凹弦纹（内壁素面）

4～6. 外壁弦断绳纹（1、2、4～6 均内壁布纹）

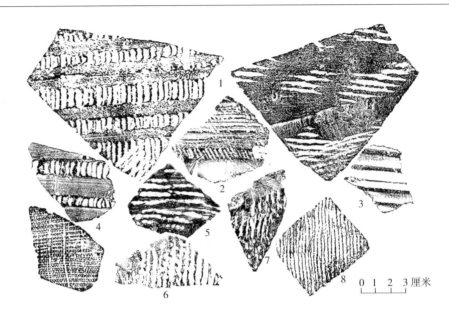

图五九　安业古城采集瓦片拓片

1. 外壁弦断绳纹及内壁绳纹　2. 外壁弦断绳纹（内壁绳纹）　3. 外壁凹弦纹（内壁素面）　4. 外壁
弦断绳纹与内壁布纹　5. 内壁绳纹（外壁弦断绳纹）　6~8. 外壁绳纹（内壁布纹）

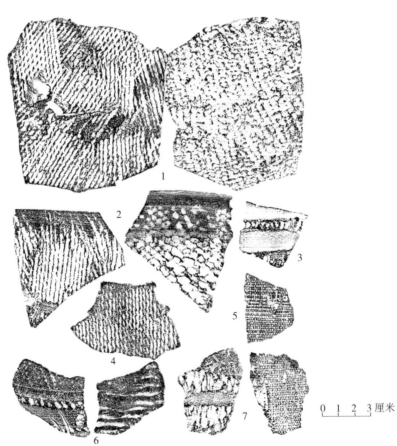

图六○　安业古城采集瓦片拓片

1. 外壁交叉绳纹及内壁麻点状绳纹　2. 外壁绳纹及内壁麻点纹　3. 外壁弦断绳纹（内壁绳纹）　4. 外壁
绳纹（内壁布纹）　5. 内壁布纹（外壁绳纹）　6. 外壁凸弦纹及内壁绳纹　7. 外壁弦断绳纹及内壁布纹

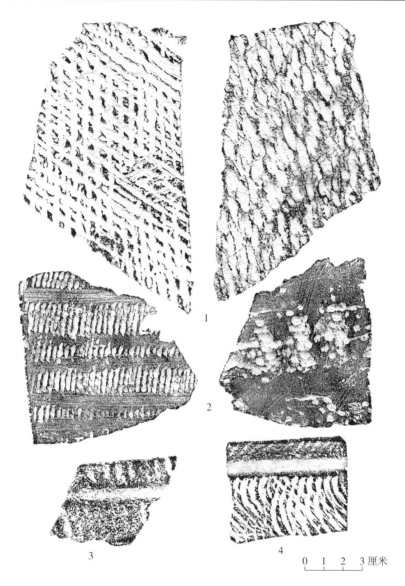

图六一　安业古城采集瓦片拓片
1. 外壁交叉绳纹与内壁麻点状绳纹　2. 外壁弦断绳纹与内壁麻点纹
3、4. 外壁弦断绳纹（3内壁素面，4内壁绳纹）

还有很多，安业古城内及其周围多圆形台基，台基周围的遗物多为瓦片，不见陶器等生活用品，该古城极有可能是与拓跋鲜卑的祭天活动相关的一座城址。

11. 向阳古城

该古城位于化德县七号镇农场村向阳自然村东北 0.27 千米的南北向川地上。西侧为低缓丘陵，南侧有省道 105。

城址平面大致呈长方形，东、西墙长 180 米，南墙长 215 米，北墙长 225 米。（图六二）城墙夯筑而成，呈宽土垄状。城墙底宽 16～28、顶宽 5～6、残高 0.5～1.5 米。南墙中部辟城门，门址宽 7 米，方向203°。古城内西北、西南部各有建筑台基一座，西北台基平面呈圆角长方形，长 35、宽 18、残高 0.5 米；西南台基呈长方形，长 30、宽 24、残高 0.5 米。古城北半部被开垦为耕地，西北台地处耕地中，附近有大量板瓦、筒瓦残片。其中，板瓦居多，板瓦有外壁弦断绳纹内壁布纹（图六三、六七:1）、外壁弦断

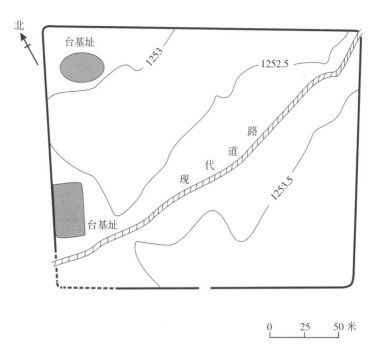

图六二　向阳古城平面图

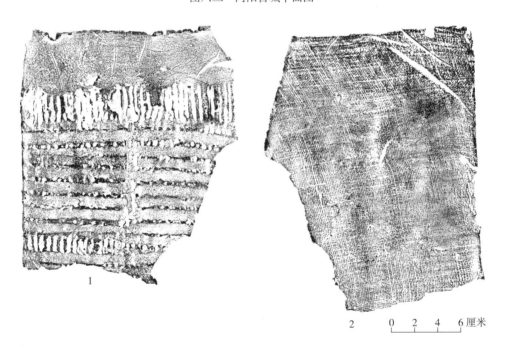

图六三　向阳古城采集板瓦拓片
1. 外壁弦断绳纹　2. 内壁布纹

绳纹内壁麻点纹（图六四）、外壁绳放内壁麻点纹（图六六）、外壁弦断绳纹内壁素面（图六五:1、六七:2~3）、外壁绳纹内壁布纹（图六五:2）极外壁凹弘纹以绳纹内壁素目（图六五:3）。有饰平行凹弦纹的瓦片，内壁为素面，瓦体轻薄。瓦片陶色较杂，以灰陶居多，也有黑灰色和黄褐色陶。古城中除瓦片外，陶片很少，仅采集一枚滚压篦点纹黑陶片。（图六五:4）

该古城东南距安业古城13.2千米，两者相距较近，时代相当，可能具有相同的功用。

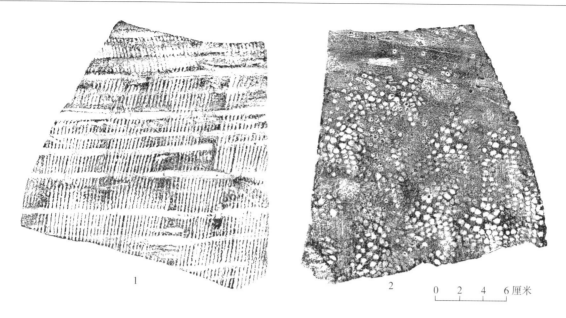

图六四 向阳古城采集板瓦拓片

1. 外壁弦断绳纹 2. 内壁麻点纹

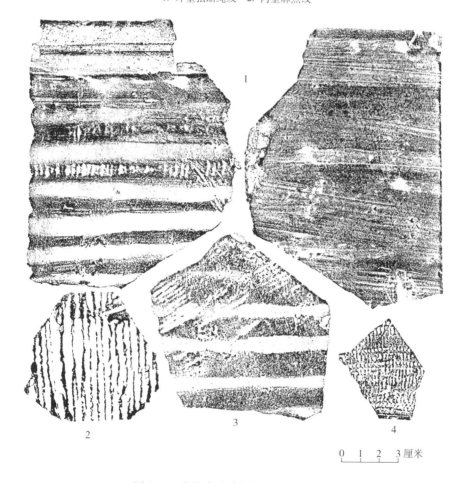

图六五 向阳古城采集瓦片、陶片拓片

1. 板瓦外壁弦断绳纹与内壁素面 2. 板瓦外壁绳纹（内壁布纹）

3. 外壁凹弦纹与绳纹（内壁素面） 4. 篦点纹陶片

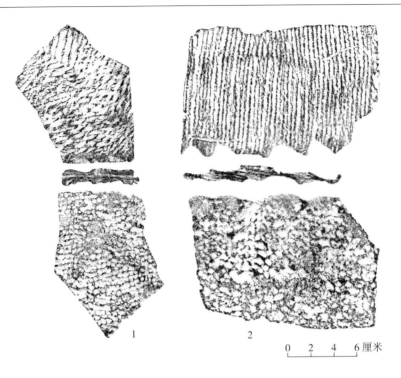

0　2　4　6厘米

图六六　向阳古城采集外壁绳纹、正面波浪纹及内壁麻点纹板瓦拓片

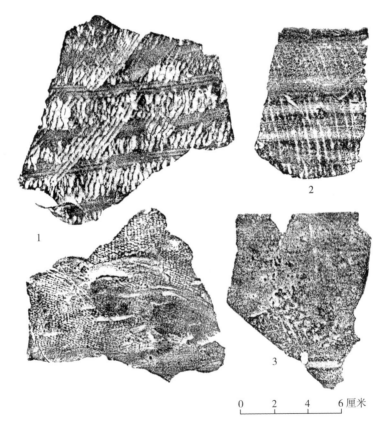

0　2　4　6厘米

图六七　向阳古城采集板瓦拓片

1. 外壁弦断绳纹与内壁布纹　2~3. 外壁弦断绳纹（内壁素面）

四 北魏长城保存状况分析

通过本次调查采集的相关数据可知，北魏长城超过三分之一的墙体不复存在，保存差的墙体也面临着消失的危险。究其原因，一方面与墙体本身的修筑质量有关，在丘陵草原地貌，缺乏易于夯筑的黄土，勉强能够用于夯筑的黑土分布不广泛，草原上的黑土层普遍较薄，其下多为细沙土。北魏长城用黑土夯筑的墙体普遍规格较小，夯筑粗糙、不实，难于长久存在。北魏时期，修筑了六镇长城南线之后不久又修筑了六镇长城北线，这也是通过双重防线的形式对防线本身脆弱性的一种弥补。另一方面，自然与人为等诸多因素的影响不可忽视，水土流失、村庄建设、农田耕种和公路修筑等，均为导致长城墙体遭受破坏的主要原因。

地处纯牧业地区的长城墙体和戍堡整体保存状况要明显好于半农半牧地区和纯农业区，但纯牧业区的状况也不乐观，如今的乌兰察布草原，因过度放牧引发的水土流失日益严重，长城沿线的部分地区表土裸露，年复一年的风雨侵蚀，导致长城墙体、戍堡墙体逐渐变矮。局部半沙化的草原形成"塔头墩"地貌，长城墙体因风雨侵蚀而消失。于谷地构筑的长城墙体，水土流失导致的山洪常冲刷墙体，雨水多的年份，一年之间就有数米或数十米的长城墙体因洪水冲刷而消失。在半农半牧地区，农田耕种对长城墙体的保存影响甚大。在长年的农田耕作中，大部分墙体失去了痕迹，即使如今在耕地中仍可见的隆起墙体，可预见其在数年之内终将被夷为平地，只有在耕地间交界处或未被开垦的坡地、山梁上有明显的墙体保存。在耕地中保存的戍堡则少之又少。公路修筑导致的长城墙体破坏常常是毁灭性的，六镇长城南线的大拉子长城有近 9 千米的墙体被叠压在道路下。一些乡间土路、田间耕道往往顺长城墙体通行，对墙体的危害不可小视。

但有些情况在向好的方向发展。在田野调查过程中同时发现，为了有效遏止草原水土流失，恢复生态环境，一些牧区草原开始实行禁牧，恢复生态环境。大型工程建设导致的长城墙体破坏基本为历史形成，现今，依据国务院《长城保护条例》的相关规定，杜绝了因大型工程建设而出现的长城墙体被破坏的现象。

保护北魏长城，亟待采取的措施重点在三个方面。一是对于地处牧区草原上的长城墙体应尽快在冲沟沟脑处修筑导水护坡，遏制冲沟持续发育蔓延。二是对于地处耕地中的长城墙体应尽快退耕，改为绿化地，在墙体两侧保护范围外种植低矮灌木。三是依据《长城保护条例》的相关规定，划定保护范围，树立保护标志，设立专门的保护机构，依法实施保护管理。

五 结 语

历史上，乌兰察布草原一直是中国北方游牧民族活动的主要地区之一，与中原农耕民族往往以阴山山脉为阻隔，界山而治。北魏作为一个由北方民族建立的统一了黄河流域的王朝，也修筑了抵御柔然的长城。北魏长城是我国历史上第一次由北方民族政权修筑的长城。六镇长城越过了阴山山脉，六镇中的怀朔、武川、抚冥等四镇，均分布于乌兰察布草原上。

阴山山脉以南是北魏王朝早期都城盛乐、云中以及金陵、宗庙之所在，也是北境防守之襟要。北魏王朝在阴山山脉以北设置了六镇等众多军镇，并于部分镇城之北修筑了长城，从而构成了一道军镇和长城相结合的综合防御体系，以阻挡柔然的骚扰和南侵。通常，北魏六镇的含义，也从原来单纯地指沃野、怀朔、武川、抚冥、柔玄、怀荒等六个军镇，演变为北方镇城的总称。

从本次长城调查的成果可见，六镇的分布，除武川镇和抚冥镇出于保卫阴山之南土默特平原的需要，相互间距仅为 50 千米之外，其他相邻镇城的相互间距均在 90～110 千米之间，可见北魏王朝设置六镇的方位和间距，都是事先有着充分考量的。此外，除武川镇和抚冥镇之间没有分布戍城外，其他相邻镇城之间都分布有一座或两座戍城，从而起到协同防御的作用。

北魏六镇士兵的构成，除了拓跋鲜卑族外，还包括被征服的北方民族、汉人和罪犯等，后三者构成了边镇军民的主体。其中，南附的敕勒人多被安置于长城、六镇沿线，成为戍边的一支重要力量。六镇镇城多为两城、甚至三城并列，当与不同民族居住在不同的城区内、实行不同的管理制度有关，而子城则当为镇将的衙署所在。

六镇的地位很高，镇将多为鲜卑贵族，往往升相位。后来，北齐、北周统治集团人物多出于六镇，著名者如北齐建立者高氏出自怀朔镇，北周建立者宇文氏出自武川镇。孝文帝迁都洛阳后，推行汉化，崇文鄙武，把武人排斥在清途之外，六镇地位逐渐下降，引起了六镇军人的不满。到北魏孝明帝正光年间（520～525 年），又筹划改镇为州，并且将六镇军卒中的强宗子弟、良家酋腑降为府户，六镇将领与北魏朝廷之间的矛盾激化。

另一方面，六镇长城及部分镇城所在的乌兰察布草原，气候环境不适合开展大规模农业生产，而北魏王朝却在这一地区大力推行军民屯垦，严重地破坏了当地的自然环境，造成了自然灾害频发与农业连年歉收。在这种情况下，镇将继续盘剥镇兵、镇民，军镇内部的矛盾也趋于激化。各种矛盾聚集在一起，从而爆发了声势浩大的六镇叛乱。

六镇之叛，本质上是对孝文帝汉化政策的一大反应。北魏统治者联合柔然共同镇压了六镇之叛，北魏与柔然的关系趋于缓和，长城和六镇也失去了往日的作用，逐渐趋于荒废。而镇作为当时的一种军事建制，经过后来历史上的不断演变，至今仍然作为相当于乡一级的行政建制，继续留存于当代的文化中。

从整个中国长城发展史的角度来看，春秋战国时期列国修筑的长城可称为早期长城，此后，秦及西汉长城、金界壕、明长城构成了中国长城发展史上的三个大规模修筑长城的主要阶段。除此之外，其他时代修筑的长城规模较小，如东汉长城、西晋长城、北魏长城、北齐长城、隋长城、北宋长城、西夏长城等，可统称为其他时代长城。北魏六镇长城修筑的时间晚于南部镇城的建立，且规模不大，工程草率，并没有东西完全贯通北方草原，与北魏王朝源自北方游牧民族，崇尚武力，并主要利用同为北方游牧民族的敕勒人守边有关，重野战而轻防御。北魏长城虽修筑规模不大，但其长堑的构筑形制上承东汉长城的壕堑形制，下启金界壕，在中国长城发展史上自有其特殊意义。

参考文献

一 古 籍

（北魏）郦道元：《水经注》，陈桥驿校证本，中华书局，2007 年。

（北齐）魏收：《魏书》，中华书局点校本，1974 年。

（唐）令狐德棻：《周书》，中华书局点校本，1971 年。

（唐）李百药：《北齐书》，中华书局点校本，1972 年。

（唐）杜佑：《通典》，中华书局点校本，1988 年。

（北宋）司马光：《资治通鉴》，中华书局点校本，1956 年。

二 专著、考古报告与论文集

王仲荦：《北周地理志》，中华书局，1980 年。

文物编辑委员会编《中国长城遗迹调查报告集》，文物出版社，1981 年。

谭其骧主编《中国历史地图集》第四册《东晋十六国·南北朝时期》，中国地图出版社，1982 年。

李逸友编著《内蒙古历史名城》，内蒙古人民出版社，1993 年。

内蒙古文物考古研究所编《内蒙古文物考古文集》第一辑，中国大百科全书出版社，1994 年。

中国长城学会编《长城国际学术研讨会论文集》，吉林人民出版社，1995 年。

北京大学中国传统文化研究中心编《国学研究》第三卷，北京大学出版社，1995 年。

内蒙古大学蒙古史研究室编《内蒙古文物古迹简述》，内蒙古人民出版社，1976 年。

内蒙古文物考古研究所编《内蒙古文物考古文集》第二辑，中国大百科全书出版社，1997 年。

国家文物局主编《中国文物地图集·内蒙古自治区分册》（上、下册），西安地图出版社，2003 年。

内蒙古文物考古研究所编《内蒙古地区鲜卑墓葬的发现与研究》，科学出版社，2004 年。

马长寿：《乌桓与鲜卑》，广西师范大学出版社，2006 年。

周伟洲：《敕勒与柔然》，广西师范大学出版社，2006 年。

万绳楠整理《陈寅恪魏晋南北朝史讲演录》，贵州人民出版社，2007 年。

塔拉主编《草原考古学文化研究》，内蒙古教育出版社，2007 年。

孙危：《鲜卑考古学文化研究》，科学出版社，2007 年。

辛德勇：《秦汉政区与边界地理研究》，中华书局，2009 年。

田余庆：《拓跋史探》，生活·读书·新知三联书店，2011 年。

张久和主编《内蒙古通史》第一卷《远古至唐代的内蒙古地区》（一、二），人民出版社，
2011 年。

三　考古简报与论文

张郁：《内蒙古大青山后东汉北魏古城遗址调查记》，《考古通讯》1958 年第 3 期；《汉朔方郡河外五城》，《内蒙古文物考古》1997 年第 2 期。

唐长孺：《北魏沃野镇的迁徙》，《华中师院学报》1979 年第 3 期。

朱震达、刘恕、肖龙山：《草原地带沙漠化环境的特征及其治理的途径——以内蒙乌兰察布草原为例》，《中国沙漠》1981 年第 1 期。

内蒙古文物工作队、包头市文物管理所：《内蒙古白灵淖城圐圙北魏古城遗址调查与试掘》，《考古》1984 年第 2 期。

汪宇平：《呼和浩特市北部地区与"白道"有关的文物古迹》，《内蒙古文物考古》总第 3 期，1984 年。

乌兰察布盟文物工作站：《察右后旗克里孟古城调查简报》，《乌兰察布文物》总第 3 期，1989 年。

张金龙：《北魏中后期的北边防务及其与柔然的和战关系》，《西北民族研究》1992 年第 2 期。

鲍桐：《北魏北疆几个历史地理问题的探索》，《中国历史地理论丛》1999 年第 3 期。

李兴盛、赵杰：《四子王旗土城子、城卜子古城再调查》，《内蒙古文物考古》1998 年第 1 期。

常谦：《北魏长川古城遗址考略》，《内蒙古文物考古》1998 年第 1 期。

李逸友：《中国北方长城考述》，《内蒙古文物考古》2001 年第 1 期。

李逸友：《北魏九十九泉御苑遗址》，《内蒙古文物考古》1998 年第 1 期。

梁伟基：《北朝军镇制度探析》，《中央民族大学学报》1998 年第 2 期。

孔毅：《北朝后期六镇鲜卑群体心态的演变》，《重庆师院学报》1999 年第 2 期。

张勇：《敕勒川在哪里?》，《新疆教育学院学报》1999 年第 2 期。

特木尔：《金代旧桓州城址考略》，《内蒙古文物考古》1999 年第 2 期。

张敏：《论北魏长城——军镇防御体系的建立》，《中国边疆史地研究》2003 年第 2 期。

郭建中：《北魏泰常八年长城寻踪》，《内蒙古文物考古》2006 年第 1 期。

艾冲：《再论北魏长城的位置与走向——与李逸友先生商榷》，《陕西师范大学继续教育学报》2006 年第 3 期。

朱大渭：《北朝历代建置长城及其军事战略地位》，《中国史研究》2006 年第 2 期。

李建丽、李文龙：《河北长城概况》，《文物春秋》2006 年第 5 期。

艾冲：《北朝拓跋魏、残高齐、宇文周诸国长城再探索——兼与朱大渭先生商榷》，《社会科学评论》2007 年第 3 期。

魏坚：《河套地区战国秦汉塞防研究》，吉林大学边疆考古研究中心编《边疆考古研究》第 6 辑，科学出版社，2007 年。

魏隽如、张智海：《北魏柔玄镇地望考述》，《北方文物》2009 年第 1 期。

吴松岩：《七郎山墓地再认识》，《内蒙古文物考古》2009 年第 1 期。

胡玉春：《北魏六镇起义的原因和启示》，《内蒙古社会科学》2011 年第 3 期；《从柔然汗国与北魏的关系看北魏北边防务的兴衰》，《内蒙古社会科学》2012 年第 4 期。

后 记

　　至 2010 年底，长城田野调查任务完成之后，2011～2012 年间，内蒙古自治区长城资源调查项目组陆续组织各长城调查队开展了明以前长城调查资料的整理工作。北魏长城调查资料的整理和调查报告初稿编写等工作于 2012 年上半年完成，参加资料整理和调查报告初稿编写的人员有李艳阳、腾和、谢寒光、王会杰、苗润华、杨建林、魏长虹、刘洪元、丹达尔、朝宝力高等。调查报告的后期统稿工作由张文平、苗润华于 2012 年下半年至 2013 年上半年完成。在统稿的过程中，结合发现的部分疑问，同时为了增加资料的完整性，于 2013 年 3～4 月，又对北魏长城沿线的部分镇戍关堡遗址开展了专门的调查，对部分遗址作了测绘，参加人员有张文平、苗润华、马登云、丹达尔、苗晨等。

　　此外，内蒙古自治区长城资源调查的合作单位内蒙古自治区航空遥感测绘院绘制了本报告中所有长城本体及其单体建筑、相关遗存的分布图。主要绘图人员有杜斌、张桂莲、赵海霞、杨晓燕、包东妍、张丽娜、李淑敏、郝利娟、孙晶晶等。

　　长城资源调查工作是在国家文物局领导下的大型文化遗产调查项目，从调查工作的开展到调查报告的编写、出版，都得到了国家文物局相关领导及文物保护与考古司的大力支持。设在中国文化遗产研究院的国家长城资源调查项目组的领导和专家，一直从业务方面对内蒙古自治区的长城调查工作进行着不遗余力的指导，长城调查工作所取得的每一份成就，都离不开他们的心血与汗水。最后，感谢内蒙古自治区文化厅、文物局，内蒙古博物院、内蒙古自治区文物考古研究所的领导和同仁们对长城资源调查工作的关心与支持。

　　由于编写时间仓促，加之水平有限，本报告难免存在诸多问题，敬请广大同行、读者批评指正。

编者

2014 年 5 月 20 日

地图·彩图

图　　例

⊓⊔⊓⊔⊓⊔	土墙	❘	长城分隔符
■■■■■	石墙	△	烽火台
⊓⊔⊓⊔⊓⊔	砖墙	⊡	敌台
⊓⊔⊓⊔⊓⊔	消失的墙体	✛	营堡
∧∧∧∧∧∧	山险	⊖	挡马墙
∩∩∩∩∩∩	河险	⊞	城楼
∿∿∿∿∿∿	山险墙	⋒	砖瓦窑
▲　▲　▲　▲	界壕	⊡	题记刻碑
▲－－▲－－▲	壕堑	◑	居住址
－－－－－－－	其他墙体	⊡	其他相关遗存、遗迹

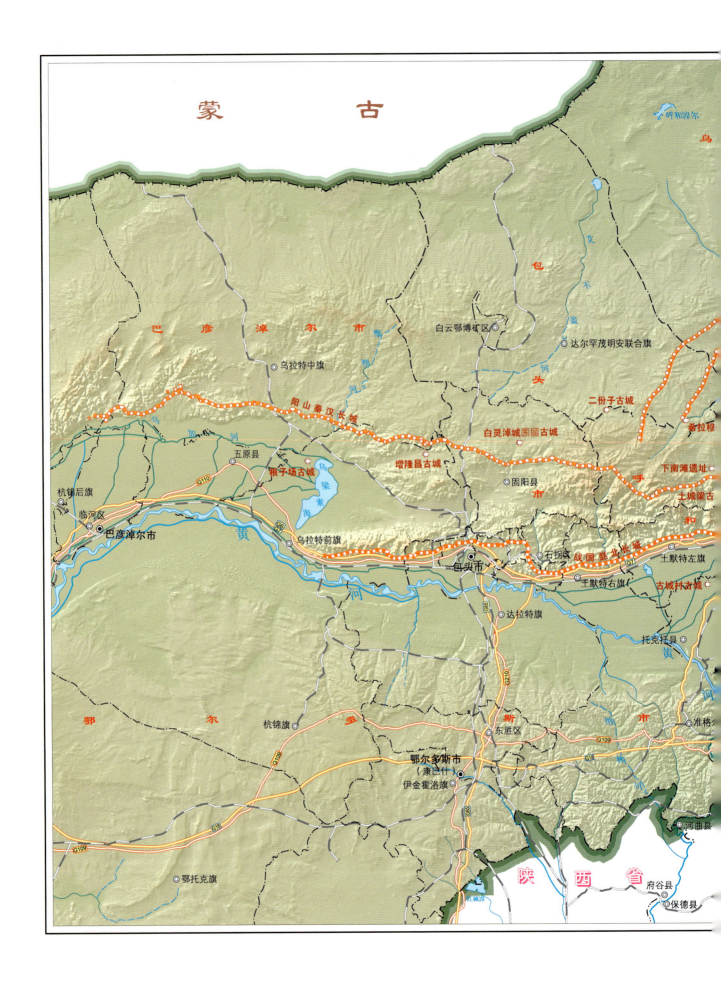

蒙　古

巴彦淖尔市

包头市

乌拉特中旗

白云鄂博矿区

达尔罕茂明安联合旗

二份子古城

阳山秦汉长城

白灵淖城圐圙古城

备拉穆

五原县

乌梁素海

增隆昌古城

下南滩遗址

杭锦后旗

羊子场古城

固阳县

土城梁古

临河区

呼

巴彦淖尔市

黄

乌拉特前旗

石拐区

战国赵北长城

和

包头市

土默特左旗

土默特右旗

古城朴古城

河

达拉特旗

托克托县

黄

鄂

尔

杭锦旗

多

斯

市

东胜区

准格尔

鄂尔多斯市
（康巴什）

伊金霍洛旗

河曲县

鄂托克旗

陕　西　省

府谷县

保德县

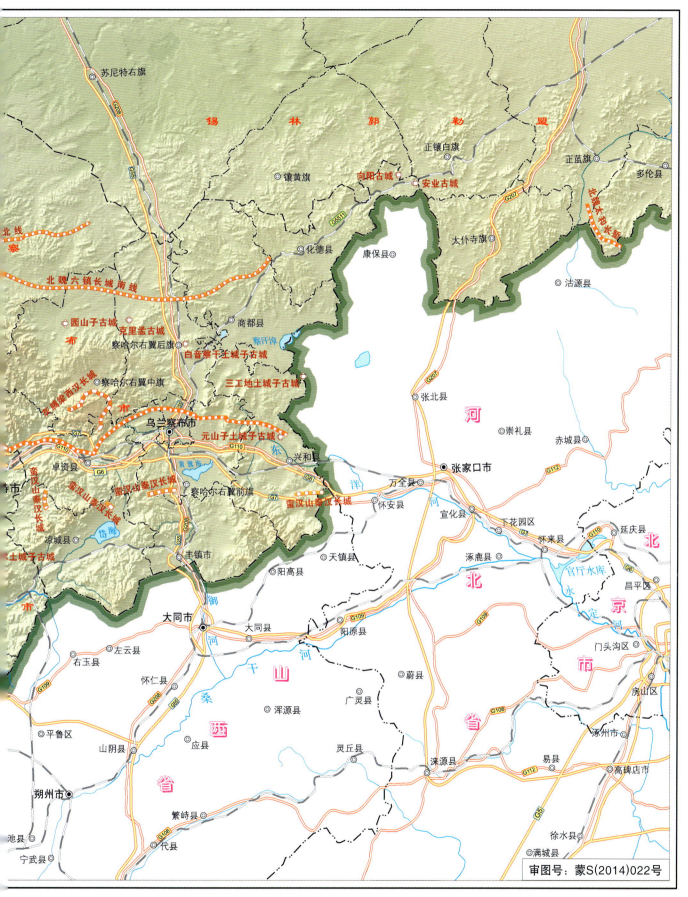

苏尼特右旗

锡 林 郭 勒 盟

正镶白旗

镶黄旗
向阳古城
安业古城

正蓝旗
多伦县

北魏太和长城

太仆寺旗

化德县
康保县
沽源县

北线
备察
园山子古城
北魏六镇长城南线
克里孟古城

布
察哈尔右翼后旗
白音察干土城子古城
商都县
察汗淖

张北县
河

察哈尔右翼中旗
三工地土城子古城

延熙绥西汉长城
崇礼县
赤城县

市
乌兰察布市
元山子土城子古城
张家口市

G7
卓资县
G110
黄旗海
兴和县
东
万全县
洋

蛮汉山秦汉长城
察哈尔右翼前旗
蛮汉山秦汉长城
怀安县
宣化县
下花园区
怀来县
延庆县
北

蛮汉山秦汉长城
蛮汉山秦汉长城
G208
涿鹿县
官厅水库
昌平区

凉城县
岱海
丰镇市
天镇县
北
京

土城子古城
阳高县
市
门头沟区

市
大同市
大同县
阳原县
房山区

左云县
河
干
山
涿州市

右玉县
桑
西
蔚县

怀仁县
广灵县
G108

浑源县
省
灵丘县
涞源县
易县
高碑店市

平鲁区
应县

山阴县
G112

朔州市
徐水县
满城县

繁峙县
宁武县
代县

审图号：蒙S(2014)022号

0 20.0 40.0 60.0 80.0 100.0千米

地图一　内蒙古自治区北魏长城资源分布图

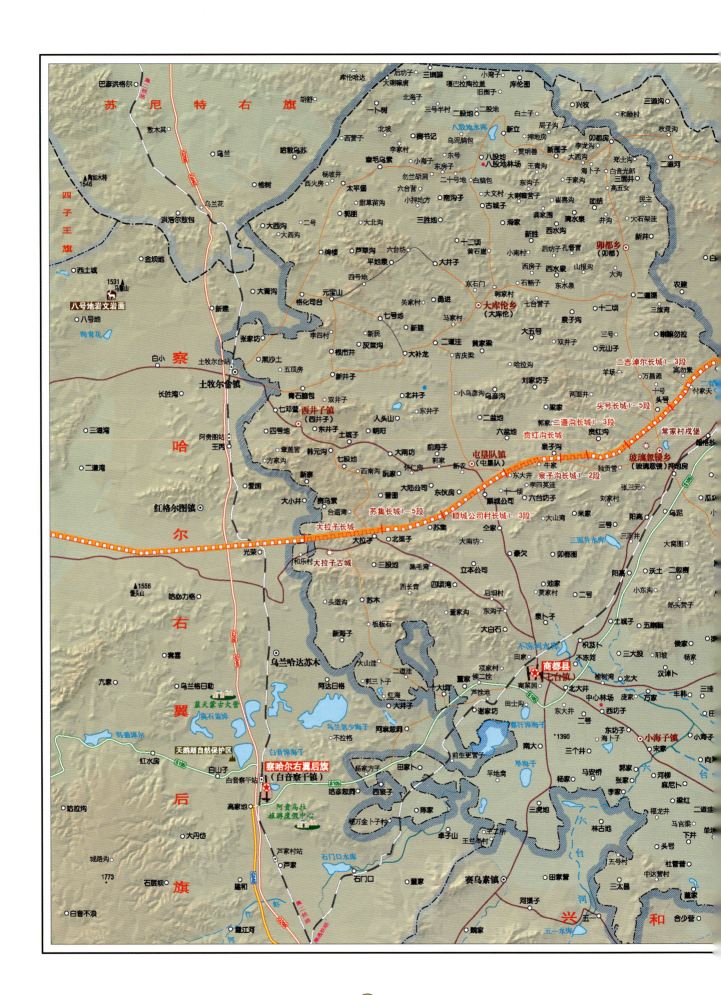

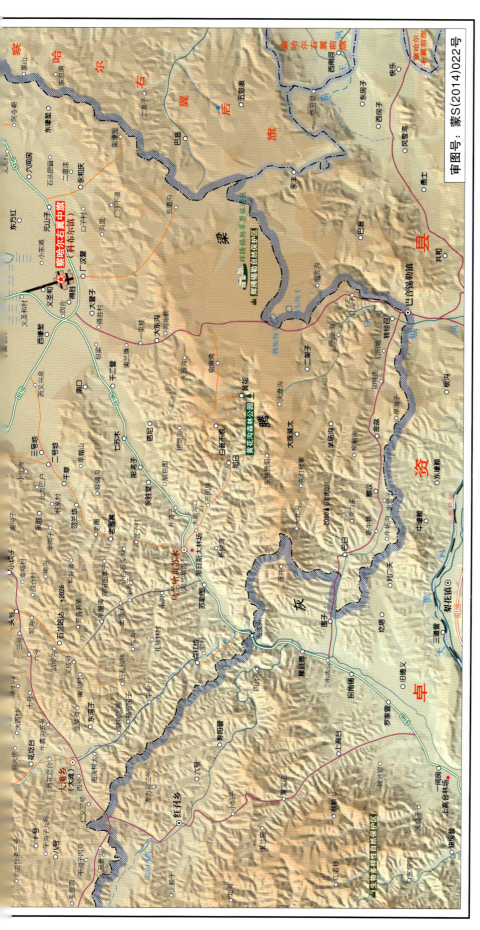

审图号：蒙S(2014)022号

乌兰察布市察哈尔右翼中旗北魏长城分布图

乌兰察布市察哈尔右翼中旗   地图四

| 0 | 3.0 | 6.0 | 9.0 | 12.0 | 15.0千米 |

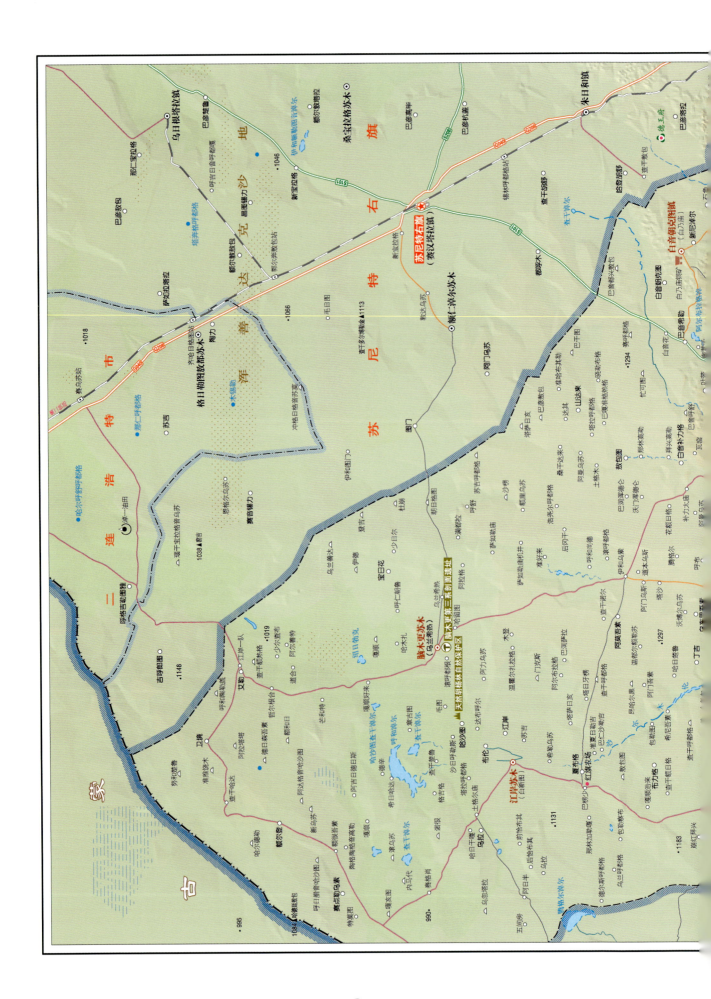

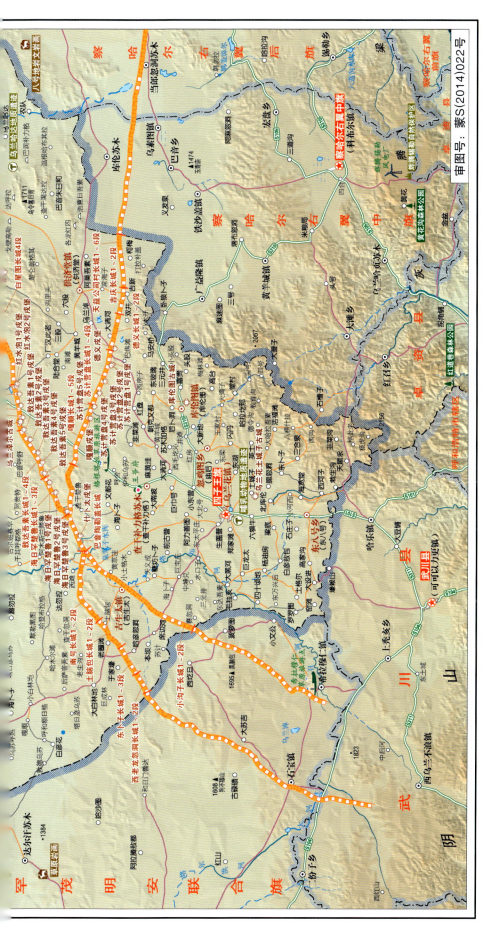

地图五　乌兰察布市四子王旗北魏长城分布图

审图号：蒙S(2014)022号

0　8.5　17.0　25.5　34.0　42.5千米

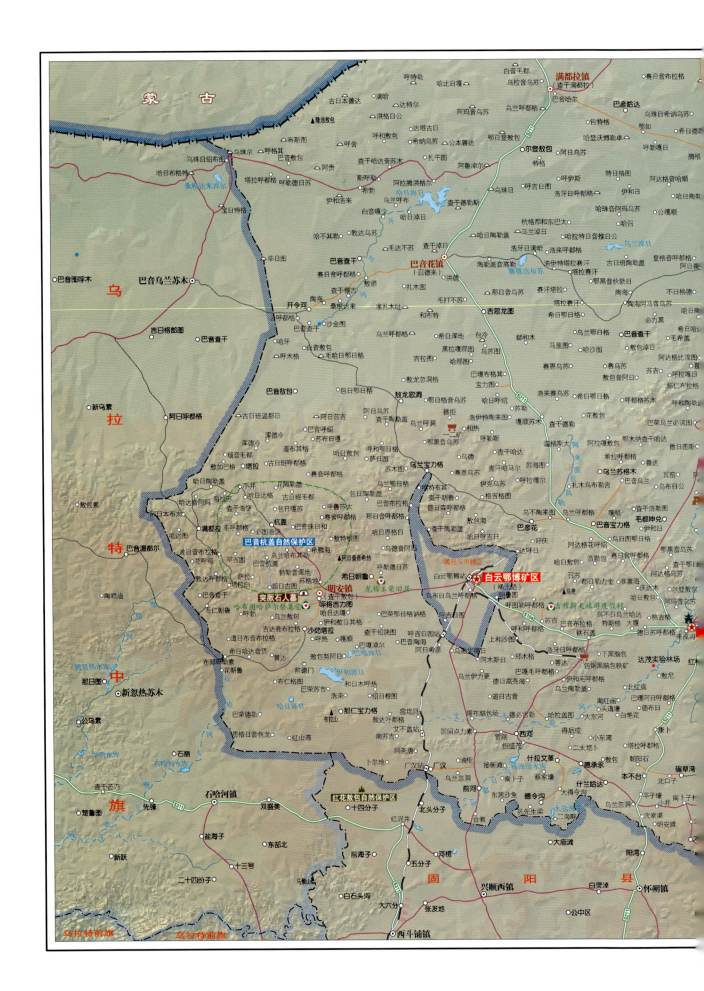

蒙 古

乌

拉

特

中

旗

满都拉镇

巴音花镇

白云鄂博矿区

明安镇

突厥石人墓

巴音杭盖自然保护区

红花敖包自然保护区

石哈河镇

固 阳 县

怀朔镇

西斗铺镇

乌拉特前旗

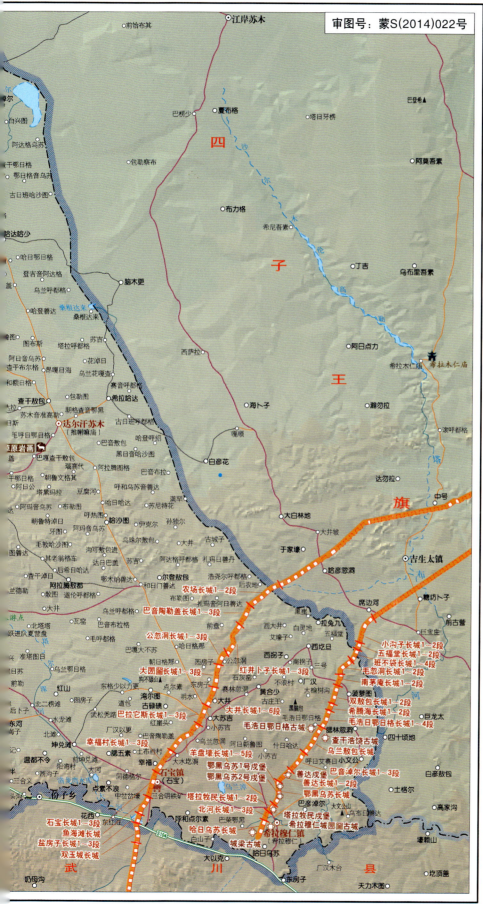

地图六　包头市达尔罕茂明安联
合旗北魏长城分布图

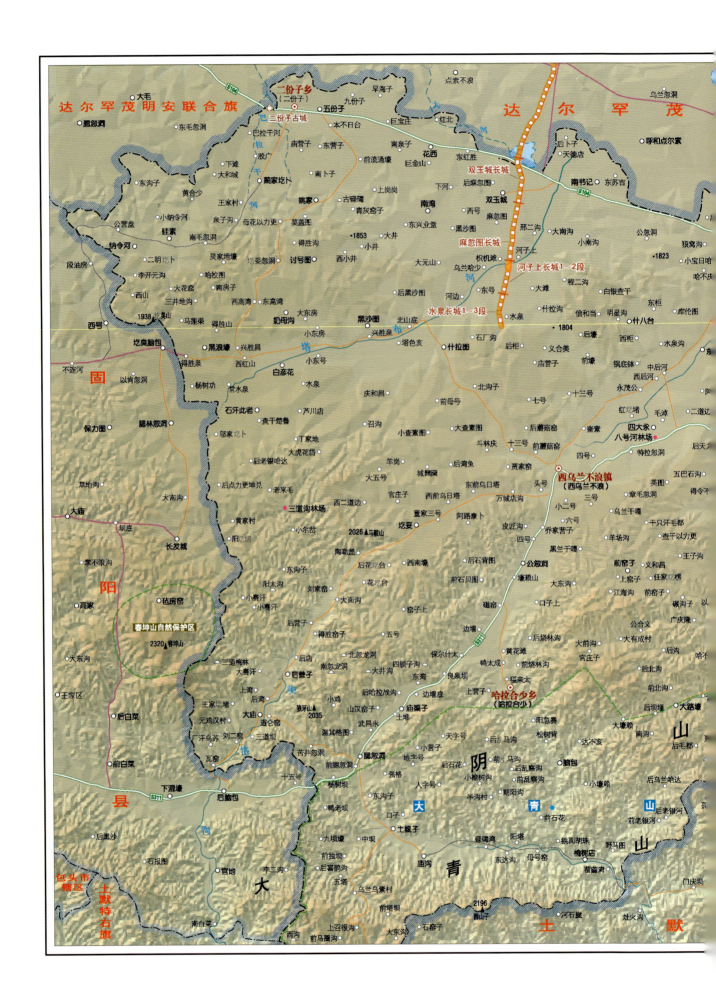

达尔罕茂明安联合旗

达尔罕茂

二份子乡
(二份子)

巴 二份子古城

大毛
东毛忽洞
腮忽洞
下滩
大和城
黄合少
公营盘
硅豪
纳令河
二明圪卜
段油房
李开元沟
西山
1938
西号

固
阳
县

包头市
辖区

土
默
特
右
旗

五份子
九份子
旱海子
点素不浪
乌兰忽洞
呼和点尔素
巴拉干河
本不日台
巨宝庄
红北
后卜子
天德店
南书记
东苏吉
胶广
南泉子
东营子
庙营子
花西
东红胜
双玉城长城
双玉城
前流通壕
巨金山
下河
后麻忽图
邢二沟
大南沟
小南沟
公忽洞
狼窝沟
姚家
古碌碡
上岗岗
南湾
西号
麻忽图
河子上
1823
小宝日壕
哈不庆
王家村
泉子沟
青灰窑子
东兴业堂
黑沙图
麻忽图长城
权机滩
程二沟
白银查干
东柜
库伦图
母花以力更
莫盖图
1853
大井
小井
大元山
乌兰哈小
河子上长城1~2段
大滩
东号
什拉沟
信和当
明星沟
什八台
得胜沟
西小井
后黑沙图
河边
水泉长城1~3段
水泉
1804
后壕
西柜
水泉沟
灵家地壕
哈拉图
西妥忽洞
讨号图
灵妥忽洞
南房子
三井地沟
西高湾
东高湾
大东房
黑沙图
北山庭
兴胜泉
布
塔
河
石厂村
后柜
义合美
前壕
锅底钵
中后河
圪臭脑包
马莲渠
得胜山
奶母沟
小东房
小东号
塔色亥
什拉图
庙营子
西后河
永茂公
红圪塔
毛淖
二道边
黑浪壕
兴胜昌
西红山
白彦花
水泉
庆和昌
前母号
北沟子
七号
十三号
以肯忽洞
杨树功
常水泉
召沟
小查�图
大查寨图
后蘑菇窑
奎豪
八号河林场
四大承
特拉忽洞
后天沟
保力图
腮林忽洞
石圩此老
查干楚鲁
丁家地
大虎花岱
羊岗
后渧兔
斗林庆
十三号
前蘑菇窑
四号
草地沟
大庙
坝底
大南沟
后老银哈达
后点力更坤兑
老米毛
大五号
城圐圙
东前乌日塔
贾家窑
头号
小二号
三号
乌兰干嘎
前窑子
义和昌
西乌兰不浪镇
(西乌兰不浪)
干只汗毛都
查干以力更
五巴石沟
英图
掌不浪沟
大东沟
黄家村
阳圪塔
小东岔
三道沟林场
西二道边
官庄子
西前乌日塔
万城店沟
六号
乔家营子
羊场沟
黑兰干嘎
章毛忽洞
得令可
王子沟
广庆隆
高家
毡房窑
小赛汗
小赛汗
后营子
刘家窑
2026 马鞍山
圪妥
董家三号
阿路康卜
皮匠沟
四号
公忽洞
壕赖山
大东沟
前窑子
上窑子
任家圪楞
江海沟
碾�沟
以
春坤山自然保护区
2320 春坤山
东沟子
阳太沟
陶卜盖
后石背图
前石贝图
磁窑
口子上
后烧林沟
大前沟
大有成村
后沟
哈
后北沟
三道梅林
大赛汗
花圪台
西南壕
后石背图
黄花滩
宫庄子
前北沟
王家坝
元鸡汉村
上壕
后壕
王家圪旦
后店
北忽龙洞
大井沟
保尔什太
鸭太成
前烧林沟
大壕赖
两河
阳忽赛
松树背
达不亥
后坝壕
大路壕
山
后毛都
后白菜
厂汗乌苏
刘二窑
大庙
道仑窑
南忽龙洞
东壕
良太坝
上营子
福太
哈拉合少乡
(哈拉合少)
三道坝
狼牙山
2035
小鸡
边墙底
阴
后乌兰哈达
大东沟
前白菜
瓦窑
悟
道
武昌永
温其格图
庙渠子
土堆
天字号
前马沟
后乱寨沟
前乱寨沟
阳忽赛
小壕赖
脑包
后乌兰哈达
后老银河
十五号
苦井忽洞
前腮忽洞
腮忽洞
小营子
地字号
后石花
小榆树沟
朝阳村
青
后乌兰哈达
野马沟
后黑沙
石报图
宫地
后脑包
杨树坝
强格
人字号
半沟村
山
下湿壕
鸭老坝
口子
东沟子
大
土城子
前石花
阳塔
铁面胡珠
山
榆树店
小壕赖
后老银河
灶火沟
九顷壕
中坝
前独坝
庙沟
碌碡湾
前喜鹊沟
五岔
乌兰乌寨村
东达沟
母号窑
蒲圐圙
门庆坝
南白菜
南白菜
前马圈沟
西沟
上召很头
大东沟
石窑子
2196 圆山子
青
土
河石崖
默

S104
S104
S311
S311

138

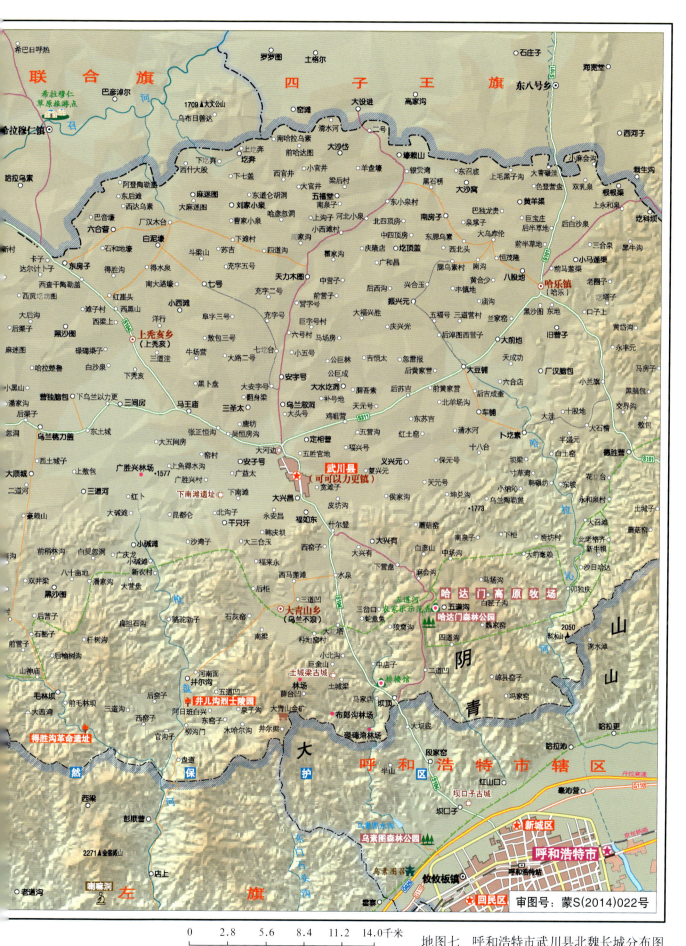

地图七 呼和浩特市武川县北魏长城分布图

0   2.8   5.6   8.4   11.2   14.0千米

审图号：蒙S(2014)022号

139

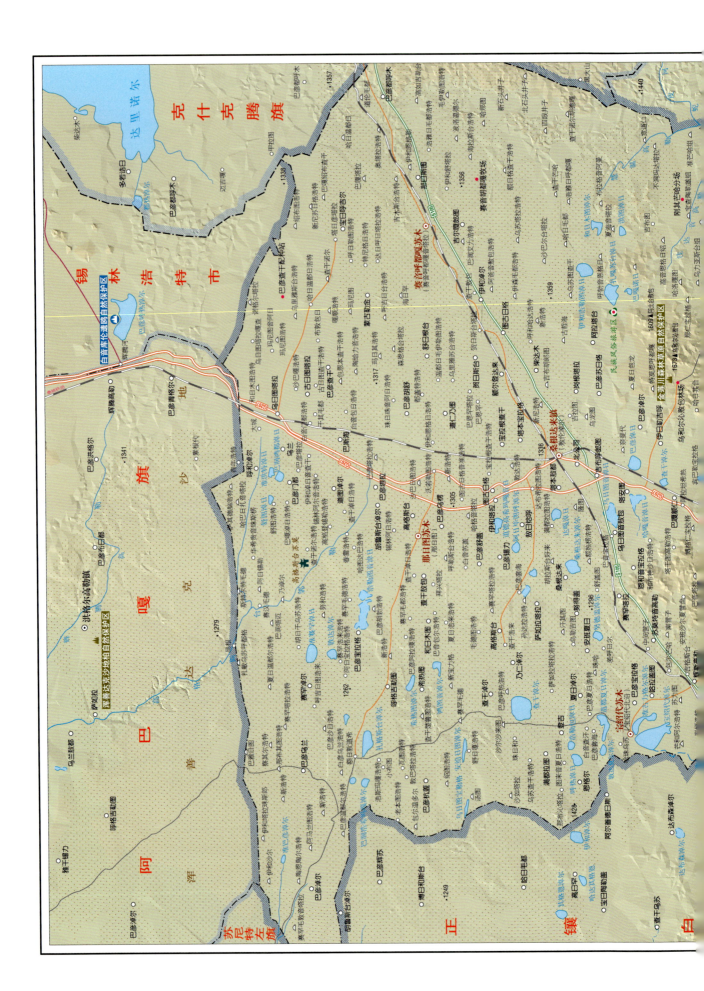

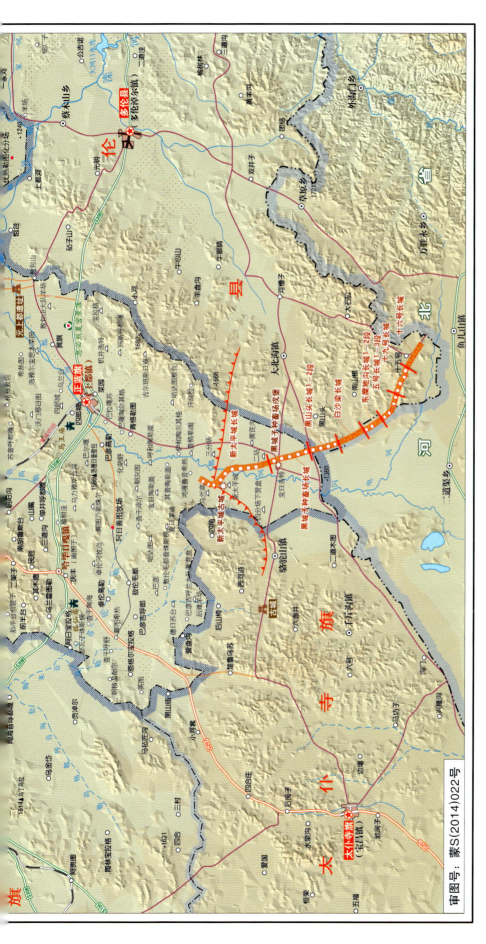

地图八　锡林郭勒盟多伦县、正蓝旗北魏长城分布图

审图号：蒙S(2014)022号

0　　5.5　　11.0　　16.5　　22.0　　27.5米

141

彩图一　二吉淖尔长城1段（六镇长城南线东北端点）（西南-东北）

彩图二　二吉淖尔长城1段　（东北-西南）

彩图三　二吉淖尔长城3段（穿垭口向西南延伸）（东北-西南）

彩图四　头号长城1段（西南-东北）

彩图五　头号长城5段（东北－西南）

彩图六　常家村戍堡（东南－西北）

彩图七　二道沟长城3段（东-西）

彩图八　二道沟长城3段穿过垭口进入谷地（西南-东北）

145

彩图九　贲红沟长城（消失段）（东-西）

彩图一〇　泉子沟长城1段（一）（西-东）

彩图一一　泉子沟长城1段（二）（东-西）

彩图一二　顺城公司长城3段（东北-西南）

彩图一三　苏集长城3段（西-东）

彩图一四　光明长城2段（西-东）

彩图一五　甲力汉长城1段（一）（东-西）

彩图一六　甲力汉长城1段（二）（东-西）

彩图一七　甲力汉长城3段（东南-西北）

彩图一八　当郎忽洞长城1段（东-西）

彩图一九　当郎忽洞1号戍堡（西南-东北）

彩图二〇　当郎忽洞长城3段
（西-东）

彩图二一　当郎忽洞2号戍堡
（西北-东南）

彩图二二　杨贵长城3段
（东-西）

彩图二三　新建村长城3段
（西－东）

彩图二四　格尔哈套长城1段
（东南－西北）

彩图二五　格尔哈套长城3段
（东－西）

彩图二六　格尔哈套长城5段（一）（西－东）

彩图二七　格尔哈套长城5段（二）（西北－东南）

彩图二八　格尔哈套戍堡（东南-西北）

彩图二九　天益公司村长城1段（东南-西北）

彩图三〇　天益公司村长城4段（西-东）

彩图三一　天益公司村长城6段（西-东）

彩图三二　吉庆长城1段（东-西）

彩图三三　吉庆长城2段（东－西）

彩图三四　德义长城2段（一）（西—东）

彩图三五　德义长城2段（二）（东南—西北）

彩图三六　德义戍堡（西北–东南）

彩图三七　苏计营盘长城1段（一）（东–西）

彩图三八　苏计营盘长城1段（二）（东南–西北）

彩图三九　苏计营盘长城2段（一）（西北-东南）

彩图四〇　苏计营盘长城2段（二）（西北-东南）

彩图四一　苏计营盘1号戍堡（北-南）

彩图四二　苏计营盘2号戍堡与黑脑包山（西北-东南）

彩图四三　苏计营盘长城3段（东南－西北）

彩图四四　苏计营盘3号戍堡（西南－东北）

彩图四五　苏计营盘4号戍堡（南-北）

彩图四六　苏计营盘长城4段（东南-西北）

彩图四七　苏计营盘5号戍堡（西－东）

彩图四八　嘎顺戍堡（西南－东北）

彩图四九　嘎顺长城2段（东南－西北）

彩图五〇　嘎顺长城5段（东－西）

彩图五一　巴音陶勒盖长城（东南-西北）

彩图五二　小沟子长城1段（东北-西南）

彩图五三　五福堂长城1段
（西南-东北）

彩图五四　班不袋长城1段
（东北-西南）

彩图五五　班不袋长城3段
（东北-西南）

彩图五六　毛忽洞长城1段
（西南－东北）

彩图五七　南茅庵长城1段
（西北－东南）

彩图五八　双敖包长城1段（一）
（东北－西南）

彩图五九　双敖包长城1段（二）（西南-东北）

彩图六〇　双敖包长城2段（消失段）（东北-西南）

彩图六一　希腾海长城1段（东北-西南）

彩图六二　希腾海长城2段（消失段）（东北-西南）

彩图六三　毛浩日鄂日格长城1段（一）（东北-西南）

彩图六四　毛浩日鄂日格长城1段（二）（西南-东北）

彩图六五　毛浩日鄂日格长城2段（消失段）（西南-东北）

彩图六六　毛浩日鄂日格长城3段（东北-西南）

彩图六七　乌兰敖包长城（一）（东北-西南）

彩图六八　乌兰敖包长城（二）（西南－东北）

彩图六九　乌兰敖包长城（三）（西南－东北）

彩图七〇　巴音淖尔长城1段（消失段）（东北−西南）

彩图七一　巴音淖尔长城2段（东北-西南）

彩图七二　巴音淖尔长城3段（消失段）（西南-东北）

彩图七三　善达长城1段（东北－西南）

彩图七四　善达戍堡（西北－东南）

彩图七五　鄂黑乌苏长城（一）（西南－东北）

彩图七六　鄂黑乌苏长城（二）（南－北）

彩图七七　鄂黑乌苏1号戍堡（东北－西南）

彩图七八　鄂黑乌苏2号戍堡（南－北）

彩图七九　塔拉牧民长城1段
（消失段）（西南–东北）

彩图八〇　塔拉牧民长城2段
（西南–东北）

彩图八一　塔拉牧民戍堡
（西–东）

彩图八二　北河长城3段（消失段）（西南—东北）

彩图八三　哈日乌苏长城（西南-东北）

彩图八四　乌兰哈达长城起点地貌（西南-东北）

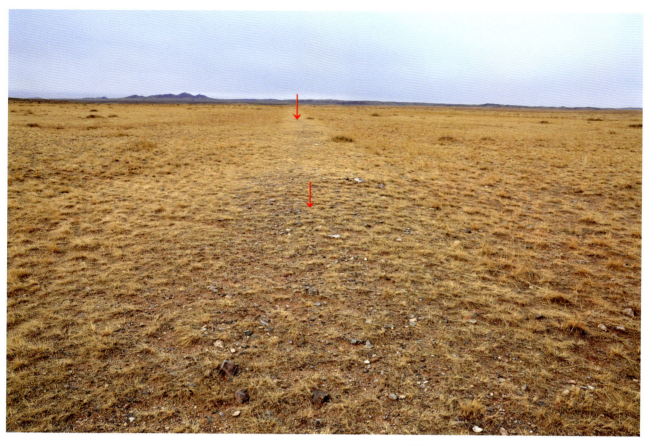

彩图八五　白星图长城2段（东北－西南）

彩图八六　白星图长城3段（东北－西南）

彩图八七　白星图长城3段石墙（白星图1号戍堡北侧土墙与石墙过渡带）（西北－东南）

彩图八八　白星图长城4段石墙（西南－东北）

彩图八九　白星图长城4段石墙（白星图3号戍堡东侧）（东南－西北）

彩图九〇　白星图长城4段石墙
（阿得嘎河西岸）（西北－东南）

彩图九一　白星图1号戍堡
（西南－东北）

彩图九二　白星图1号戍堡西南
墙及西北角居址（东南－西北）

彩图九三　白星图1号戍堡东南墙及西南角居址（东北－西南）

彩图九四　白星图1号戍堡门址（西北－东南）

彩图九五　白星图2号戍堡（西南－东北）

彩图九六　白星图2号戍堡西南角居址（西南－东北）

彩图九七　白星图2号戍堡东南墙（东北-西南）

彩图九八　白星图2号戍堡东北角居址（南-北）

彩图九九　白星图3号戍堡（西北-东南）

彩图一〇〇　白星图3号戍堡西墙（南-北）

彩图一〇一　乌兰淖尔长城1段（东北–西南）

彩图一〇二　红水泡1号戍堡（西北-东南）

彩图一〇三　红水泡2号戍堡（东南-西北）

彩图一〇四　乌兰淖尔1号戍堡（北-南）

彩图一〇五　乌兰淖尔长城2段（东-西）

彩图一〇六　乌兰淖尔2号戍堡（东南－西北）

彩图一〇七　乌兰淖尔3号戍堡（西北－东南）

彩图一〇八　敦达吾素1号戍堡（东北-西南）

彩图一〇九　敦达吾素长城2段（东北-西南）

彩图一一〇　敦达吾素2号戍堡（北—南）

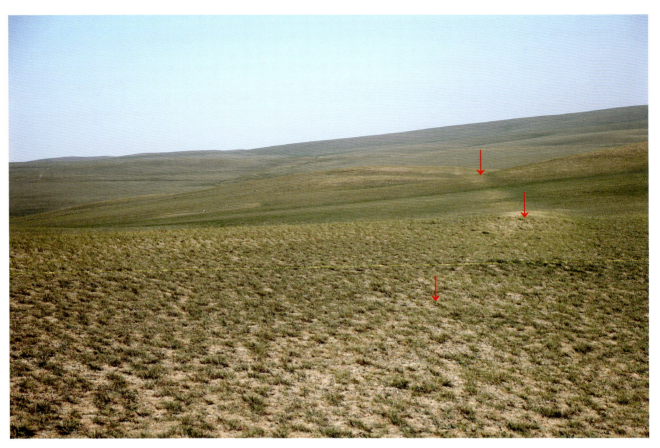

彩图一一一 敦达吾素长城3段（东北－西南）

彩图一一二 敦达吾素3号戍堡（东北－西南）

彩图一一三　敦达吾素4号戍堡（西南-东北）

彩图一一四　海日罕楚鲁2号戍堡（西-东）

彩图一一五　海日罕楚鲁3号戍堡（西－东）

彩图一一六　什卜太戍堡（东北－西南）

彩图一一七　南号长城1段（东-西）

彩图一一八　南号长城2段前小段墙体呈"S"形穿过两道山梁（东南-西北）

彩图一一九　南号长城2段前小段墙体（东-西）

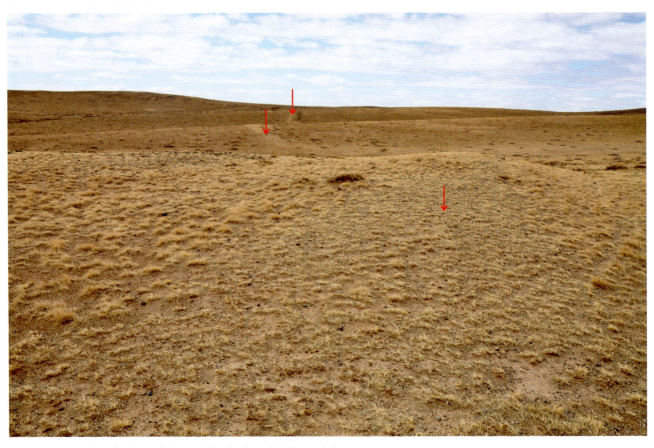

彩图一二〇　南号长城2段中小段墙体（一）（东北-西南）

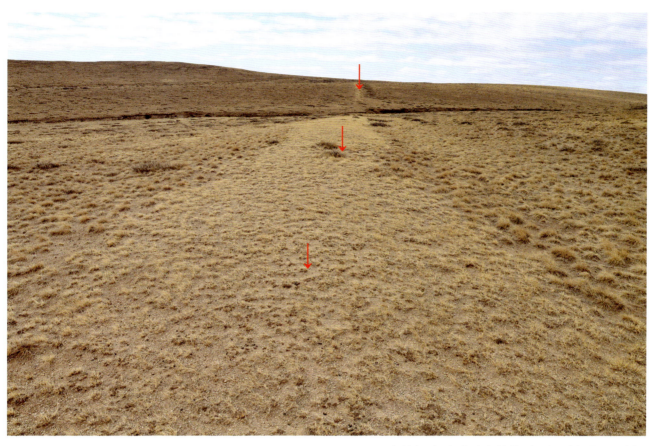

彩图一二一　南号长城2段中小段墙体（二）（东北−西南）

彩图一二二　土脑包长城1段（东北−西南）

彩图一二三　东卜子长城1段
（东北－西南）

彩图一二四　东卜子长城3段
（西南－东北）

彩图一二五　东卜子长城3段
垭口处（东北－西南）

彩图一二六　东卜子长城3段主、副墙（西南-东北）

彩图一二七　东卜子长城3段后小段墙体（西南-东北）

彩图一二八　西老龙忽洞长城2段（东北-西南）

彩图一二九　农场长城1段（一）（东北-西南）

彩图一三〇　农场长城1段（二）（西南-东北）

彩图一三一　农场长城2段（西南-东北）

彩图一三二　巴音陶勒盖长城2段墙体夯层

彩图一三三　巴音陶勒盖长城3段（消失段）

彩图一三四　红井卜子长城1段（东北-西南）

彩图一三五　红井卜子长城3段（一）（西南—东北）

彩图一三六　红井卜子长城3段（二）（西南—东北）

彩图一三七　红井卜子长城3段"S"形墙体（北-南）

彩图一三八　公忽洞长城2段墙体护坡石（西南-东北）

213

彩图一三九　公忽洞长城3段（消失段）（西北—东南）

彩图一四〇　大圐圙长城1段（西北－东南）

彩图一四一　大圐圙长城3段（北－南）

彩图一四二　大井长城2段（东北－西南）

彩图一四三　大井长城3段（消失段）（东北－西南）

彩图一四四　巴拉它斯长城2段（西南－东北）

彩图一四五　羊盘壕长城1段（西南－东北）

彩图一四六　羊盘壕长城5段
（东北-西南）

彩图一四七　幸福村长城1段
（东北-西南）

彩图一四八　幸福村长城1段
"S"形墙体（西南-东北）

彩图一四九　幸福村长城3段（东北－西南）

彩图一五〇　石宝长城1段（消失段）（东北－西南）

彩图一五一　鱼海滩长城（一）（西南-东北）

彩图一五二　鱼海滩长城（二）（东北-西南）

彩图一五三　盐房子长城1段（消失段）（东北-西南）

彩图一五四　盐房子长城2段（东北-西南）

彩图一五五　双玉城长城（北—南）

彩图一五六　麻忽图长城（一）（南—北）

彩图一五七　麻忽图长城（二）（北—南）

彩图一五八　麻忽图长城墙体夯层（西—东）

彩图一五九　河子上长城1段（河险）（南—北）

彩图一六〇　河子上长城2段（南—北）

彩图一六一　水泉长城1段（北—南）

彩图一六二　水泉长城2段（消失段）（北—南）

彩图一六三　水泉长城3段及北线西南端点（北—南）

彩图一六四　十九号长城山梁垭口处墙体（西—东）

彩图一六五　十九号长城（东南－西北）

彩图一六六　五号长城1段（东－西）

彩图一六七　东糜地沟长城2段（西北-东南）

彩图一六八　黑山头长城2段（西北-东南）

彩图一六九　黑城子种畜场长城前小段墙体（西北-东南）

彩图一七〇　黑城子种畜场长城中小段墙体（东南-西北）

彩图一七一　黑城子种畜场长城后小段墙体（东南-西北）

彩图一七二　黑城子种畜场戍堡（东南-西北）

彩图一七三　黑城子种畜场戍堡东南墙残存的夯层

彩图一七四　克里孟古城东城西墙剖面

彩图一七五　希拉穆仁城圏圖古城大城北墙中部航片

彩图一七六　希拉穆仁城圏圖古城大城东北角及小城航片

彩图一七七　苏计营盘1号戍堡篦点纹陶片　　　　彩图一七八　嘎顺戍堡采集的磨光暗纹黑陶片

彩图一七九　苏计营盘2号戍堡陶片

彩图一八〇　苏计营盘4号戍堡暗纹陶片　　　　彩图一八一　苏计营盘4号戍堡暗纹陶盆残片

彩图一八二　白灵淖城圐圙古城筒瓦
（现藏固阳县文物管理所）

彩图一八三　白灵淖城圐圙古城莲花纹瓦当
（现藏固阳县文物管理所）

彩图一八四　克里孟古城发现的青砖

彩图一八五　在雨中调查访问

彩图一八六　调查队员抵达六镇长城北线西南端点，完成了这段长城的调查

彩图一八七　六镇长城北线西南端点南翁三沟子地貌，调查队员翻山越岭确认端点（北－南）

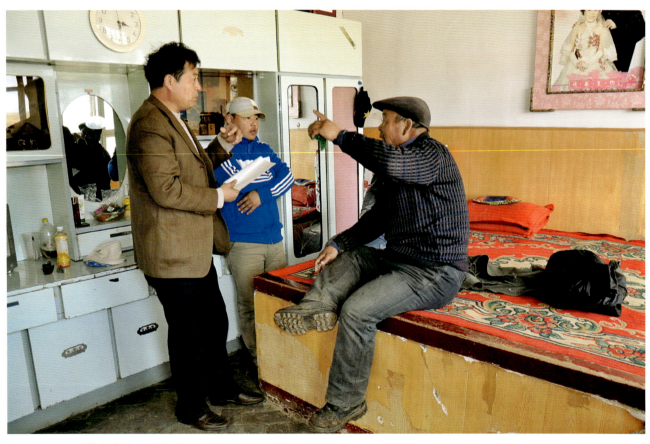

彩图一八八　进牧户家中探访长者

彩图一八九　长城调查队测量武川县下南滩遗址

彩图一九〇　调查队在武川县下南滩村中访问

彩图一九一　在位于六镇长城南、北线交汇点处的什卜太村中访问

彩图一九二　太和长堑黑城子种畜场戍堡复查